Rio Doce
A ESPANTOSA EVOLUÇÃO
DE UM VALE

Marco Antônio Tavares Coelho

Rio Doce
A ESPANTOSA EVOLUÇÃO DE UM VALE

autêntica

Copyright © 2011 Marco Antônio Tavares Coelho
Copyright © 2011 Autêntica Editora

CAPA
Diogo Droschi
(sobre imagem de Maria Helena Andrés)

REVISÃO
Maria do Rosário Alves Pereira

EDITORAÇÃO ELETRÔNICA
Christiane Morais de Oliveira

EDITORA RESPONSÁVEL
Rejane Dias

Algumas imagens deste livro foram extraídas do livro *Rio Doce 500 Anos,* de Adolpho Campos, e outras foram cedidas pelo Arquivo Público Mineiro da Coleção Dermeval Pimenta.

Esta edição conta com o apoio da Fundação Astrojildo Pereira e da Fundação Percival Farquhar, mantenedora da UNIVALE - Universidade Vale do Rio Doce.

Revisado conforme o Novo Acordo Ortográfico.

Todos os direitos reservados pela Autêntica Editora. Nenhuma parte desta publicação poderá ser reproduzida, seja por meios mecânicos, eletrônicos, seja via cópia xerográfica, sem a autorização prévia da Editora.

AUTÊNTICA EDITORA LTDA.

Belo Horizonte
Rua Aimorés, 981, 8º andar . Funcionários
30140-071 . Belo Horizonte . MG
Tel.: (55 31) 3222 6819

Televendas: 0800 283 1322
www.autenticaeditora.com.br

São Paulo
Av. Paulista, 2073 . Conjunto Nacional
Horsa I . 11º andar . Conj. 1101
Cerqueira César . 01311-940 . São Paulo . SP
Tel.: (55 11) 3034 4468

Dados Internacionais de Catalogação na Publicação (CIP)
(Câmara Brasileira do Livro, SP, Brasil)

Coelho, Marco Antônio Tavares
  Rio Doce : a espantosa evolução de um vale / Marco Antônio Tavares Coelho . – Belo Horizonte: Autêntica Editora, 2011.

  Bibliografia
  ISBN 978-85-7526-571-0

  1. Minas Gerais - História. 2. Rio Doce (vale) - Descrição 3. Rio Doce (vale) - História I. Título.

11-09354   CDD-981.51

Índices para catálogo sistemático:
1. Vale do Rio Doce : Minas Gerais : História 981.51

A elaboração deste livro muito deve a Washington Novais, incansável batalhador em favor de duas causas básicas – a luta contra os que aplaudem ou ficam omissos diante dos atentados contra a natureza e a defesa intransigente das comunidades indígenas no Brasil.

APRESENTAÇÃO 11

CAPÍTULO 1
As "áreas proibidas" de Minas Gerais 17

CAPÍTULO 2
Genocídio dos índios 27

CAPÍTULO 3
O destino da região 51

CAPÍTULO 4
A controvérsia do aço 83

CAPÍTULO 5
Trajetória e desafios da Vale 117

CAPÍTULO 6
Questões ambientais 179

BIBLIOGRAFIA 189

ANEXO
O resgate dos "botocudos" 195

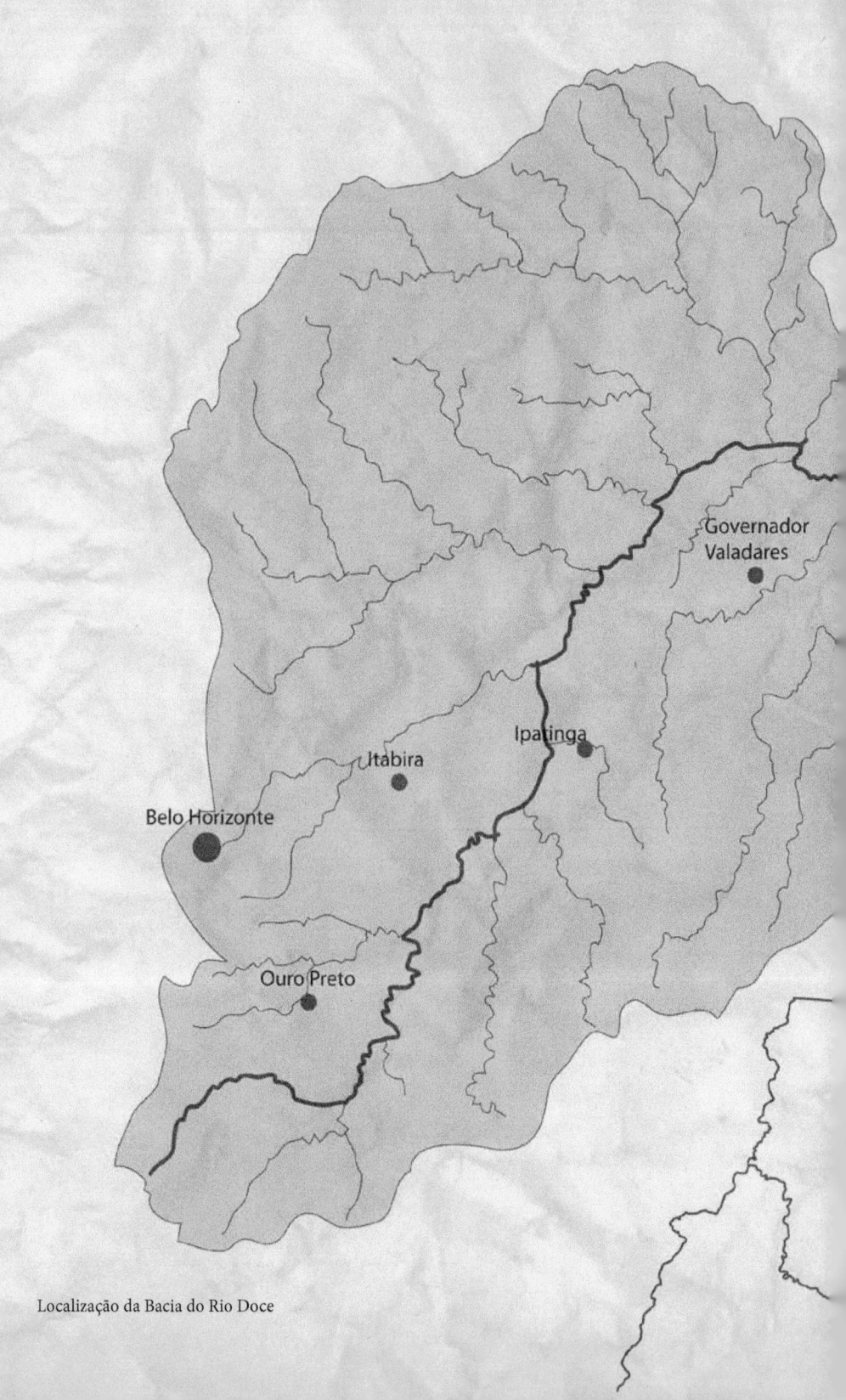

Localização da Bacia do Rio Doce

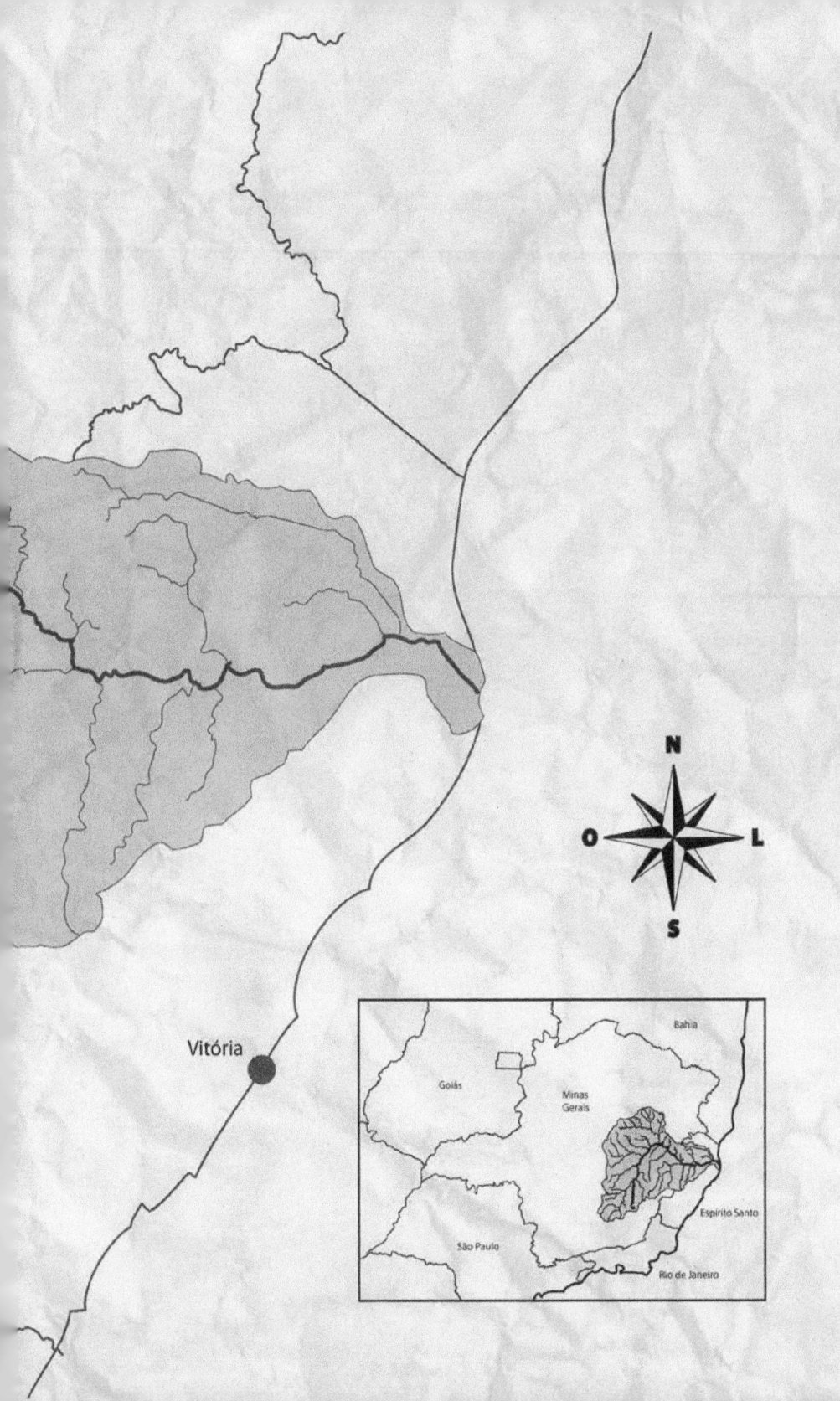

Apresentação

Algumas razões levaram-me a dedicar a este livro quatro anos de pesquisa, viagens e consultas a diversas pessoas em Belo Horizonte e no interior de Minas. Após haver estudado a situação do Rio das Velhas e a divergência em torno da chamada transposição do Velho Chico, fiquei surpreso com o pouco conhecimento, em Minas Gerais e no país, a respeito da realidade do vale e do Rio Doce.

Particularmente fiquei abismado com a marginalização desses "sertões do leste", parecendo injustificável o fato de os colonizadores portugueses não o devassarem durante três séculos, enquanto as lonjuras da província e do oeste brasileiro eram vencidas pelos exploradores, que chegaram até a orla do Pacífico e aos grandes rios da Amazônia.

Outras vastidões das Minas Gerais, como as alterosas e os cerrados, desde o século XVI, estiveram debaixo da mira de bandeirantes, autoridades e historiadores. O mesmo sucedeu com a região central das minas, onde estavam as jazidas de minérios, no aluvião dos córregos ou nos barrancos dos rios, minerações que fixaram na área central da província a maior população das Américas no século XVIII, onde houve o vertiginoso processo da busca de ouro, principalmente em Vila Rica, Mariana, Caeté, Sabará, Santa Bárbara, Serro Frio, e da frenética cata de pedras preciosas em Diamantina.

Durante décadas os que penetravam nas terras de Santa Cruz voltavam seus olhos para a imensidão das veredas no vale do São Francisco, mesmo porque foi impositivo o uso do grande rio para efetivar a ligação com a Bahia e o Nordeste brasileiro. Da mesma forma, mas numa fase posterior, começou a ocupação da Zona da Mata, onde a cafeicultura implantou-se nos morros com enorme êxito, impondo a necessidade da montagem da extensa rede da Leopoldina Railway.

Também houve inegável dinamismo no sul do estado, onde, além da produção de café, obteve sucesso a fabricação de queijo para abastecer São Paulo e Rio de Janeiro, a capital da colônia. O Triângulo e o oeste de Minas jamais foram esquecidos, pois eram os caminhos para Mato Grosso e Goiás e porque em suas pastagens foi implantada a pecuária, fundada no empenho dos fazendeiros em aclimatar no Brasil o gado zebuíno.

A única região de Minas que ficou esquecida foi exatamente a encravada entre a Zona da Mata e o maciço do Espinhaço. Assim, aguçou minha curiosidade saber as razões do atraso secular na devassa do vale do Rio Doce.

Logo sobressaiu a relevância das ordens expressas da Coroa portuguesa proibindo a abertura de vias ligando a região das minas ao litoral do Espírito Santo, inclusive a navegação pelo Doce. Todavia, esse óbice legal não impediria o surgimento de descaminhos se não fosse respaldado por outros fatores, entre os quais as características negativas do rio que procedia da região das minas. Porque suas águas, embora caudalosas, são repletas de cachoeiras e corredeiras, tornando impossível sua utilização como via navegável, ao contrário do sucedido nas bacias dos rios da Prata e da Amazônia.

Outros dados colaboraram para ser respeitada a decisão de Lisboa de impedir o trânsito por esse vale. A Mata Atlântica era um obstáculo formidável numa época em que eram precários os instrumentos para derrubar uma floresta cerrada e inóspita. Acrescente-se ainda que pestes imperavam nas regiões ribeirinhas pantanosas do Doce. E os intrusos não sabiam o que fazer para não serem dizimados.

Outro fator afastava os que desejavam ir de Vitória até as minas: as histórias fantasiosas sobre os índios, classificados como "botocudos". Eram tidos como terríveis antropófagos, inclusive por serem adversários de tribos sediadas na orla marítima, que amistosamente receberam os europeus no século XVI.

Somente quando o maior contingente demográfico no Brasil daquela época entendeu que a mineração se esgotara é que teve início a corrente migratória para a Zona da Mata e, posteriormente, para a bacia do Doce, fluxo que ganhou velocidade no declínio do século XVIII, mudando o perfil econômico e político da província. O processo foi consolidado quando, no fim do século XIX, houve a transferência da capital de Minas, com a construção de Belo Horizonte.

Comecei a tomar conhecimento dessa evolução de Minas Gerais com o que sucedia com um ramo da minha família. De longa data meus antepassados provinham da região do Alto Rio Doce e do Serro Frio. Dezenas de parentes (inclusive alguns tios-avós) se transferiram de Guanhães e Virginópolis para a antiga Figueira do Rio Doce, hoje Governador Valadares.

A opção por esta cidade não decorreu de um acaso. Derivou de contar com duas inestimáveis vantagens – a ferrovia Vitória-Minas, que ali chegara em 1910, e a abertura de uma rodovia federal – Rio-Bahia – com a construção naquela cidade da ponte sobre o Doce.

Meu interesse por esse tema se aguçou também por um dado extremamente relevante. A partir da segunda metade do século passado, o vale do Doce tornou-se o centro da vida econômica de Minas Gerais, devido ao papel desempenhado nessa região por empresas mundialmente poderosas – a Vale, a Usiminas e a grande usina da Belgo-Mineira (hoje de propriedade da ArcelorMittal). Esses grupos econômicos arrastaram para a região inúmeras empresas importantes.

Ademais, desde o início da década de 1920 teve início a vertiginosa corrida para derrubar a Mata Atlântica. Na região foram instaladas inúmeras serrarias, e Vitória firmou-se como o maior porto mundial de exportação de madeira. (Um fator hoje desempenhado por Belém do Pará e Manaus.)

Igualmente fortaleceu o meu empenho em descortinar a situação mais detidamente do quadro do vale deste rio uma recente análise do professor Paulo R. Haddad. Mostrou como Minas Gerais é uma realidade assimétrica diferente daquela propalada até décadas atrás, quando, *grosso modo*, dividia-se o Estado em duas partes – os municípios localizados no norte – acima do paralelo 19 – especialmente nos vales do Jequitinhonha, do Mucuri e do São Francisco, que eram a parcela atrasada ou estagnada, em contraste com o progresso e o desenvolvimento do restante do território mineiro.

Para Haddad, a *"nova geografia econômica de Minas Gerais mostra esses municípios economicamente deprimidos se espraiando também para quatro microrregiões do vale do Rio Doce e para algumas subáreas da zona da mata"* (*O Estado de S. Paulo*, 5/8/10). Para ele, temos cerca de 200 municípios, situados agora à direita da BR-040 na direção Rio-Brasília, que têm como características socioeconômicas: baixas taxas de crescimento econômico; insuficiência de absorção de mão de obra; elevados índices de pobreza e de carências sociais; fortes desequilíbrios socioeconômicos e intrarregionais; infraestrutura econômica e social em precárias condições de uso; e elevado grau de dependência de transferências do governo federal, tanto para os residentes quanto para as prefeituras.

Formulando uma comparação, Haddad afirma que uma pessoa, viajando do Rio de Janeiro para Brasília, olhando para sua direita, viria um estado com o retrato socioeconômico do Nordeste brasileiro e, para a sua esquerda, uma Minas com o retrato da próspera economia do interior de São Paulo. E conclui, observando uma diagonal, saindo da Zona da Mata, dividindo o mapa do estado numa dualidade espacial básica, que encontraria não mais uma questão Norte-Sul. Apenas se constataria a assimetria de Minas Gerais.

Mas o que acentua ainda mais o estado montanhês é a evolução extraordinária do vale do Rio Doce, a região que ficou abandonada durante três séculos e que nos últimos decênios assumiu a posição de absoluta liderança do progresso das alterosas.

Ao lado disso, para mim foi uma descoberta conhecer fatos históricos fundamentais sobre esses "sertões", situados na parte leste da província, território durante muito tempo qualificado como "área proibida" de Minas. E era prazerosa a oportunidade de retransmitir essas velhas histórias a pessoas que nunca tiveram mais informações sobre o notável trabalho de certas personalidades relacionadas com a ocupação do vale.

Entre elas, destaca-se a trajetória de um francês, Guido Thomaz Marlière, um ex-militar francês dedicado à missão de sustar o massacre de índios e estabelecer com eles laços de cooperação.

Na medida em que comecei a estudar os dados sobre o que sucedera nos "sertões do leste" de Minas Gerais, foi se desvendando para mim uma falácia incrivelmente repetida na historiografia mineira – a campanha contra os chamados "botocudos". Tal acusação foi impulsionada pelos colonizadores a fim de se apossarem de uma imensa parcela do território, ocupada por uma densa floresta na qual certamente seriam encontradas imensas riquezas minerais.

Para tanto, os nativos que ali viviam foram apresentados pelas autoridades coloniais como terríveis antropófagos que precisavam ser liminarmente exterminados. Essa calúnia foi propagada por aqueles que desejavam derrubar a Mata Atlântica, a fim de exportar madeira e com isso abrirem caminho para implantar pastagens e lavouras de café, milho e outros produtos.

No entanto, a acusação foi refutada por ilustres visitantes estrangeiros que estiveram na região no século XIX, entre os quais Saint-Hilaire e o sábio príncipe Maximiliano de Wied-Neuwied, conforme registraram em seus livros, além de Guido T. Marlière. E este deu uma palavra decisiva sobre tal aleivosia afirmando que a belicosidade dos chamados "botocudos" era uma resposta às hordas de invasores que pretendiam exterminá-los. Por isso entendi como um dever refutar no meu livro a versão falsa, insistentemente apresentada na historiografia mineira.

Ressalto que meu interesse em debater a problemática tratada nesse livro derivou também de outro dado: cultivei desde os anos 1950 a causa da defesa das riquezas minerais de Minas Gerais e do progresso econômico e social da província. Com várias personalidades mineiras, participei nessa causa ao lado de pessoas como Ozório da Rocha Diniz, Gabriel Passos, José Costa,

Renato Falci, Fabrício Soares, José Israel Vargas, Mauro Santayana, Guy de Almeida, Benito Barreto, José Maria Rabelo, Carlos Olavo da Cunha Pereira, Edmur Fonseca, Roberto Costa, Washington Albino, Fernando Correa Dias e Helvécio de Oliveira Lima.

Ademais, meu comprometimento com essa temática foi possível porque em Minas Gerais foi montada, com seriedade e persistência, uma estrutura governamental e acadêmica para a pesquisa dos grandes problemas relacionados com a economia e as questões ambientais. Cabe aqui mencionar expressamente a Secretaria Estadual do Meio Ambiente e do Desenvolvimento Sustentável. A atividade foi respaldada por entidades como o Banco de Desenvolvimento de Minas Gerais, a Fundação João Pinheiro e a Faculdade de Ciências Econômicas da Universidade Federal de Minas Gerais, que entregou aos pesquisadores o trabalho intitulado CEDEPLAR, que, até o momento, é a contribuição mais inovadora nos estudos sobre a realidade do vale.

Os dados e as opiniões apresentadas neste livro resultam especialmente da leitura de alguns trabalhos básicos elaborados por autores que documentaram com extrema seriedade aspectos básicos da realidade mineira. Começo por destacar o livro de Dermeval José Pimenta: *A Vale do Rio Doce e sua História*, obra clássica para o conhecimento das origens da empresa e dos primeiros anos de sua existência.

Em torno da temática do Rio Doce recebi o apoio valioso da Universidade do Vale do Rio Doce (UNIVALE), empreendimento resultante da visão e do empenho de uma personalidade excepcional, meu primo Antônio Rodrigues Coelho. Entendeu ele que uma instituição acadêmica seria o ponto de apoio decisivo para erguer a região das minas ao nível das atividades culturais realizadas na capital mineira. Uma prova disso é *Sertão do Rio Doce*, de Haruf Salmen Espindola, obra basilar na exposição deste livro.

Naturalmente, apoiei-me em trabalhos clássicos sobre a evolução de Minas Gerais, como os de Francisco Iglesias (meu velho amigo), Octavio Dulci e Clelio Campolina, entre outros. Ressalto que também me fundamentei em dois trabalhos acadêmicos, pouco conhecidos do grande público. O primeiro foi uma tese, aprovada na USP, de Marta Zorzal e Silva, em 2001, quando recebeu o título de doutora em Ciência Política. O segundo foi a dissertação de Izabel Missaglia de Mattos, apresentada em 1995, na Faculdade de Filosofia e Ciências Humanas da UFMG, para a obtenção do título de mestre em Sociologia.

É indispensável ainda mencionar a colaboração de Ailton Krenak, quando me transmitiu dados preciosos a respeito do passado e do presente da sua gente e de outras comunidades nativas. E devo esse contato à minha prima Eliana Andrés, que me advertiu para a importância da atividade desse cacique entre as comunidades de nativos no Brasil.

Registro o apoio recebido de diretores e funcionários do Instituto de Estudos Avançados da Universidade de São Paulo. Graças a essa inestimável ajuda consegui o acesso a livros e teses dessa instituição e a obtenção constante de indispensáveis cópias dos trabalhos, tão logo saíam de meu computador. Muito devo, portanto, à colaboração de meus colegas nesse instituto. Determinadas pesquisas foram possíveis graças à colaboração de Caio Márcio Coelho Batista, meu sobrinho e afilhado, que me estimulava a fazer repetidas viagens pilotadas por ele em seu automóvel, com carinho e esmero, aliado a informações preciosas que me transmitia, por haver trabalhado durante anos em afazeres no vale.

Este livro chega a seus leitores graças à Autêntica, que assumiu o encargo de apoiar empreendimentos comprometidos com a pesquisa e a divulgação de fatos sobre a história e o desenvolvimento de Minas Gerais, mister indispensável e precioso para essa memória ser preservada.

Cumpre assinalar também que a edição deste livro contou com a colaboração preciosa da Universidade do Rio Doce e da Fundação Astrojildo Pereira. E ganhou uma dimensão bem ao gosto de Minas Gerais – depositório das obras do Aleijadinho – graças à contribuição de minha prima Maria Helena Andrés, que desfruta como ninguém a majestosa imponência de nossas montanhas e o som paciente de nossas águas.

Por tudo isso este livro é um mutirão no velho estilo mineiro, em que muitos trazem um prato de comida para matar a fome dos que colaboram para o êxito de um evento, por se tratar de uma oportunidade para relembrar belas histórias do passado, que não devem ser esquecidas, assim como catilinárias antigas que não devem ser olvidadas.

São Paulo, agosto de 2011.

Capítulo 1

As "áreas proibidas" de Minas Gerais ■

Os rios não tinham futuro
Warren Dean

Hoje, o vale do Rio Doce é um dos centros da vida econômica do país, em razão das atividades econômicas ali estabelecidas – mineração, siderurgia, papel, celulose, reflorestamento e agropecuária. Depois da área metropolitana de Belo Horizonte, o vale comanda a produção industrial de Minas Gerais, inclusive o complexo siderúrgico mais dinâmico da América Latina, líder das exportações brasileiras de aço. Além de ter um bom desempenho na produção de celulose e café, nele está a maior exportadora mundial de minério de ferro.

A Vale é um importante agente na economia brasileira. Vinte por cento do Produto Interno Bruto (PIB) do estado montanhês são nela produzidos, e sua população assumiu um papel invulgar na vida política e cultural mineira. Ali se desenvolveram empresas como: o conglomerado da ArcelorMittal (a antiga Belgo-Mineira), a Siderúrgica de Tubarão e a Acesita – além da Usiminas. Na área também se encontra a Ferro e Aço de Vitória. Nela atuam duas grandes empresas de celulose – a Cenibra e a Aracruz.

Expressivos dados negativos contrastam com esse panorama positivo. A metade da população da bacia está nas 11 maiores cidades do vale. Como o fluxo imigratório é direcionado para os centros urbanos mais populosos, sobretudo para os situados no chamado Vale do Aço – há uma queda da população nos municípios de até 20 mil habitantes –, onde estão cerca de 93% dos municípios dessa bacia hidrográfica. Ademais, é visível o baixo desenvolvimento social nessa região. (Em 2.000, o Índice do Desenvolvimento Humano médio na bacia foi de 0,695, enquanto o de nosso país era superior, ou seja, de 0,766.)

Uma característica básica do vale é a localização nele de empresas nacionalmente poderosas – Vale, Usiminas, ArcelorMittal e Cenibra, embora pouco contribuam para o desenvolvimento da região. Devido a isso, na verdade a situação social e econômica do vale não se reflete nos dados do conjunto dos municípios, pois os índices referentes às cidades privilegiadas distorcem a realidade dessa parcela de Minas Gerais.

Na zona rural constata-se um avançado processo de desertificação, e o Doce é considerado o rio mais poluído de Minas Gerais, segundo a Secretaria do Meio Ambiente e do Desenvolvimento Sustentável do estado. Essa poluição é causada principalmente pela descarga nos cursos d'água de rejeitos industriais e domésticos e pelo abuso de agrotóxicos na agropecuária. Na bacia ocorre o flagelo das inundações em diversas cidades banhadas pelo Doce e seus afluentes – Piranga, Piracicaba, Caratinga e outros.

Finalmente, causa alarme a redução drástica da biodiversidade na região. Durante algumas décadas, no século XX, Vitória era o porto do Brasil mais ativo na exportação de madeira, em decorrência do vertiginoso processo de destruição da Mata Atlântica.

Navegantes portugueses, em 13 de dezembro de 1501, registraram a descoberta do Rio Doce, denominado de *watu* pelos indígenas. Mas o vale começou a ser devassado somente no início do século XIX, depois da decadência da mineração de ouro e diamantes e quando teve início a produção de café e açúcar na zona da Mata mineira.

Esse processo acelerou-se quando teve início a construção da ferrovia "Vitória a Minas", em 1903. Como nos relata Romeu do Nascimento Teixeira, em 1906 a estrada de ferro chegou a Colatina e, em 1910, a Figueira (Governador Valadares). Pelo seu projeto inicial, após atravessar o Doce, ela costearia o Santo Antônio e atingiria Peçanha, para terminar em Diamantina. Por isso a denominação original dessa estrada de ferro era "Vitória a Diamantina".[1]

Com a decisão de exportar minério de ferro das ricas jazidas de Itabira, o traçado da ferrovia foi alterado, a fim de levar para Vitória o minério do Cauê e de outras jazidas de hematita. Devido a tal fato, essa estrada dá uma imensa volta para ligar o centro do estado montanhês ao litoral, embora tenha aproveitado uma boa parte do curso dos rios Piracicaba e Doce, certamente para facilitar a construção da ferrovia.

O grande volume das águas do Doce foi destacado pelos naturalistas vindos ao Brasil no século XIX, pois nele viam um bom caminho para penetrar na região das minas de ouro e diamantes. O príncipe Maximiliano de Wied-Neuwied, no livro que relata sua viagem ao Brasil, de 1815 a 1817, não escondeu sua admiração ao se deparar pela primeira vez com o rio. É dele a seguinte descrição: *"Mal raiara a manhã, a curiosidade nos impelia a sair e a contemplar o Rio Doce, o maior rio entre o Rio de Janeiro e a Bahia. Nessa época, toda a caudal rolava impávida e majestosamente para o oceano;*

a imensa massa d'água corria num leito que nos pareceu duas vezes mais largo do que o Reno no ponto de maior largura".[2]

Com um rio de quase 900 quilômetros de extensão, o vale está localizado entre as serras do Espinhaço e do Mar; ao sul é barrado pela Mantiqueira; ao norte limita-se com o Vale do Jequitinhonha, uma das regiões mais pobres de Minas. Essa bacia hidrográfica situa-se na região tropical, no Sudeste do Brasil, nos estados de Minas Gerais e Espírito Santo, tendo um total de 85.280 quilômetros quadrados, sendo 86% em terras mineiras e o restante no estado vizinho. Abrange, total ou parcialmente, áreas de 230 municípios, sendo 202 em Minas Gerais e 28 no Espírito Santo. Na virada do século XX, sua população era de 3.220.000 habitantes.

O Doce nasce num contraforte do Espinhaço, no município de Ressaquinha, a uma altitude de 1.220 metros, com o nome de Rio Piranga. Mantém esse nome até quando encontra o Ribeirão do Carmo, quando ganha sua denominação definitiva.

A interdição de um vale

Os soberanos portugueses bloquearam durante 300 anos a ocupação do vale e a navegação no rio. Assim, durante três séculos, os "sertões do leste" de Minas Gerais foram classificados como "áreas proibidas", interditadas aos luso-brasileiros. Algumas razões determinaram essa interdição. Para as autoridades da colônia era fundamental impedir o estabelecimento de mais uma ligação das minas com o litoral, a fim de não facilitar o descaminho de ouro e diamantes. Além disso, as autoridades de Lisboa temiam uma possível invasão estrangeira.

Outros fatores possibilitaram a efetivação dessa medida da Coroa: a Mata Atlântica, as dificuldades para usar o Rio Doce para penetrar no interior e a resistência das comunidades dos índios.

Inicialmente, a Mata Atlântica foi contornada, mesmo porque os luso-brasileiros desejavam manter virgens as florestas ao norte da Zona da Mata e nos vales dos rios Doce, Mucuri e Jequitinhonha, tendo em vista as necessidades de aparelhar seus navios. Mas para os colonizadores foi uma imposição vencer aquela barreira verde. Esse fato é que determinou a quase total destruição daquela massa verdejante que existia ao longo da costa.

Um bom relato desse empenho nos é dado pelo engenheiro Ceciliano A. de Almeida, em suas memórias, em que relata o sucedido quando se procedia à construção da ferrovia "Vitória a Minas", no início do século XX.

> *Aparecem as roçadas de capoeiras e as derribadas de matas virgens (...) Num trecho de patamar de um e outro lado da linha uma derribada sacrificou jequitibás-linheiros, ipês gigantescos, gonçalos-alves,*

baraúnas, perobas e jacarandás... As folhas das galhadas de uns já estão perdendo o verde por não circular a seiva, murcham, esmaiam-se; de outros se vão enlourecendo; e de muitos se acinzentam. Breve, quando as lamberem as línguas de fogo, as labaredas penetrarão no emaranhado dos gravetos, dominarão a derrubada, comburirão as jaribaras secas, as palhagens esparsas, originando zoada terrificante – misto de sibilos, de estalos, de estrondos, de ruídos indefinidos – e tudo se transformará em cinzas, exceto os troncos seculares, que como tochas estendidas, numa combustão lenta, desprenderão fumo. E dias depois reviverão as chamas, quando a aragem soprar e aparecerão fagulhas agitadas que, rodopiando, se elevarão velozes. Serão as lágrimas da floresta abatida que, então, manifestam a angústia dos caules em aniquilamento.[3]

Essa destruição maciça ocorreu como uma imposição do progresso e poucas foram as advertências contra a opção por tal procedimento. Vozes de protestos surgiam como atos isolados, uma vez que não indicavam uma nova postura diante do meio ambiente. Por isso apenas assinalavam um comportamento incomum. (Serve de exemplo o episódio sucedido com o engenheiro Pedro Nolasco, na construção da "Vitória a Minas", ao determinar uma mudança do traçado dessa ferrovia, em Cariacica, para uma jaqueira não ser derrubada.)

O problema da devastação da Mata Atlântica, decorrente da atividade da produção de ferro, já preocupava o presidente da província, Manoel Ignácio de Melo e Souza. Em 1832, escreveu em seu relatório: "*Um regulamento sobre as fábricas de ferro também parece indispensável; esse ramo da riqueza nacional não prosperará se algumas providências [não forem tomadas] sobre o combustível, visto a destruição das matas em lugares mais próximos às povoações*".[4]

A devassa do vale do Rio Doce e a quase completa destruição da Mata Atlântica decorreram de diversos fatores. O principal deles foi a decadência da mineração. Nos derradeiros anos do século XVIII, ganhou ímpeto o processo de transferência para a mata mineira de parcelas da população localizadas nas áreas de mineração, a introdução do café na Zona da Mata e, posteriormente, também para a parte meridional da bacia do Doce. Ou seja, nas áreas banhadas pelo Xopotó, Piranga, Rio Casca, Matipó, etc.

Nessa época, com o objetivo de abastecer o mercado do Rio de Janeiro, desenvolveu-se a criação dos gados leiteiro e suíno, assim como a produção de seus subprodutos. O resultado imediato foi terrível para a cobertura vegetal do vale. Por isso, como afirmou Paulo Haddad, essa migração acarretou a derrubada de "*uma das mais exuberantes florestas do Brasil*".

A destruição de parte da Mata Atlântica pode também ser atribuída às ferrovias. Segundo Warren Dean, as

> *(...) ferrovias faziam suas próprias demandas à floresta, porque exigiam grandes quantidades de dormentes, para os quais prefeririam madeiras de lei da floresta primária. Embora vias férreas que corriam para os portos queimassem carvão importado, as do interior normalmente queimavam lenha. O corte de lenha tornou-se, portanto, uma boa oportunidade econômica para proprietários de terra ao longo das vias.*[5]

Essa devastação da floresta foi prevista, em 1858, pelo barão de Capanema, um cientista amador, antes mesmo do afã em construir ferrovias. Ele advertiu:

> *Nossas ferrovias, em vez de nos serem úteis, passarão a ser prejudiciais. Em volta de nossa capital nada vemos além de montanhas cobertas por capoeiras; suas florestas primevas desapareceram e assim também as fazendas que as substituíram: hoje a terra está exaurida e improdutiva, e quem quer que deseje boas colheitas viaja longe para encontrar terras virgens. Os cafezais próximos ao litoral, que há vinte anos eram lucrativos, são hoje desprezados, e nenhum outro é ali cultivado; apenas no planalto a produção é excelente, mas dentro de poucos anos será necessário ali também abandonar o solo cansado, para buscar uma zona fértil mais remota, de sorte que as linhas férreas terão de atravessar muitas léguas de terreno de pousio para encontrar carregamento apenas em sua extremidade e para ligar centros de população, que serão, por sua vez, abandonados quando a ferrovia se estender para além deles, e deixarem de ser empórios de uma região cultivada.*[6]

Em resumo, Guilherme Schuch, o barão de Capanema, em meados do século XIX, anteviu como as ferrovias impulsionariam a destruição da Mata Atlântica.

O desenvolvimento da agropecuária estimulou a ofensiva dos colonos para obterem sesmarias nas terras cuja fertilidade era inegável. Em consequência, acelerou-se a devastação da Mata Atlântica e tal processo provocou o recrudescimento dos conflitos com os indígenas.

Para se entender o fantástico aniquilamento da Mata Atlântica nessa região basta acentuar a imensidão da floresta destruída graças aos machados, às serras elétricas e ao fogo. Warren Dean indica a primitiva extensão dela em todo o Espírito Santo ao norte do Rio Doce, em grande parte do leste de Minas Gerais, confrontando com o Espírito Santo.[7]

Aqui fazemos um parêntese para mencionar um dado significativo apresentado por Warren Dean. Enfatizou o fato de a Constituição da República de

1891 transferir para as unidades da federação (os estados) as terras públicas pertencentes ao governo central. Essa decisão, portanto, incluída na lei maior do país, abriu o caminho para a ofensiva dos especuladores a fim de se apoderarem de terras públicas, utilizando toda a sorte de malandragens, fraudes e *grilagens*. (De conformidade com o esclarecimento do mesmo autor, a arte da expropriação privada passou a ser definida como *grilagem*, porque imita o pulo do grilo ao saltar sobre as terras de outros proprietários.)

Na verdade, *"a colonização devorou em poucas décadas quase toda a floresta que restara ao poder público"*. Apesar desse excelente e meticuloso exame da quase total destruição da Mata Atlântica, Warren Dean dá uma explicação unilateral, por subestimar o interesse dos proprietários em ampliarem suas terras. Para ele,

> (...) ao longo dessa contenda, o que estava realmente em jogo não era a terra, ou a propriedade, embora a contenda fosse assim definida pelos que dela participavam, e mesmo atualmente pelos que interpretam sua história... O prêmio era, de fato, a biomassa viva das árvores – que seria reduzida a cinzas –, o leito do chão da floresta, a camada de húmus, a vida de micróbios e insetos que habitavam esses estratos e os nutrientes contidos no horizonte do solo abaixo dela.[8]

Essa asserção é endossada por alguns naturalistas quando no século XIX presenciaram procedimentos dos fazendeiros. Falando sobre os sertões do Rio Doce, Saint-Hilaire conta: *"o sistema de agricultura adotado pelos brasileiros em geral, e, em particular pelos mineiros, foi certamente a causa que mais contribuiu para a ruína das zonas da Província das Minas que primeiro foram habitadas por brancos"*. Assim, esse sistema *"é baseado na destruição das florestas, e onde não há matas não existe lavoura"*. O lavrador *"não mais podendo esperar ver nascer árvores sobre o seu terreno, diz que este está definitivamente perdido (é terra acabada); após fazer sete ou oito colheitas em um campo, e às vezes menos, ele o abandona, e queima outras matas, que em breve têm a mesma sorte das precedentes"*.[9]

Todavia, não pode ser descartado o interesse dos fazendeiros em ampliar de forma sistemática suas propriedades, como reserva de valor e para aumentar seu poderio, inclusive político, pois o controle de terras é a base para o domínio incontrastável do coronelato.

A vida cotidiana após a derrocada da mineração

O fim do "boom" da mineração de ouro e diamantes marcou para os luso-brasileiros o início de um penoso processo de busca de novos rumos na vida econômica. Durou várias décadas essa transição e ela, afinal, ficou marcada pelas iniciativas na agropecuária e pelas tímidas medidas de empreendimentos industriais, opção trágica porque impunha a destruição da Mata Atlântica e o genocídio dos "botocudos", como examinaremos no capítulo seguinte. Em outras palavras, esse foi o altíssimo preço, nos séculos XIX e XX, pelo caminho adotado.

Em 1776, quando se constatava o esgotamento de ouro no aluvião dos rios e córregos, o contingente populacional de Minas Gerais era superior a 300 mil habitantes, excluídos os índios, representando 20% da colônia. Mais de 50% da população era negra, integrada por africanos importados ou por escravos brasileiros de herança africana. Dentro desse panorama social, o fim da exuberância da mineração de ouro e diamantes acarretou novos horizontes para a economia mineira, acentuando a tendência à diversidade.

Na opinião de Celso Furtado, com o declínio da produção de ouro ocorreu uma rápida e geral decadência, que se processava através de uma lenta diminuição do capital aplicado na mineração. Todavia a ilusão de que uma nova descoberta poderia vir a qualquer momento induzia o empresário a persistir na lenta destruição de seu ativo, antes de transferir algum saldo liquidável para outra atividade econômica.

Todo sistema se atrofiava, perdia vitalidade e finalmente desagregava-se numa economia de subsistência. Para ele, regressão *"tão rápida e tão completa"* não sucedeu em nenhuma outra parte do continente americano, atingindo um sistema econômico estruturado por uma população quase toda de origem europeia.

Depois de um curto retrocesso na política de estímulo à diversidade da economia das Minas Gerais, provocada pela queda do Marquês de Pombal, essa retorna na regência do príncipe Dom João. As novas diretrizes da metrópole aparecem na circular dirigida aos governadores das capitanias, em 27 de maio de 1795. (Portanto, três anos depois da sentença contra os inconfidentes.) Nesse documento, da lavra do titular interino do Ministério dos Domínios Ultramarinos, Luís Pinto de Sousa Coutinho, após uma admissão franca de que a Coroa cometeu *"alguns defeitos políticos e restrições fiscais"*, foi anunciada a abolição do monopólio de sal pelo governo e seu desejo de estimular a mineração e a manufatura de ferro, especialmente em Minas e São Paulo.

Em 1821, um ano antes da Independência, pelo registro de Eschwege, a província estava com 514.108 habitantes. É significativo, nesse ano, o "ranking" das comarcas mais populosas: Sabará, com 213.617 habitantes; Rio das Mortes (São João del Rei), 119.520; Serro, com 83.626, e Vila Rica (Ouro Preto), com 75.573. Esses dados traduziam a enorme migração dentro da província, com a decadência da mineração; o progresso de Sabará resultava da mineração e das grandes fazendas de gado; a pujança de São João del Rei decorria de ser um entroncamento dos caminhos do Rio e de São Paulo, cumprindo um papel de entreposto comercial.

Surgiu, pois, entre as autoridades portuguesas mais esclarecidas, e também em algumas personalidades brasileiras, opiniões em favor da necessidade de abandonar a procura infrutífera e desesperada de novas jazidas de ouro e diamantes, apresentando a alternativa de uma concentração de esforços no desenvolvimento da agropecuária. Concluiu-se, então, quando chegava ao fim o período colonial, a existência de uma convergência de opiniões dessas autoridades portuguesas com os chamados memorialistas brasileiros, como Vieira Couto, Azeredo Coutinho e José Eloi Otoni.

Eles combatiam os que pretendiam, em Portugal e no Brasil, continuar centralizando os esforços na procura de ouro e eram favoráveis ao desenvolvimento de atividades na agropecuária e na indústria. A realidade foi impondo o predomínio da tese *o ouro não enriquece, mas empobrece*, defendida pelos memorialistas, preocupados em apontar uma saída para a crise da mineração.

Em certa medida essa polêmica foi a extensão da disputa em Portugal sobre as modificações na orientação da Coroa, implantadas pelo Marquês de Pombal (Sebastião José de Carvalho e Mello) de 1750 a 1777. Refletindo as teses defendidas pelos fisiocratas na França, *"Pombal, que sabidamente alimentava uma verdadeira ojeriza pelas minas, consideradas 'riquezas fictícias', fez do estímulo à agricultura um dos sustentáculos de sua administração".*

No que se refere aos "sertões do leste", tal polêmica girava também em torno da navegabilidade do Rio Doce, isto é, se o caminho para devassar o interior dependia, ou não, de usar o rio como um instrumento indispensável para colonizar o território. Durante muitos anos as autoridades coloniais intentaram implantar aquela navegação. Depois da independência do Brasil, o governo imperial também insistiu no mesmo propósito, porque todos consideravam incompreensível não haver uma ligação direta de Minas Gerais com o litoral, utilizando o rio, como se fazia na bacia do Prata, onde foi extremamente valiosa a navegação nos rios Tietê, Paraná, Paraguai e Uruguai

Cabe relembrar os planos do ministro português D. Rodrigo de Souza Coutinho, Conde de Linhares. Foi ele o responsável por duas iniciativas: fundou a Vila de Linhares porque julgava indispensável um porto nas proximidades da foz do grande rio, movido pelo propósito de facilitar a navegação fluvial e o comércio na bacia; em segundo lugar, promulgou um decreto isentando de tributos as mercadorias transportadas através do Rio Doce.

O naturalista José Vieira Couto (1752-1827) apresentou um projeto para tornar o Rio Doce um canal fluvial, a fim de ligar o estado montanhês ao mercado dos países estrangeiros. Couto, nascido no antigo Arraial do

Tijuco (hoje Diamantina), estudou em Coimbra, formando-se em Medicina e em Ciências Naturais, em 1777. Estreitamente ligado a José Bonifácio de Andrada e Silva e a Manuel Ferreira da Câmara Bittencourt e Sá (o Intendente Câmara), os três mantiveram contatos com núcleos de pesquisa na Europa e se destacavam pelos seus conhecimentos em mineralogia.

(Um detalhe curioso é a influência visível nos acontecimentos políticos, no fim do século XVIII e nas primeiras décadas do século XIX, de brasileiros que estudaram em Coimbra, mesmo porque *"entre 1772 e 1785, 300 estudantes brasileiros tinham-se matriculado na Universidade de Coimbra"*.[10])

Vieira Couto escreveu extensas memórias opinando sobre problemas brasileiros, apoiado nos estudos realizados na Europa. Sua atividade repercutiu no Brasil, porque teve acesso ao acanhado círculo dos formados nos mais adiantados centros do Velho Mundo. De acordo com Sílvio Romero, Vieira Couto, dos sábios de seu tempo, foi um dos que mais escreveram e em melhor estilo. Quando o Brasil acabara de conquistar sua independência, a pregação incisiva de José Elói Otoni (1764-1851), natural do Serro Frio, propiciou a criação de uma liderança nos destinos da ex-colônia, como seus sobrinhos Teófilo e Benedito, figuras com notável atuação na política e na administração pública no Segundo Império. Homem de letras, poeta e tradutor de Virgílio, José Elói Otoni envolveu-se de forma apaixonada na causa da Independência do país. Entre suas teses assinalou a importância da navegação no Rio Doce e do povoamento nas terras da bacia.

Notas

[1] Teixeira. *O vale do Rio Doce*.

[2] Neuwied. *Viagem ao Brasil*, p. 155.

[3] Almeida. *O desbravamento das selvas do Rio Doce*.

[4] Espindola. Práticas econômicas e meio ambiente na ocupação do Sertão do Rio Doce, p. 29.

[5] Borgo; Brígida; Pacheco. Obra citada, p. 14.

[6] Introdução de seu livro *A mata do Peçanha*.

[7] Strauch. *A Bacia do rio Doce. Estudo geográfico*, p. 29.

[8] Iglésias. *Política econômica do governo provincial mineiro (1835-1889)*, p. 119.

[9] *Apud* Borgo; Brígida; Pacheco. Obra citada, p. 23.

[10] Dias. UFMG, Projeto Intelectual e político, p. 289.

Capítulo 2
Genocídio dos índios ■

*Não se enforcou um só matador
de índios, não se castigou a opressão,
não se restituiu um palmo de terra.*
Carta de Guido Thomaz Marlière à
Assembleia Geral Legislativa,
no dia 11 de julho de 1825.

*Este maldito tráfico dos selvagens,
mais infame que o dos pretos da África,
tem sido a causa de calamidades sem número.*
Teófilo Otoni, 1858, em carta a Joaquim
Manuel de Macedo, autor de *A Moreninha*

Desde épocas distantes o vale do Rio Doce era habitado por várias comunidades de índios e, principalmente, pelos "botocudos". Esse termo foi utilizado pelos luso-brasileiros para designar diversas etnias existentes no Brasil, durante o período colonial. Receberam essa denominação porque não se curvavam ante a força e a prepotência dos que desejavam exterminá-los. Os "botocudos" eram também chamados de aimorés, e essa denominação ficou consagrada com o nome dado à serra na fronteira entre Minas Gerais e Espírito Santo. Contudo, na opinião de Ailton Krenak, líder da comunidade krenak, nunca houve uma etnia aimoré.[1]

A imagem de "botocudos" foi construída com cores fortes. Sobre eles os colonizadores diziam: são "o terror das florestas do Rio Doce"; "são canibais e comem carne humana". As Cartas Régias da Coroa proclamavam que os "botocudos" eram antropófagos e precisavam ser destruídos, sem quartel e sem perdão. Assim, para devassar e conquistar o vale do Rio Doce, os colonizadores no início do século XXI criaram essa imagem a fim de "justificar" o genocídio dessas comunidades indígenas.

"Botocudos" era uma denominação dada pelos portugueses a certas etnias pelo fato de usarem nos lábios e nas orelhas uma grande rodela de madeira. Esse adorno era comparado pelos colonizadores a botoques, rolhas usadas para tampar tonéis. Tais ornamentos eram feitos da madeira extraída da árvore – barriguda.[2] Depois de cortada nas dimensões desejadas, era desidratada no fogo, o que a tornava leve e branca. Após essa fase, o botoque era pintado com tinta vermelha de urucum e tinta preta de jenipapo.[3]

Conforme a indicação estabelecida pelo herói cultural Marét-Khamaknian, os botoques eram preparados e implantados pelos homens, únicos conhecedores e com o direito de exercerem tal atividade. Os de uso feminino eram menores, mas também feitos pelos homens.

A cerimônia de furação das orelhas era decidida pelo pai, após a criança atingir sete ou oito anos. O lábio inferior era perfurado mais tarde. Os botoques implantados eram inicialmente de pequeno porte e aumentavam gradativamente de tamanho. Segundo esse relatório, o uso de bodoques (auriculares), chamados de *imató* pelos krenak, atualmente está sendo resgatado pelos jovens da comunidade.

O território dos "botocudos" compreendia grandes faixas da Mata Atlântica no vale dos rios Doce, Mucuri e Jequitinhonha, até o vale do Rio Pardo, no sul da Bahia. Desconhecemos se os índios foram viver ali em momentos históricos diferentes, em decorrência da intensa migração dos vários grupos, causada pela luta contra os colonizadores.[4]

Os "botocudos" de Minas ocupavam um imenso território dos chamados "sertões do leste", nos vales dos rios Mucuri, Doce e Jequitinhonha. Essa região permaneceu intocada até o início do século XIX por ser considerada "zona proibida" pela Coroa portuguesa e não podia ser franqueada aos civilizados. Sônia Marcato esclareceu que *"os índios ali refugiados serviam para amedrontar os contrabandistas de ouro que fugiam das rotas comerciais"*.[5]

Com o tempo, ao aumentar o conhecimento sobre os "botocudos de Minas Gerais, foram surgindo os diversos nomes próprios. Os nomes apontados como pertencentes ao grupo dos "botocudos" agrupavam índios de origem diversificada, como

> *(...) os gracnuns, os nacnenuques, os pojichas e os quejaurins, que povoavam as florestas de um e outro lado dos rios Doce, Jequitinhonha, Mucuri e São Mateus e afluentes, desde o Espírito Santo até o sertão mineiro, no início do século XIX. Por sua vez, os aludidos agrupamentos também abrangiam os indígenas aranãs, catolés, crenaques, giporoques, honarés ou noretes, potes, puruntuns ou perutins, etc., todos, portanto, subdivisões do mundo botocudo.*[6]

A destruição dos "botocudos" foi alicerçada numa versão tida na época como uma necessidade indiscutível. Na realidade eles eram apresentados como um terror para os brancos e inimigos de outras tribos. Na historiografia mineira ficou generalizada essa acusação. Um exemplo disso é o registro de Cunha Matos: *"Quase todos são antropófagos e devoram os seus inimigos depois de os engordarem".*[7]

Esse historiador dedicou várias páginas à informação sobre as Cartas Régias de 1808 e a respeito da guerra ofensiva contra os "botocudos", indicando como os índios deveriam ser tratados. Escreveu que os "botocudos", aprisionados com armas na mão, deveriam ficar obrigados a servir ao respectivo comandante durante dez anos, ou enquanto continuasse sua ferocidade.[8]

Rezava um desses documentos que:

> *(...) desde o momento que receberdes esta minha Carta Régia, deveis considerar como principiada contra estes índios antropófagos uma guerra ofensiva, que continuareis sempre em todos anos nas estações secas e não terá fim, senão quando tiverdes a felicidade de vos senhorear de suas habitações e de os capacitar da superioridade das minhas reais armas, de maneira tal que movidos do justo terror das mesmas, peçam a paz e sujeitando-se ao doce jugo das leis e prometendo viver em sociedade, possam vir a ser vassalos úteis, como já o são as imensas variedades de índios que nestes meus vastos Estados do Brasil se acham aldeiados e gozam da felicidade que é conseqüência necessária do estado social.*[9]

Assim, os "botocudos" foram as únicas comunidades indígenas no Brasil que sofreram uma guerra declarada pelo governo português.

A verdade sobre esses índios foi apresentada por diversos naturalistas que visitaram o Brasil no século XIX. Entre eles, o zoólogo alemão Maximiliano, príncipe de Wied-Neuwied, que esteve no Brasil de 1815 a 1817. Em seu livro *Viagem ao Brasil*, ele dedicou inúmeras páginas ao relato de seu contato com os "botocudos" nos vales dos rios Doce e Jequitinhonha (Belmonte), deixando minuciosas informações sobre seus costumes e sua vida, e não encampou as acusações sobre a antropofagia desses índios.

A resistência secular dos "botocudos"

De conformidade com o Relatório Krenak, os primeiros enfrentamentos belicosos dessas etnias com os luso-brasileiros ocorreram no século XVI, quando da instalação das capitanias de Ilhéus e Porto Seguro. A revolta de 1550 foi uma reação às tentativas dos colonizadores de escravizar os índios.

As medidas coercitivas partiram do governador Mem de Sá, comandando o ataque aos índios rebelados. O combate culminou na "Batalha dos Nadadores", quando foram queimadas várias aldeias e a escravidão foi imposta aos índios.

Os colonos passaram a invadir os sertões para aprisionar os "botocudos", depois da guerra de 1556 e de uma peste nos anos 1562 e 1563, quando houve um longo período de fome devido à falta de braços para desenvolver a lavoura. Os índios reagiram, atacando engenhos, fazendas e vilas. Já em Porto Seguro os conflitos decorreram de "entradas", promovidas pelos donatários em busca de ouro e pedras preciosas na Bahia e no Espírito Santo. Datam do mesmo período os ataques dos índios às aldeias jesuíticas de Tinharé, Boipeba e Camamu.

Esses *"conflitos perduraram por todo século XVII, obrigando a contratação de bandeirantes paulistas para a solução do conflito por meio da decretação de 'guerra justa' aos Guerén, em 1673..."*.[10] As pressões dos colonizadores eram intensas, exigindo a atuação do governo da colônia para a defesa dos luso-brasileiros da região, que era a maior produtora de farinha. Várias experiências foram feitas para combater os "botocudos": envio de tropas, construção de um forte em Cairú, estímulo à organização de milícias particulares e distribuição de soldados por fazendas e vilas.

A primeira notícia de aldeamento de "botocudos" é de 1602, em Ilhéus. Muitos deles foram transferidos para a ilha de Itaparica, no recôncavo baiano, onde contraíram doenças, que causaram a morte de muitos deles e a fuga dos sobreviventes para as matas.

Em Minas Gerais, no século do ouro, os "botocudos" faziam ataques às áreas povoadas, chegando próximos à cidade de Mariana. A preocupação das autoridades era defensiva, mas no último quartel do século XVIII cresceu o interesse pela colonização do vale do Rio Doce.

A acusação contra os "botocudos" chegou à Coroa, em Lisboa, nos seguintes termos: eles impedem a ocupação dos sertões do Rio Doce, a navegação fluvial, a expansão do comércio e da agricultura, a retirada de recursos florestais e a exploração das ricas jazidas de ouro e pedras preciosas.

Os "botocudos" estavam divididos, segundo Haruf, *"em tribos de cerca de 50 a 60 arcos, que era o modo dos brancos contá-los, isto é, homens adultos em condição de combate. Eles acampavam em vales, à margem de rio, ribeirão ou córrego, sempre erguendo habitações provisórias e extremamente rústicas"*.[11] O fato de não usarem habitações mais estáveis, apenas abrigos improvisados, indica quanto era provisório o local de pouso. Esse dado resultava da intensa mobilidade dos indígenas e caracterizava uma estratégia de sobrevivência no interior da floresta.

A política dos portugueses em relação aos nativos não admitia a possibilidade de essas populações continuarem existindo com sua cultura e seus valores. Também não aceitava a organização tribal e a segregação da sociedade indígena. Os índios não eram vistos como uma coletividade, mas apenas como mão de obra a ser utilizada pelos luso-brasileiros. Nessa condição deveriam ser incorporados à sociedade colonial ou eliminados, caso se tornassem um empecilho ao aproveitamento econômico da região.

A doutrina da Coroa não previa a sobrevivência das tribos, mas a absorção e a integração dos índios. No processo de ocupação do vale do Rio Doce criou-se, portanto, uma relação entre o *Estado e o não Estado*. Ou seja, *entre a civilização e o sertão*.

Em fins do século XVIII, quando houve o esgotamento das minas de ouro e diamantes, no sertão do Rio Doce ocorreram conflitos entre "botocudos" e luso-brasileiros. *"Em toda região compreendida pelo vale do médio Rio Doce e dos rios Mucuri e São Mateus existia apenas o distrito de Cuieté, que servia de degredo para criminosos e vadios. Os centros polares de ocupação da zona da floresta foram Mariana, Caeté, Serro (Vila do Príncipe) e Minas Novas"*.[12]

Com a decadência da mineração, o vale do Rio Doce passou a ser visto como uma solução para a província sair da estagnação em que se encontrava e como o caminho mais curto para colocar Minas Gerais em ligação com o litoral. Mas, para tanto, era indispensável eliminar os "botocudos". Contudo, era ilegal a guerra contra os índios e sua escravização, exceto para combater as tribos *"que realizassem incursões contra os cristãos ou para resgatar índios aprisionados por outros ou para combater os antropófagos"*.[13]

O território ocupado pelos "botocudos" – que até o início do século XX era coberto pela Mata Atlântica – passou a ser cobiçado pelos interessados na produção da agricultura e da pecuária e, particularmente, na exportação de madeira.

No século XIX, depois de uma primeira fase de guerra ofensiva, o esforço foi para promover a passagem da condição de índio à de não índio. Essa era um trajetória na qual o "índio doméstico" ia deixando de se ver como parte de sua etnia original. A primeira etapa do processo que conduzia a esse fim era a evolução de "índio bravo" para a de "índio manso".[14]

A política do Marquês de Pombal

Examinando a conduta das autoridades de Lisboa, evidencia-se que, no reinado de D. José I (1750-1777), graças às concepções do primeiro-ministro Sebastião José Carvalho e Mello, Marquês de Pombal, houve uma modificação significativa na política da colonização. Para ele o Brasil ocupava uma posição estratégica e por isso nosso território precisava ser controlado e povoado.

Com esse objetivo era fundamental efetivar o domínio com o aumento da presença luso-brasileira.

Em consequência surgiram divergências entre a Coroa e a Igreja a respeito do relacionamento com as comunidades nativas. Ilustram bem essas contradições as desavenças do padre Antônio Vieira com as autoridades portuguesas e os colonizadores, notadamente no Pará e no Maranhão. Enquanto os colonos queriam utilizar os índios como trabalhadores nas suas propriedades, os padres procuravam mantê-los em aldeamentos subordinados diretamente a sua autoridade, pois desejavam "aculturá-los".

Os jesuítas não concordavam com a escravização dos índios. Mantinham um bom relacionamento com os tupis (notadamente os tupiniquins), inclusive pelo fato de eles apoiarem as "entradas" e as "bandeiras" que penetravam no imenso território desconhecido. Sem o apoio desses índios teria sido impossível aos portugueses devassarem e ocuparem a chamada Terra de Santa Cruz. As aldeias localizadas no litoral, além de serem importantes reservatórios de homens armados e de mão de obra, contribuíam para a defesa contra expedições de outros países da Europa.

Vários dados explicam as razões de os jesuítas terem sido mais flexíveis em relação aos índios, pois somente em alguns casos concordavam com seu massacre. *"Nóbrega via na escravidão indígena uma forma de castigar aqueles que teimavam permanecer arredios"*. O índio bom era o que se curvava diante dos opressores, *"caso contrário seria justo utilizar a força contra eles. Anchieta desiludiu-se com o método persuasivo em face da teimosia dos seus catequizados em manterem os costumes pagãos, e recomendava a escravidão que os forçasse a acolher a bandeira de Cristo"*.[15]

A política da Coroa, quando o Marquês de Pombal era primeiro-ministro, decorrente da concepção da importância do Brasil para o império português, sabia da necessidade de aumentar a população existente na colônia. Porém, entendia que *"este grande número de gente que é necessário para povoar, guarnecer e sustentar uma tão desmedida fronteira não pode humanamente sair deste reino e ilhas adjacentes"*. Daí, para o primeiro-ministro era necessário abolir diferenças entre portugueses e índios, privilegiando os primeiros quando casassem com as filhas dos segundos, declarando que os filhos de semelhantes matrimônios seriam considerados como naturais de Portugal. Por isso sua política condenava como um crime a discriminação dos índios.[16] Segundo Sérgio Buarque de Holanda, a licenciosidade portuguesa e a tendência social à mestiçagem contribuíram para a absorção da população indígena e seu desaparecimento enquanto grupo étnico.

O desenvolvimento de Portugal dependia do comércio colonial, graças à exportação de nossos produtos para a Europa. A qualidade dos homens então mandados ao Brasil para os cargos de governo indicava a importância estratégica da esfera comercial. Essa foi uma das razões também da transferência do centro político do domínio colonial de Salvador para a cidade do Rio de Janeiro.

Os jesuítas defendiam a segregação e o isolamento dos aldeamentos e proibiam que os brancos neles morassem, inclusive porque dessa forma conseguiam evitar conflitos entre luso-brasileiros e índios. Os padres procuravam ser os agentes do Estado e tutores dos índios, e a Igreja encampou as lutas dos tupiniquins contra os "tapuias", vale dizer, os "botocudos".

Depois de vários conflitos entre a Coroa e a Companhia de Jesus, a 3 de setembro de 1759 o governo português decretou a expulsão dos jesuítas do império. Para substituí-los nas missões, as autoridades indicaram diretores de aldeias, que assumiram a tutela dos índios, e as aldeias foram transformadas em vilas ou povoados.

A tática da Coroa

Com a morte de Dom José I houve a substituição do Marquês de Pombal e vários retrocessos. Voltou à política de extermínio daquelas comunidades que enfrentavam os colonizadores. Essa conduta ficou expressa claramente nas Cartas Régias de 1808, baixadas pelo príncipe regente.

A ampliação dos contatos entre brancos e índios provocou maior incidência de epidemias e ampliou a mortalidade indígena. Esse fato e o recrutamento de mão de obra entre os nativos desestruturaram as comunidades e causaram a diminuição rápida das tribos.

Os portugueses seguiram duas táticas diferentes em relação aos indígenas: 1 - combatê-los através de guerra defensiva ou ofensiva; 2 - *aterrar* os índios, fixá-los na terra, nos aldeamentos.

O objetivo estratégico prioritário dos colonizadores naquela primeira fase era a ocupação do território e a abertura do Rio Doce à navegação. Além disso, para impulsionar com determinação o massacre dos índios, foi restabelecida *a servidão por guerra*. (Ou seja, os índios derrotados se tornavam escravos.)

Dessa forma, as Cartas Régias reeditaram os métodos das *bandeiras de caça* aos índios, comuns no século XVII, como política oficial. Com elas os alferes comandantes ficaram com o direito de escravizar índios capturados, podendo mantê-los a seu serviço pelo prazo de dez anos. Enfim, *os índios foram tratados como estrangeiros. A Coroa juntou a espada e a cruz no processo de conquista do sertão do Rio Doce.*

Razões econômicas explicam os motivos da declaração de guerra aos nativos: em primeiro lugar, os colonizadores desejavam desocupar as margens do Doce da presença dos "botocudos", para garantir a segurança da navegação fluvial e liberar o território para nele introduzirem atividades mercantis. Para tanto, várias medidas foram adotadas, como a concessão de sesmarias (fazendas) aos luso-brasileiros dispostos a povoarem as margens desse rio e de seus afluentes.

Entre os séculos XVII e XVIII houve a falência das capitanias de Ilhéus, Porto Seguro e Espírito Santo, ocorrendo sua reversão à Coroa, que interrompeu os investimentos na região. Essa medida *"deveu-se não só ao desinteresse da Coroa portuguesa como também à estratégia de transformar a área em zona tampão que inviabilizasse o aceso sem controle às minas da futura capitania de Minas Gerais"*.[17]

No que diz respeito à Mata Atlântica permitia-se a derrubada somente de árvores usadas para fornecer madeira para os navios da Armada Real. Sendo assim, as florestas tornaram-se o refúgio privilegiado de grupos indígenas. Durante muitas décadas eles ficaram na Mata Atlântica afastados da colonização luso-brasileira.

Até 1760 essas etnias indígenas conservaram seus padrões sociais e seus territórios. Também a fuga ao contato e o combate permanente contra os colonizadores permitiram usar esse refúgio por certo período, numa região quase despovoada, excetuando as áreas de mineração.

Podemos dividir os colonizadores luso-brasileiros em várias categorias de pessoas. Para sobreviverem todos produziam culturas de subsistência e praticavam a caça e a pesca. Inicialmente, eram pessoas pobres, mestiças e negras, posseiros, jagunços, faiscadores e poaieiros.[18] Outros penetraram nas matas em busca de ouro e diamantes, assim como os negociantes de ipecacuanha. Alguns aventureiros fizeram fortunas e se tornaram fazendeiros abastados. Depois apareceram os especuladores e os interessados em obter sesmarias. Uma parte significativa dos primeiros habitantes foi obrigada pelo governo a povoar o sertão: criminosos, vadios com penas de degredo. Também havia uma parte formada de fugitivos da Justiça, refugiados nas aldeias indígenas ou nos quilombos.

Esse panorama evoluiu quando se evidenciou o fracasso na extração de ouro e diamantes. De conformidade com Maria Hilda Paraíso, a

> *(...) falência da mineração levou a profundas transformações no modelo econômico regional, que vieram a se refletir dramaticamente sobre a vida das populações indígenas ali refugiadas. As novas opções econômicas foram a pecuária, o comércio e a agricultura, e as zonas de escoamento dos produtos foram os grandes rios locais, que apresentavam como característica o fato de nascerem em Minas Gerais e atravessarem o Espírito Santo ou a Bahia, garantindo acesso aos portos litorâneos.*[19]

A campanha militar contra os índios

A política de ocupar o sertão teve início com o estabelecimento de "presídios", a partir do governo de Luiz Diogo Lobo da Silva (1763-1768). Os *presídios* eram uma *"unidade militar composta por uma guarnição de soldados pedestres. Era um lugar de degredo e, por esse meio, garantiam-se os elementos que poderiam ajudar na luta contra os grupos indígenas, ao mesmo tempo em que a floresta e o medo dos índios impediam as fugas"*.[20]

Os soldados eram forçados a se engajarem nas divisões militares. Em muitos casos foram os primeiros desbravadores do sertão do Rio Doce. Suas famílias, nascidas dos casamentos com índias, ou prostitutas frequentadoras dos quartéis, deram origem a muitas cidades da região.

O presídio funcionava como centro de decisões de uma divisão militar, local onde residia o maior contingente de tropas e os oficiais mais graduados. Nos quartéis havia estruturas intermediárias de decisão, neles residindo tenentes ou alferes e, excepcionalmente, um graduado inferior, como sargento e cabo. Os destacamentos eram estruturas menos complexas de poder e organização e neles ficavam poucos soldados e graduados, ocupando, na maioria das vezes, uma simples cabana de palha. Junto dos presídios eram organizados os aldeamentos de índios, a demarcação de suas terras, o fornecimento de ferramentas era designado um vigário paroquial.

Pedestre era um tipo de policial sem vínculo com o regimento regular, atuando nas vilas ou nos matos quase sempre sob comando de um militar. Cada presídio correspondia a um distrito de paróquia, isto é, a um território subordinado a um prior ou a um vigário, com autoridade jurídico-administrativa e eclesiástica. A freguesia era a menor divisão administrativa em Portugal e no Brasil. Os limites territoriais das freguesias mineiras não eram definidos com exatidão, particularmente nas áreas de habitação rarefeita e esparsa.

Pela tradição da colônia era ilegal a guerra aos nativos e o cativeiro dos índios, divididos em duas categorias – os bons e os maus. Os bons eram aqueles que se deixavam dominar pelos colonizadores e os maus eram os que resistiam à captura, principalmente os que não eram da língua tupi.

Em 12 de maio de 1798, em virtude da pressão de fazendeiros insatisfeitos com a maneira "branda" como os índios eram tratados, a Coroa lançou uma Carta Régia determinando medidas enérgicas para a liberação de territórios indígenas. Foi abolido o direito de os nativos venderem livremente sua força de trabalho, pois foi implantada uma política militarista violenta, expropriadora das terras dos "botocudos." Na verdade o objetivo era o extermínio dos índios.

Nas áreas das antigas capitanias falidas – Ilhéus, Porto Seguro e Espírito Santo – essa pressão foi mais violenta. Construiu-se um primeiro quartel no

Rio Doce – o do Porto de Souza, na fronteira entre Espírito Santo e Minas Gerais. Ao mesmo tempo teve início a criação de Companhias de Pedestres a fim de mobilizar homens treinados em combater os "botocudos".

Com o sistema da "guerra justa", reapareceu a figura do "caçador de índios". Foi acelerado o processo de desapropriação de novos territórios e a desarticulação das comunidades indígenas mantidas em áreas marginais da atividade mineradora.

Três Cartas Régias de 1808 definiram a luta contra os "botocudos". Foi decretada a "guerra ofensiva" e ordenou-se a distribuição de destacamentos pelo território dominado pelos índios. Eles transformaram o plano de navegação do Rio Doce numa campanha militar com o objetivo de vencer a resistência dos nativos.

Demonstrando a importância estratégica da região, na Corte imperial os assuntos do Rio Doce ficaram sob a responsabilidade da Secretaria de Estado da Guerra e Negócios Estrangeiros, sob a direção de uma Junta de Conquista e Civilização dos Índios e da Navegação do Rio Doce. Com isso o vale desse rio e parte da Zona da Mata mineira foram subordinados diretamente às autoridades militares, sendo desligados da administração da província de Minas Gerais.

A definição da estratégia bélica demonstrou, de certa forma, como havia da parte dos colonizadores um razoável conhecimento do terreno das operações. A ofensiva militar contra os "botocudos" consistia na penetração de tropas na floresta para dar combate aos índios em seus redutos. Instruções determinavam a missão de cada um desses contingentes e foram criados quartéis para apoiar as ofensivas anuais.

No governo do Visconde de Barbacena (1788-1797) prosseguiram as investidas no sertão do Rio Doce. Foi organizada a "guerra", com base numa melhor estruturação dos presídios, custeados pela Fazenda Real. A missão deles era impedir as incursões dos índios. *"Em 1807, no sertão do Rio Doce funcionavam os presídios de Cuieté, Abre Campo, Ponte Nova, Santa Rita do Turvo, Pomba e São João Batista, na parte meridional do Rio Doce e no Rio Pomba; na parte setentrional ficavam os presídios de Guanhães e Peçanha"*.[21]

Conforme sua atuação, entre 1808 e 1839, com tropas irregulares foi criada a Divisão Militar do Rio Doce, para garantir a segurança nas seguintes áreas da bacia:

>Primeira Divisão – responsável por garantir o tráfego fluvial no Rio Doce, desde a foz do Piracicaba até o Suaçuí Pequeno;
>
>Segunda Divisão – atuava nos rios Pomba e Muriaé;
>
>Terceira Divisão – responsável pelos rios Casca, Matipó e cabeceiras do Manhuaçu;

Quarta Divisão – atuava entre as barras dos rios Casca e Piracicaba, na área compreendida entre os rios Santo Antônio e Piracicaba, bem como entre os rios Onça Grande e Onça Pequena e o Ribeirão Mombaça;

Quinta Divisão – responsável pelas bacias do Suaçuí Grande, do Suaçuí Pequeno, do Corrente e parte sul do Mucuri;

Sexta Divisão – atuava da barra do Suaçuí Pequeno até as cachoeiras das Escadinhas, inclusive o Presídio de Cuieté;

Sétima Divisão – atuava na bacia do médio Jequitinhonha e na parte norte da bacia do Rio Mucuri.

Esse quadro sofreu alterações no correr dos anos, em consequência de diferentes fatores.[22]

Os comandantes das divisões receberam plenos poderes – militares, civis, judiciais e policiais –, cabendo-lhes como primeira missão recrutar os homens para essa tropa. O príncipe regente nomeou os comandantes, de conformidade com a indicação do governador Pedro Maria Xavier e Ataíde e Mello, dando a cada um o posto de alferes do Regimento de Cavalaria de Minas Gerais e pagando-lhes o soldo correspondente.

Essas divisões, pela sua organização e a natureza das atividades, não podiam ser classificadas como unidades militares. Eram forças especiais, em virtude de várias características, entre as quais a forma diferenciada de sua remuneração, como tropas irregulares de ataque, encarregadas das frentes de devassamento do sertão e para atrair as populações nativas.

Em 1839, os governantes, reconhecendo a diminuição do interesse oficial pela região e constatando a fraqueza dos índios, decidiram substituir as divisões militares pelas companhias de pedestres. Sendo assim, os conflitos com os índios deixaram de ser uma questão militar, passando a serem considerados como problemas de ordem pública. Com a Independência do Brasil o vale do Rio Doce continuou subordinado ao poder central e as divisões militares permaneceram vinculadas ao Exército e sujeitas à disciplina militar.

Em outubro de 1823, por lei da Assembleia Geral Constituinte, Pedro I decretou a reestruturação dos governos das províncias e as obrigações com os índios foram submetidas ao controle do Presidente Provincial e ao Conselho de Governo. Em consequência foi dissolvida a Junta de Conquista e Civilização dos Índios e da Navegação do Rio Doce.

A campanha contra os "botocudos" acabou mudando o relacionamento dos índios com os colonizadores.

> Cada vez mais, pequenos bandos procuravam contatos pacíficos, entregando-se ao aldeamento como forma de garantir sua sobrevivência, ameaçada pelos choques com os colonizadores e com os outros grupos indígenas, em função da redução e da perda de territórios.

> *A fome é uma das razões atribuídas por vários responsáveis pela administração da região para tal atitude.*

Os índios aproximavam-se dos quartéis pedindo alimentos e atacavam as roças dos colonos. Estas também serviram como chamariz para os esfomeados. *"Os quartéis também eram os únicos pontos de aquisição das ambicionadas ferramentas 'civilizadas'."*[23]

Depois da Independência (1822), a política de extermínio dos índios foi abandonada, porque predominou a tese da criação de aldeamentos. Ao mesmo tempo foram revogadas as Cartas Régias de maio, novembro e dezembro de 1808. Contudo, somente em 1845 foi estabelecida uma nova legislação sobre os índios.

A diminuição dos recursos gerou escassez e transformou os índios aculturados em indigentes, vítimas da fome, de epidemias e do alcoolismo. Com isso a diminuição dos índios em aldeias foi o primeiro passo para a redução dos contingentes das tribos.

Em resumo, a "guerra ofensiva" aos "botocudos" foi uma tentativa de genocídio, porém não conseguiu muito êxito com as investidas militares. A política de criação de aldeamentos alcançou o que não se obteve com a guerra, pois a população indígena era impotente diante do avanço da sociedade dos colonizadores luso-brasileiros. Desapareceram inúmeras tribos, fato só recentemente avaliado pelos pesquisadores. Isso sucedeu não apenas em decorrência de ações militares, mas principalmente em virtude do contato estabelecido entre os luso-brasileiros e os nativos, causando epidemias além de outras mazelas da civilização – prostituição, degeneração e fome. Para o extermínio dos "botocudos" muito contribuíram as doenças levadas pelos brancos, como denunciou Ailton Krenak, na sua entrevista. (Vide anexo deste livro.) Os que não morreram em função do contato deixaram de ser índios, ao misturarem seu sangue com os brasileiros, por meio do casamento interétnico.

A colonização dos sertões do Rio Doce foi uma negação do "espaço vital" das populações nativas. Na segunda metade do século XIX, a responsabilidade da atração de índios passou para a esfera religiosa. A tarefa foi entregue a frades capuchinhos italianos, conhecidos pela obediência ao governo e a disciplina com que cumpriam as determinações das autoridades.

No período entre 1800 e 1850, na área entre os rios Pardo e Doce, foram estabelecidos 73 aldeamentos e 87 quartéis. Em torno deles

> *(...) surgiam formas econômicas de vida que redundaram, na maioria dos casos, no surgimento de vilas e arraiais, transformados hoje em sedes de prósperos municípios nos três estados. Em volta dessas estruturas fixavam-se: soldados e suas famílias; índios "mansos", inimigos tradicionais dos botocudos; artesãos; comerciantes e aventureiros.*[24]

Ao lado disso cumpre assinalar a prática dos colonizadores incorporarem como mão de obra escrava, capturada ou comprada, particularmente as crianças indígenas – *kurakas* –, altamente valorizadas no comércio. A distribuição dessas crianças entre os colonizadores era prática comum.

Os defensores dos índios – Marlière e Teófilo Otoni

As guerras contra os "botocudos" resultaram numa vitória de Pirro para os portugueses e brasileiros, apesar de terem controlado os territórios da maioria das comunidades indígenas nos "sertões do leste" de Minas Gerais. Esse fato evidenciou-se porque os colonizadores não conseguiram alcançar seu objetivo principal – conseguir uma ampla participação dos índios na colonização. Por isso foi se impondo uma reformulação nessa conduta.

Um dado importante para se entender essa mudança está relacionado com a atuação de um militar francês exilado – Guido Thomaz Marlière. Ele veio para o Brasil quando da transferência da Coroa em 1808. Chegando a Vila Rica, em 1811, Marlière recebeu a missão de averiguar os conflitos entre índios e colonos. Na fase derradeira da dominação colonial as autoridades colocaram nas mãos desse francês o comando das divisões militares, encarregadas de garantir a navegação no Rio Doce e a segurança dos povoados em suas margens.

Em 29 de abril de 1824, por decreto imperial, Marlière foi nomeado comandante-geral das forças militares e logo a seguir diretor-geral dos índios de Minas Gerais. Com essas funções, ele reeditou no Brasil a batalha do frade dominicano Bartolomé de Las Casas, que, no século XVI, insurgiu-se contra o genocídio dos índios no Novo Mundo, realizado pelas tropas da Espanha.

Marlière traçou uma política totalmente diversa daquelas "bandeiras" anuais de caça aos índios promovidas pelos portugueses. Orientou as divisões para seguirem quatro pontos fundamentais: *"Amor ao indígena, viver com eles nos aldeamentos, serviço agrícola e catequese"*.[25]

Para conhecer a vida dos índios, aprendeu as línguas e os dialetos de diversas tribos. Agindo dessa forma, Marlière conseguiu pacificar os "botocudos", embora sabendo como era difícil extinguir o ódio a eles instilado pelos colonizadores. Todavia, ele persistia e fazia tudo para vencer os obstáculos a fim de apaziguar as comunidades indígenas. Mandava fazer plantações para elas e empregava soldados das divisões militares nesses serviços.

Segundo Saint-Hilaire, Marlière *"conseguira a reforma dos velhos 'amansadores de índios' (...) e os havia substituído por homens menos bárbaros e estabeleceu, como regra geral, que não haveria promoção fácil para os soldados cuja conduta tendesse a afastar os indígenas"*.[26]

O comando das divisões, segundo a análise de Oiliam José, consumiu os maiores esforços de Marlière e nem por isso foram compensadores os resultados obtidos. Duas causas principais contribuíram para esse malogro: a falta de idealismo dos integrantes das divisões e a ausência de uma boa organização militar das tropas. *"O mal das Divisões começava com o recrutamento de seus integrantes, buscados entre a pior espécie de brancos e indígenas, com o que ingressavam na vida militar indolentes, assassinos, ladrões, traficantes e bêbados contumazes."*[27]

Em 11 de julho de 1825, em carta ao coronel João José Lopes, deputado da Assembleia Geral Legislativa, Marlière fez uma exposição por escrito a respeito da realidade indígena no Brasil. Afirmou:

> *Há 13 anos que grito aos sucessivos governos contra os matadores, opressores e invasores das terras de índios (...) [contudo] nunca obtive senão respostas evasivas, devassas de encomenda, que não se verificaram, ordens que ficaram sem execução e promessas do Regulamento e Direções que nunca me vieram. Não se enforcou um só matador de índios, não se castigou a opressão, não se restituiu um palmo de terra.*[28]

Como tinha sérias restrições à conduta do clero mineiro – *"muito desregrado e venal"* –, Marlière sugeriu às autoridades imperiais trazer capuchinhos franceses para colaborarem na pacificação e catequização dos índios. Em 1843, a Assembleia Geral Legislativa autorizou o governo imperial a importar capuchinhos da Itália e distribuí-los entre as províncias. Esses missionários ficaram subordinados aos bispos do ponto de vista religioso, porém prestavam obediência à Coroa.

Em 1845 o governo do império transferiu à esfera provincial as questões relativas aos territórios e povos indígenas e a decisão de convidar capuchinhos para colaborarem nessas questões. No entanto, por considerar os índios como grupos, o Estado não reconhecia seus direitos à propriedade, *"nem a existência de territórios indígenas, reservando-se no direito de conceder-lhes terras públicas para que pudessem se manter enquanto não se civilizassem inteiramente"*.[29]

Essa legislação reafirmou o princípio de não serem usados métodos impositivos contra os índios. Todavia, dificilmente poderiam ser punidas as ações de particulares contra os nativos, mesmo porque tais violências nunca foram fiscalizadas. *"Na verdade, as terras indígenas continuaram a ser usurpadas e suas matas destruídas, sem que qualquer sanção fosse aplicada aos infratores."*[30]

Saint-Hilaire, quando de suas viagens a Minas Gerais, acompanhou de perto o relacionamento de seu compatriota com os índios. Por isso emitiu a seguinte opinião a respeito do trabalho de Guido Thomaz Marlière:

> (...) [ele deu] aos luso-brasileiros a posse de uma extensão imensa de florestas e fez aos índios todo o bem que lhes podia fazer; procurou para eles alguns anos de paz. Entretanto, o vestígio de seus nobres benefícios se apagará dentro em breve e não terão conseguido, realmente, senão o resultado de acelerar a destruição daqueles de quem ele queria fazer a felicidade.³¹

É inesquecível também a atuação de Teófilo Otoni na batalha em favor de uma política correta em relação aos índios. Quando decidiu implantar o projeto de colonização no nordeste de Minas, estabelecendo sua ligação direta com o mar, o grande líder da rebelião de 1842 entendeu a absoluta necessidade de acabar com o extermínio dos nativos.

Para se avaliar a grandiosidade do empreendimento em que se envolveram Teófilo Otoni e seu irmão, Honório Benedito Otoni, é indispensável se entender a realidade no século XIX naquela imensa parcela do território mineiro. Enquanto o conjunto da província de Minas Gerais desenvolvia-se e diversificava sua economia, após haver chegado ao fim a mineração de ouro e diamantes, o nordeste mineiro e boa parte do leste do estado, apesar das tentativas iniciais, depois da morte de Marlière, praticamente foram deixados de lado, esquecidos. Eram os "sertões do leste", onde viviam as tribos de nativos no refúgio da floresta centenária.

A população rarefeita naquela vasta região dedicava-se à agropecuária de subsistência, sem antever a possibilidade de melhorar sua vida. Assim, abraçou com entusiasmo a ideia de estabelecer uma comunicação direta com o litoral, para haver um contato fácil e constante com o Rio de Janeiro.

Em 1836, o governo da província encarregou o engenheiro Pedro Victor Renault de estudar o rio e o Vale do Mucuri. Cumprindo essa missão, Renault enalteceu o plano de ligar o norte de Minas ao Atlântico usando o Rio Mucuri, mas advertiu sobre um problema – *"o número de Bugres, que infestam as margens do Mucuri"*.³²

Em 1847, refeito da luta áspera e das violências sofridas na prisão, em consequência da revolta armada cinco anos antes, Teófilo Otoni apresenta ao país o projeto da criação da Companhia de Comércio e Navegação do Mucuri.

O plano foi aprovado pelos governantes do país e da província, porque seus objetivos receberam unânime apoio de muitos setores sociais. Seus propósitos eram colonizar o nordeste de Minas Gerais, cortando-o de estradas, valorizando suas riquezas e estabelecendo sua comunicação com a metrópole, através do Mucuri e do oceano, além de criar um porto de mar para a província central.

Ademais, no cerne do projeto, como foi analisado por Vicente Licinio Cardoso, estava embutido o estímulo ao trabalho livre. Verdadeiramente, valia como uma "democratização da terra", sendo um desafio à aristocracia fundiária e escravocrata.³³

No entanto, desde logo, ficaram evidenciados os problemas a enfrentar: a navegação no Mucuri, a floresta, os pântanos, as febres, mas, sobretudo, os "botocudos" aguerridos. Essa era a questão mais difícil porque envolvia diversos problemas – o ódio dos nativos aos colonizadores e, em contrapartida, o desejo desses de esmagar os opositores a seus planos de conquista e escravização dos índios.

Teófilo Otoni, sempre fiel a suas ideias, foi incisivo desde o início da implantação do projeto do Mucuri. O grande líder dos "luzias" proclamou em alto e bom som: *"Este maldito tráfico dos selvagens, mais infame que o dos pretos da África, tem sido a causa de calamidades sem número".*³⁴

Sua campanha contra a política adotada pelas autoridades do império e da província foi desenvolvida com ardor entre os que poderiam influir nos círculos dirigentes do país. Um exemplo desse comportamento é uma corajosa carta endereçada ao autor de *A Moreninha*, o escritor Joaquim Manoel de Macedo, membro do Instituto Histórico e Geográfico Brasileiro, em 31 de março de 1858.

Nela se lê:

> *É tradição constante que antes da introdução da escravatura africana o tráfico dos indígenas se fazia em Minas de um modo atroz quanto é possível. Os traficantes davam caça aos indígenas como a animais ferozes. Diz-se mesmo, que para adestrar os cães nesta caçada, dava-se-lhes carne dos selvagens assassinados, e que foi em represália destes horrorosos atentados que os selvagens se deram à antropofagia, devorando as vítimas que lhes caíam nas mãos.*³⁵

Mais adiante:

> **Matar uma aldeia!** *Não passe a linguagem desapercebida. Por mais horrorosa que pareça nada tem de hiperbólica. É uma frase técnica na gíria da caçada dos selvagens. (...) Procede-se à matança. Separados os kuracas [crianças indígenas], e alguma índia moça mais bonita, que formam os despojos, sem misericórdia faz-se mão baixa sobre os outros, e os matadores não sentem outra emoção que não seja a do carrasco quando corre o laço no pescoço dos enforcados.*
>
> *(...) Matavam-se aldeias no Jequitinhonha, no Mucuri, e no Rio Doce, em Minas e no Espírito Santo. (...) Os resultados foram como sói acontecer, e para que se não pudesse pôr em dúvida a façanha, o comandante trouxe para São Mateus o asqueroso despojo de 300 orelhas, que mandou amputar aos selvagens assassinados.*³⁶

> (...) *Traídos, os infelizes se concentraram novamente pelas brenhas para fugirem à escravidão, ao bacamarte e ao veneno; porque para vergonha da civilização, o veneno tem sido também empregado contra os selvagens nas imediações do Mucuri. Conta-se até o horroroso caso de uma tribo inteira vítima dos sarampos, que com o fim de exterminá-la lhe foram perfidamente inoculados, dando-lhes roupas de doentes atacados daquele mal.*[37]

Esse era o pensamento de Teófilo Otoni a respeito da política que deveria presidir a atuação da Companhia do Mucuri. Por isso os choques com os "botocudos" foram substituídos por uma aproximação amigável e até uma cooperação em diversos afazeres.

Daí a opinião sobre Teófilo Otoni de um capuchinho, frei Ângelo de Sassaferrato, responsável durante algumas décadas pelo trabalho entre os "botocudos" em Itambacuri:

> (...) *além de sua grande ilustração e forte prestígio, era um homem de trato lhano e ameno, sendo, especialmente, benévolo para com os índios: muito os considerava, agradava e presenteava; não consentia que qualquer camarada os ofendesse – até as feras, costumava repetir, se amansam com carinho.*[38]

Todavia, o grande projeto de Teófilo Otoni e seu irmão, apesar de haver sido o ponto de partida da transformação daquela imensa parcela de Minas Gerais, acabou não alcançando os resultados almejados. Do ponto de vista financeiro, o desastre foi total, e a Companhia do Mucuri acabou sendo liquidada.

Várias foram as causas desse insucesso. Seus organizadores – os irmãos Otoni – não avaliaram corretamente duas questões. A primeira, menor, foram problemas técnicos relacionados com a navegação no Mucuri. A segunda foi uma questão básica, insolúvel na época – as dificuldades de introduzir no país o trabalho livre, em decorrência de o regime escravocrata impossibilitar o desenvolvimento da economia brasileira.

Violências contra os krenak

É difícil falar sobre o passado e a respeito das origens dos krenak. Um estudo publicado em 1926, pela *Revista do Museu Paulista*, assinalou que é impossível dizer quantos eram em tempos remotos. Provavelmente nunca foram numerosos, pois a luta pela subsistência sempre forçou esses índios a se subdividirem em pequenas tribos.

As informações sobre os "botocudos" podem ser encontradas em diversas fontes e, desde Maximiliano de Neuwied, em 1815-1817, esses índios foram observados por inúmeros viajantes: Philippe Rey, em 1878; Paul Ehrenreich, em 1887; Garbe, em 1906; Simões da Silva, em 1908; e o etnógrafo russo Henrique Manizer, em 1915. Também há o registro da visita à colônia dos krenak, nas margens do Doce, de diversos membros do Oitavo Congresso Brasileiro de Geografia, acompanhando o marechal Rondon, em 1º de dezembro de 1926.

No final do século XIX, o que restava do território dos "botocudos" era um quadrado formado pelos rios Doce, Mucuri, Suaçuí Grande e São Mateus, onde viviam os naknenuk, nakrehé, etwet, tkruk-ktak, nep-nep, gutkrak, entre outros.[39] As aldeias onde eles viviam foram desativadas, e as terras foram leiloadas pelo governo estadual, deixando abandonada a população indígena.

Em relatório ao Serviço de Proteção aos Índios (SPI), organizado em 1910, o inspetor Antônio Estigarribia, em 1912, informou que os krenak, vivendo nas matas do norte do Rio Doce, eram "*a parte mais poderosa e atrasada do grupo Gutkrak*".[40]

No início do século XX houve transformações significativas no sul da Bahia, no norte do Espírito Santo e na região do Rio Doce em consequência da construção das estradas de ferro "Bahia a Minas" e "Vitória a Minas", que penetraram nos últimos territórios dos "botocudos". Como houve conflitos de índios com os construtores das ferrovias, o SPI criou nessas regiões postos de atração dos nativos. Mas, aos poucos, o SPI extinguiu esses postos, alegando a drástica redução da população indígena em decorrência de doenças infectocontagiosas que atingiram de forma violenta esses nativos.

A política dos governantes e de agentes do SPI e da Funai em relação aos krenak incentivou a dispersão do grupo e provocou situações adversas à transmissão pelos índios de seus conhecimentos e de suas práticas tradicionais. Porém, a memória coletiva dos índios guarda informações sobre os acontecimentos mais significativos, ocorridos principalmente a partir da década de 1950 pelo fato de terem sido vivenciados pela maioria dos krenak.

Ao lado disso, conforme assinalou o Grupo de Estudos da Questão Indígena (GREQUI), o renascimento do uso da língua nativa foi uma forma imediata e eficaz de fortalecer a resistência política dos krenak em confronto com a sociedade nacional envolvente e também um instrumento de afirmação de identidade da etnia e para o estreitamento dos laços entre os krenak, dispersos por diversos lugares do país.[41]

A história dos krenak reflete uma trajetória de exílios e desintegração decorrente das arbitrariedades cometidas contra eles. Contudo, mesmo na diáspora, em vários pontos do Brasil os krenak estão unidos por laços étnicos. Essa divisão resulta de alianças e disputas históricas, formando três grupos, conforme registrou a pesquisadora Izabel de Mattos: 1 – os butkrak do Rio Eme;

2 – o grupo oriundo do aldeamento de Pancas, chamados nakhré-hé de Itueta; 3 – os nakhré-hé de João Pinto.[42]

A fundação de uma colônia para os krenak e os pojixá foi providenciada para nela se refugiarem dos massacres ocorridos nos conflitos com os colonizadores. O local escolhido foi uma área de dois mil hectares no vale do Rio Eme, um afluente da margem esquerda do Doce, onde se localizavam algumas aldeias krenak. Essa decisão foi tomada em 1920 pelo então presidente do Estado de Minas Gerais, Arthur Bernardes, através de um Decreto.[43]

A doação definitiva do território da colônia foi sacramentada pelo Decreto n. 5.462, de 10 de dezembro de 1920, da Assembleia Legislativa. Em 1927 foram demarcados mais dois mil hectares, atendendo reivindicações do Serviço de Proteção dos Índios – SPI, ficando toda a área sob a jurisdição desse órgão do governo federal. A colônia passou a ser chamada de Posto Indígena Guido Marlière, ficando situada a meio caminho das cidades de Resplendor e Conselheiro Pena.

A criação da colônia indígena não alterou o modo de vida dos krenak, pois continuaram caçando na Mata Atlântica e pescando no Doce. Mas a pressão contra eles foi aumentando na medida em que o próprio SPI arrendava terras desse Posto para pessoas estranhas à comunidade dos krenak. Por isso esses intrusos foram invadindo a área, construindo "benfeitorias" e derrubando madeiras de lei.[44]

Resumindo, em torno desse Posto Indígena houve um conflito com os "donos" do vale – os "coronéis" latifundiários –, que jamais aceitaram a doação daquele território aos índios. Durante mais de 23 anos o território krenak foi ocupado por 54 fazendeiros. Apoiados por políticos estaduais (como o governador Rondon Pacheco) e com a conivência e o apoio indireto de alguns representantes do SPI e da Fundação Nacional do Índio, esses fazendeiros usaram todos os meios a fim de assegurar a posse ilegal da terra dos krenak.

Chegaram ao ponto de, em 1923, promover uma chacina de krenak, matando três homens, duas mulheres e quatro crianças. Além disso, lançaram mão de todos os recursos para adiar uma decisão da Justiça. Inclusive tentaram dividir os índios e convencê-los a aceitar sua transferência para outros lugares, como postos no Rio Pancas e na Fazenda Guarani, em Carmésia. Finalmente, em janeiro de 1994, por decisão unânime de seus ministros, o Supremo Tribunal Federal, encerrando um processo iniciado dez anos antes, decidiu reintegrar os krenak na posse da área a eles concedida em 1920.

Os krenak, povo representante do tronco linguístico-cultural macro-jê, surgiu no início do século XX, de acordo com a tradição dos borum (autodesignação, na língua materna, que significa "gente"). Eles denominam seus subgrupos com o nome de seu líder ou de um acidente geográfico existente no território em que vivem. Os krenak descendem dos gutkrak, originados a partir de uma dissensão entre os krekmum, que resistiram ao processo de catequização realizado na segunda metade do século XIX, sendo considerados pelos colonizadores como os temíveis e irredutíveis pojixá.

O fortalecimento da identidade krenak reforça o cultivo das tradições de sua gente, que, segundo Izabel de Mattos, apoia-se na forma de unidades autônomas, cujos chefes devem exercer tão só a função de mediadores, sem poder de decisão.

Eles não aceitam o capitalismo, rejeitam o dinheiro e acham que devem ser banidos da coletividade aqueles indivíduos que se apropriam de benefícios da comunidade para fins pessoais. Acusam os líderes que "comem" dinheiro dos índios (referência aos que vendem sua força de trabalho como assalariados). Querem regular o modo de distribuição de bens da sociedade krenak de acordo com suas características estruturais, para ela se manter igualitária.

A realidade de nossos dias

Segundo a antropóloga Nietta Lindenberg Monte, no Brasil existem atualmente 180 línguas indígenas e 206 grupos étnicos e uma população estimada em 300.000 índios. São minorias linguísticas culturais porque a maior parte desses grupos não possui mais de 200 pessoas e somente quatro deles reúnem mais de dez mil índios. No total ocupam 12% do território brasileiro. Há 517 áreas consideradas terras indígenas, sendo que algumas já foram regulamentadas e outras estão em conflito com fazendeiros, garimpeiros, posseiros, etc. Contrasta com isso o fato de que, quando aqui aportaram os portugueses, os povos indígenas espalhados neste subcontinente deveriam ter seis milhões de pessoas e 1.300 línguas. Esse genocídio foi consequência direta de guerras interétnicas, de doenças, da mestiçagem forçada e dos processos educativos.[45]

Alguns anos atrás julgava-se que as comunidades indígenas haviam desaparecido em Minas Gerais em consequência de alguns fatores, como o extermínio dos índios e o fato de eles serem assimilados pela sociedade brasileira, ou dizimados por diversas doenças, além de sofrerem discriminações e violências de todos os tipos.

No entanto, nas últimas décadas verificou-se o desenvolvimento dessas comunidades no Brasil. Esse panorama ganhou impulso com a inclusão, na Constituição da República de 1988, do art. 231, em que são assegurados aos índios diversos direitos, entre os quais o respeito a organização social, costumes, línguas, crenças e tradições e, principalmente, sobre as terras que ocupam tradicionalmente. Esse imperativo constitucional abriu um novo caminho para os índios em nosso país.

De conformidade com dados[46] da Secretaria da Educação de Minas Gerais e da Funai, de 2002, as comunidades indígenas recebiam assistência educacional e estavam assim distribuídas:

Maxakali – com uma população de 1.039 habitantes, em três reservas: Pradinho (Bertópolis), Água Boa (Santa Helena de Minas) e Aldeia Verde (Ladainha). Por uma questão cultural, essas mulheres e seus filhos e filhas não falam português. As mulheres e crianças são alfabetizadas na língua indígena, e a língua portuguesa entra como segunda língua somente para homens adultos. Eles são nômades e mudam constantemente dentro do próprio território, devido a alianças políticas.

Krenak – com uma população de 186 habitantes, residem no município de Resplendor. Falam português e krenak, sendo contratados para serem professores de língua krenak na escola que funciona em três locais. As crianças são alfabetizadas em português e aprendem a língua krenak na escola bilíngue em Minas Gerais. Nela ensinam quatro professores indígenas.

Pataxó – com 256 índios, localizados na Terra Indígena Fazenda Guarani, no município de Carmésia. Nela foi criada uma escola que funciona em três locais, com 115 alunos. Falam português e estão revitalizando a língua pataxó. Devido a brigas internas houve a separação de dois grupos familiares. Um mudou-se para o município de Araçuaí, onde se juntou aos pankararu, e o outro foi para a aldeia Muã Mimatxi, em Itapecerica.

Xacriabá – com 6.495 pessoas, sua população está localizada nos municípios de São João das Missões e Itacarambi, ocupando um território de 54 hectares. Somente falam português. Em 2004 os xacriabá elegeram o primeiro prefeito índio de Minas Gerais no município de São João das Missões. Funcionam ali sete escolas, com 2.573 alunos. Possuem uma escola para o ensino médio com 36 alunos.

Caxixó – 74 pessoas, mas há aproximadamente 350 índios não aldeados. Localização: municípios de Martinho Campos e Pompeu. Etnicamente reconhecidos em 2001, são monolíngues em português e ainda lutam pela demarcação de suas terras. Para esses índios foi organizada uma escola estadual para atender a 19 alunos.

Xukuru-kariri – 64 índios, localizados em Caldas. Oriundos de Alagoas, vieram para Minas alguns anos atrás. Para eles há uma escola com 15 alunos no ensino fundamental. Como são poucas crianças em idade escolar, em níveis diferentes, elas estudam em escolas da rede pública de municípios vizinhos.

Pankararu – originários de Pernambuco, são apenas 12 índios, localizados em 64 hectares de terras doados pela Diocese de Araçuaí, no município de Coronel Murta. Entre eles há poucas crianças em idade escolar, que são atendidas pelas escolas públicas dos municípios vizinhos. Em 2004, um índio pankararu concluiu o curso normal médio para professores indígenas e ingressou no curso de Licenciatura Intercultural da UFMG.

Aranã – 150 índios, residentes em Araçuaí e Coronel Murta. Depois de vários anos de luta, conquistaram seu reconhecimento étnico em 2003 e batalham pela demarcação de suas terras. As crianças e os jovens são atendidos pela rede pública dos municípios próximos. Por ocasião desse censo ali ainda não lecionava nenhum docente indígena. Segundo a índia Rosa Aranã, *"depois da demarcação do território é que, reunidos, verificaremos a demanda e a necessidade da criação de uma escola indígena aranã"*.

Desde 1955 desenvolve-se em Minas Gerais o Programa de Implantação de Escolas Indígenas (PIEI), com o apoio da Funai, do Instituto Estadual de Florestas, do Instituto de Patrimônio Histórico e Artístico e a imprescindível colaboração da Universidade Federal de Minas Gerais. Em 2008 funcionaram 59 unidades escolares, atendendo 3.303 alunos, basicamente voltadas para o ensino fundamental. Também há duas escolas de ensino médio em São João das Missões.

Todas as escolas são estaduais, e os professores e funcionários são indígenas da própria etnia, indicados por suas comunidades. Recebem capacitação inicial e continuada para o exercício de suas funções. A grande maioria foi efetivada em 2007. Os planos curriculares dessas escolas são específicos e diferenciados, contemplando, além dos conteúdos básicos nacionais, disciplinas como Língua e Cultura, Uso do Território e projetos diferenciados. Para ministrar essas aulas foram contratados professores indígenas, detentores desses conhecimentos.

Os docentes são indígenas da própria etnia que concluíram, ou ainda estão frequentando, o Curso Normal Indígena de nível médio. Foram designados 222 professores indígenas, serviçais e auxiliares de secretaria e, quando possível, diretor e vice-diretor.

A Secretaria Estadual de Educação organizou e desenvolve o Curso Normal Indígena, com duração de quatro anos, dando igual oportunidade de participação a todas as etnias. Três cursos já foram realizados, formando 217 docentes indígenas. A comunidade indica pessoas reconhecidas como portadores das tradições e dos conhecimentos da língua de cada povo. Os professores desses cursos foram indicados pela UFMG. Esta universidade criou um Curso de Literatura Indígena, que capacita 140 professores indígenas para lecionarem e desenvolverem projetos e trabalhos da 5ª à 8ª série do ensino fundamental e do ensino médio.

Diversos materiais didáticos específicos são lançados para várias etnias, inclusive livros e cartilhas elaborados pelos professores indígenas.

O sucesso do PIEI em Minas Gerais provoca muitas perguntas, tais como: por que "escolas diferenciadas" para os índios, por que gastar tempo, atenção e recursos com um número tão pequeno de pessoas?

Responde a esse questionamento a professora Márcia Spyer Prates, doutora em Geografia Humana e coordenadora do PIEI:

> *Antes de mais nada trata-se de uma obrigação constitucional, pois a Carta de 1988 assegura aos povos originários o direito ao território, à educação diferenciada, ao tratamento diferenciado. Mas é, sobretudo, a obrigação ética e cultural de pagar a dívida histórica que o Estado brasileiro tem para com esses povos, que foram despojados de suas terras, de sua cultura, de sua identidade – e ainda assim resistem. Possibilitar a implantação de escolas indígenas diferenciadas é reconhecer a pluralidade, a existência do outro, é aprofundar a democracia e qualificar a cidadania.*[47]

O trabalho desenvolvido com o apoio de antropólogos, linguistas, técnicos da Funai, pesquisadores universitários, é um caminho novo e pouco trilhado na educação. Os responsáveis pelo programa pensam que muitas modificações ainda serão feitas para dar aos indígenas uma educação escolar de qualidade, diferenciada, pluricultural, multilíngue, numa escola autônoma, organizada e gerenciada pelos próprios índios.

Notas

[1] Entrevista no anexo deste livro.

[2] Pelo *Aurélio*, barriguda é uma árvore da família das bombacáceas (*Cavanillesia arbórea*) de tronco muito grosso.

[3] *Apud Etnozoneamento Ambiental da Etnia e Terra Krenak*, p. 12. Como esse documento será citado várias vezes apenas assinalaremos como Relatório Krenak.

[4] Relatório Krenak, p. 16.

[5] Mattos. *Borum, Bugre, Kraí, Constituição social da identidade e memória étnica krenak*, p. 61-62.

[6] José. *Indígenas de Minas Gerais, aspectos sociais, políticos e etnológicos*, 1965, p. 16. Obs.: mantida a denominação do autor.

[7] Matos. *Corografia Histórica da Província de Minas Gerais (1837)*, p. 68 *et seq.* v. 2, cap. 2 – "Índios selvagens".

[8] *Idem*, p. 73.

[9] *Apud* Mattos. Obra citada, adap. 61-62.
[10] Relatório Krenak, p. 10.
[11] Espindola. *Sertão do Rio Doce*, p. 136.
[12] *Idem*, p. 102.
[13] *Idem*, p. 106.
[14] *Idem*, p. 106.
[15] *Idem*, p. 105.
[16] Maxwell. *A devassa da devassa*, p. 31 *apud* Mendonça, *O Marquês de Pombal e o Brasil*, p. 188.
[17] Relatório Krenak, p. 19.
[18] Indivíduos dedicados à coleta de poaia (ipecacuanha).
[19] Cunha. *História dos Índios no Brasil*, p. 415.
[20] Espindola. Obra citada, p. 51.
[21] *Idem*, p. 59.
[22] *Idem*, p. 427. Anexo.
[23] Relatório Krenak, p. 23.
[24] *Idem*, p. 24.
[25] José. *Marlière, o civilizador*, p. 82-83.
[26] Saint-Hilaire. *Viagem ao Espírito Santo e Rio Doce*, p. 95.
[27] José. Obra citada, p. 66.
[28] Espindola. Obra citada, p. 215.
[29] *Idem*, p. 228.
[30] *Idem*, p. 235.
[31] Saint-Hilaire. Obra citada, p. 96.
[32] Chagas. *Teófilo Otoni*, p. 161.
[33] *Idem*, p. 167.
[34] *Idem*, p. 191.
[35] Otoni. *Notícia sobre os selvagens do Mucuri*, p. 41-42.
[36] *Idem*, p. 47-48.
[37] *Idem*, p. 56.
[38] *Apud* Palazzolo. Obra citada, p. 39.
[39] Relatório Krenak, p. 27.
[40] *Apud* Mattos. Obra citada, p. 71.
[41] *Idem*, p. 83.
[42] *Idem*, p. 120.
[43] *Idem*, p. 71 e 77.
[44] *Idem*, p. 79.
[45] Bay. *A educação escolar indígena em Minas Gerais*, abril 1908.
[46] Dados do Censo Escolar (outubro de 2008), informações da SEE/MG.
[47] Bay. Obra citada.

Capítulo 3
O destino da região

Minério não dá duas safras
Arthur Bernardes

O futuro grandioso desta terra, hoje tão decadente, não está no ouro, nos diamantes, mas sim no ferro, este grandioso agente da civilização.
Jean de Monlevade

Com a derrocada da mineração a busca de um novo caminho era vital aos que viviam na província das minas, e essa imposição coincidia com grandes alterações no mundo refletidas em nosso país. O quadro internacional era marcado principalmente pela evolução do capitalismo na Inglaterra.

Tanto no Brasil como em Portugal vivia-se um ambiente de tensão política, principalmente porque o processo revolucionário na França colocara em questão instituições sociais e governamentais vigentes em certos países. No plano da economia modificações também se impunham no relacionamento da colônia com a Coroa lusitana. Entre nós, na província das Minas, crescia a exportação de alguns produtos, além do tradicional fornecimento de açúcar. A mineração de ouro e diamantes foi substituída por um conjunto de atividades econômicas rotineiras – produção de açúcar, algodão, fumo, couro, laticínios e outras, destinadas tão somente ao precário abastecimento da população local. Aproveitando as repercussões da guerra civil nos Estados Unidos, espraiou-se o plantio de algodão. Dessa forma, o regime escravista consolidou em Minas Gerais o perfil econômico da produção agrícola-mercantil e da pecuária de corte e leite para o mercado do Rio de Janeiro.

Nos derradeiros anos do século XVIII ganhou ímpeto a transferência de famílias das regiões de mineração para a Zona da Mata, estimuladas pela produção de café, espraiada a partir das lavouras nas áreas banhadas pelo Paraíba do Sul.

Mas, na zona do Rio Doce, a ocupação *"ficou restrita ao núcleo isolado do Cuité e aos trechos entre a Vila do Príncipe e Peçanha e entre Barra Longa e São Miguel do Piracicaba, pois então o sertão continuava dominado pelas tribos de índios Botocudo".*[1] Assim, o povoamento do vale só foi impulsionado depois de 1822, mas os avanços foram mínimos até o final do século XIX.

Pelo Censo de 1827 a população de Minas possuía de 515 a 560 mil habitantes, e a do Espírito Santo era de 35.879 habitantes. Segundo Haruf,[2] o povoamento na zona do Rio Doce ficou compreendido entre o arraial do Cuité, ao sul, o de Antônio Dias Abaixo, ao centro, e o de Peçanha, ao norte. Simultaneamente, a devastação da Mata Atlântica avançava pela margem esquerda do Doce, pelos vales de seus afluentes, como o Suaçuí Grande.

Essa expansão demográfica tinha como limite as vilas do Príncipe (Serro do Frio), Conceição do Mato Dentro e o arraial de Rio Vermelho. Contudo, na orla fronteiriça da Mata Atlântica já existiam povoados, classificados como da região "do mato dentro" (como "Itabira do Mato Dentro").

Na região mais densamente povoada no lado oeste da floresta, entre os rios Mombaça e Piracicaba, formaram-se vilas como Antônio Dias, São Domingos, Mombaça, São José da Lagoa, São Miguel do Piracicaba, Santana do Alfié e São Domingos do Prata; na região dos altos afluentes dos rios Santo Antônio e Suaçuí Grande, surgiram os arraiais de Dores, Santana dos Ferros, São Miguel e Almas de Guanhães, Joanésia, Rio Vermelho, São Sebastião dos Correntes, Santa Maria de Itabira, São José do Jacuri e Nossa Senhora do Porto.

Ao mesmo tempo, pouco a pouco o povoamento daqueles sertões evoluía progressivamente em Minas na direção do Espírito Santo, centralizado em Ponte Nova, mas seguindo dois eixos: um para nordeste, na direção de Abre Campo, para atingir a capital do estado vizinho (Vitória); outro, no rumo de Santa Rita do Turvo e de Itapemirim.

Comparando a crise da mineração em Minas Gerais com a estagnação, prevalecendo na mesma época no Nordeste do Brasil, Celso Furtado assinalou: *"se bem que a renda média da economia mineira haja estado por baixo do que conhecera a região do açúcar, seu mercado apresentava potencialidades muito maiores"*. Apontando as razões desse fato, suas dimensões absolutas eram superiores, pois as importações representavam menor proporção do dispêndio total. Além disso, a *"renda estava muito menos concentrada, porquanto a proporção da população livre era muito maior"*; Furtado relembra que na área das minas ela estava dispersa num território grande, principalmente reunida em grupos urbanos e semiurbanos. Ademais, *"a grande distância existente entre a região mineira e os portos contribuía para encarecer relativamente os artigos importados"*.[3]

O economista paraibano registrou que esse *"conjunto de circunstâncias tornava a região mineira muito mais propícia ao desenvolvimento de atividades ligadas ao mercado interno do que havia sido até então a região açucareira"*. No entanto, Celso Furtado conclui essa comparação, entre as duas realidades, com uma análise equivocada, ao afirmar que o desenvolvimento endógeno da região mineira foi "praticamente nulo".

Conforme apontam pesquisas recentes, antes do reerguimento da economia açucareira e graças principalmente ao tamanho da população concentrada na região das minas (vale dizer, as proporções de seu mercado interno), embora lenta e pachorrentamente, a economia da província acabou abrindo caminhos para seu desenvolvimento, como veremos mais adiante.

Essa opinião é endossada pela pesquisa de Douglas C. Libby. Nas conclusões, ele afirma:

> *(...) o presente trabalho conseguiu demonstrar o peso nada desprezível das atividades de transformação dentro da economia mineira do século XIX. Certamente o isolamento de Minas Gerais e os obstáculos à penetração de mercadorias fabris estrangeiras contribuíram decisivamente para a expansão dessa indústria, mas sua complementaridade com a base agrícola também conduziu ao relativo êxito dos ensaios industriais.*[4]

Maxwell grifou a diferença da economia mineira com a economia latifundiária do litoral (*plantation*). *"O surto do ouro criara, pela primeira vez, um mercado a centenas de quilômetros da costa para produtos como cachaça e açúcar, até então apenas exportados. Logo os próprios mineiros começaram a produzir localmente gêneros básicos, essenciais ao abastecimento dos campos de mineração em crescimento"*.[5]

O panorama geral da província

Minas Gerais apresentava um quadro contraditório. Contava com uma elevada população servil, maior do que a das outras províncias, pois tinham sido transferidos escravos do Nordeste para a mineração nesta capitania. Com a decadência desta, eles foram aproveitados nas culturas desenvolvidas na Zona da Mata e nas terras do sul da província.

Mas evidenciava-se a estagnação da economia e a carência de oportunidades de aproveitamento dessa mão de obra. A consequência logo foi se impondo: o início do encaminhamento de parte da população para outras províncias, um fenômeno constante e quase permanente e de ainda maior expressão no século XX.[6]

Com o fim das restrições legais, anteriormente decretadas pelo governo de Lisboa, foram criadas no estado montanhês inúmeras fundições de ferro, assim como fábricas de tecidos. Em 1775, o governador de Minas Gerais, Antônio de Noronha, assinalou como muitos estabelecimentos fabris existiam na capitania, todos em notável atividade, possibilitando no futuro os habitantes da província se tornarem independentes da importação de gêneros europeus.[7]

Num Relatório de Negócios do Império de 1854, do presidente Couto Ferraz, assinalava-se um fato: de Ouro Preto até Itabira existiam *"84 oficinas onde se funde o ferro, sem contar as numerosas tendas onde se elabora o ferro comprado nas fábricas, as quais entre forros e cativos empregam ao menos 2.000 pessoas e produzem anualmente de 145 a 150 mil arrobas de ferro"*.[8]

No livro *A Devassa da Devassa*, Maxwell resumiu os traços essenciais da realidade de Minas Gerais no último quartel do século XVIII. Para ele a província era essencialmente urbana e o desenvolvimento de sua economia deveria resultar da própria demanda urbana. Para esse autor a sociedade mineira, naquela época,

> *(...) jamais foi constituída apenas por senhores e escravos. (...) Em Minas, o povoamento urbano através de cidades plantadas nas montanhas produziu um ambiente diferente e, embora os citadinos brancos mais ricos mantivessem amplos interesses na mineração e na agricultura das zonas circunvizinhas, a casa da cidade é que era o foco de suas atividades e cultura. A sociedade também não era tão patriarcal quanto a de outras regiões. A poderosa influência de amplas relações de parentesco era uma parte vital da estrutura social.*[9]

O desenvolvimento da agropecuária estimulou a ofensiva dos colonos para obterem sesmarias naquelas terras cuja fertilidade era inegável. Em consequência foi acelerada a devastação da Mata Atlântica e recrudesceram os conflitos com os indígenas. Mas, ao lado desse empenho no desenvolvimento da agropecuária, ganharam força os trabalhos dedicados às pequenas indústrias.

Como esse era o sentimento generalizado em Minas Gerais, Rodrigo José de Meneses, seis meses após assumir o governo da capitania, em 1780, fez uma exposição minuciosa da economia da província, asseverando: *"Minas, a bem da verdade nem era uma capitania agrícola nem comercial"*. *"O mineiro"* – prosseguiu – *"merecia proteção e atenções especiais"*. E sugeriu a implantação de fundição de ferro, que *"à primeira vista parece oposto ao espírito e sistema da administração desta capitania mas que, pensando bem, era assunto de grande utilidade pública"*.[10]

Naqueles anos a Coroa portuguesa vivia o clima das alterações introduzidas na política adotada pelo Marquês de Pombal, predominando a política determinada pelo célebre alvará de 5 de janeiro de 1785, de Dona Maria I, A Louca. Nesse documento oficial, sob o pretexto de zelo e interesse pela agricultura e pela mineração de ouro, foi ordenada a extinção de todas as fábricas produtoras de tecidos. Essa determinação foi reforçada em 5 de junho de 1802, com a ordem-régia ao governador da capitania reiterando a proibição do uso de qualquer manufatura não produzida em Portugal, medida só revogada em abril de 1808, após o desembarque no Brasil dos governantes portugueses, fugindo das tropas de Napoleão.

A insuficiência da população de Minas

Como mostramos, em consequência da alucinada chegada de multidões para as minas de ouro e diamantes nas décadas antecedentes, no século XIX a província central contava com a maior população do país. No período do império, ela triplicou e, quando antes só existiam 26 cidades, esse número subiu para 111.

No entanto, evidenciava-se a insuficiência da população diante do imenso território das Minas Gerais. Por isso, em 1831, no Conselho Geral da Província, seu presidente asseverou: *"Sem população proporcional à vasta extensão do nosso território, incertos e tardios serão nossos passos na carreira dos melhoramentos materiais".*[11] Assim justificava-se qualquer projeto de concessão de terras ao estrangeiro interessado em trabalhar na agricultura.

Nas discussões entre os círculos dirigentes de Ouro Preto e com os representantes da província no Parlamento, no Rio de Janeiro, bradava-se então: *o problema de Minas é a insuficiência de sua população.* Daí ser indispensável o apelo à colonização, mesmo porque ninguém tinha mais dúvida a respeito do fim da escravidão. A ideia generalizada era propiciar a vinda de europeus.

O regime escravista marcou profundamente a vida econômica na província no curso do século XIX. Sendo generalizado o entendimento da iminência de medidas para acabar com a escravidão, começaram as tentativas para seguir o caminho, adotado pelos Estados Unidos, de importar mão de obra assalariada da Europa e da Ásia. Essa foi a indicação expressa do ministro Manuel Pinto de Sousa Dantas, no Relatório dos Negócios da Agricultura, de 1868, ressaltando os malefícios do regime da escravidão.[12]

Muitas foram as iniciativas para impulsionar a vinda de imigrantes. Contudo, como esclarece Iglesias, em geral na Europa havia resistências à vinda de colonos para o Brasil, face ao receio de serem tratados como escravos brancos.

> *Entre todos os motivos que desanimavam o imigrante, o mais ponderável era a escravidão. Enquanto ela existiu, o europeu olhou com desconfiança para o país. Devia-se cuidar da colonização, mas*

> *o regime de trabalho afastava o estrangeiro, que temia ser tratado como uma espécie de escravo branco. Escravidão e imigração eram realidades que se excluíam, tornando dramático o problema social e econômico da mão-de-obra. (...) A existência de escravos foi prejuízo, não só por afastar o imigrante, como pelo vício com que deformou o caráter nacional, marcando-o fundamente, com a estigmatização do trabalho braçal como tarefa inferior, indigna do homem livre.*[13]

O empreendimento mais audacioso para se alcançar tal objetivo foi encetado por Teófilo Otoni e seus irmãos, a partir da década de 40 do século XIX. Lançaram, então, o projeto da Companhia de Comércio e Navegação do Rio Mucuri, contando inicialmente com o apoio total dos governantes e de expressivos setores empresariais. O objetivo era colonizar o nordeste de Minas cortando-o de estradas e comunicá-lo com o Rio de Janeiro, através do Mucuri e do oceano, para dar um porto de mar à província central.

Esse anseio por uma ligação direta do interior de Minas Gerais ao litoral, utilizando um dos rios que nascem no estado, foi analisado com argúcia por Paulo Pinheiro Chagas. Registrou que a

> *(...) segregação do oceano é para Minas o prólogo de um drama. Essa topografia incoerente e absurda, fazendo de Minas um planalto montanhoso, soerguido na borda oriental, cria para a província o complexo problema de suas comunicações com a costa. Uma saída para o mar! A tese é velha e angustiante. (...) No entanto, a Mantiqueira, após desenvolver-se paralelamente à Serra do Mar, num trecho de cerca de 500 quilômetros, entre Santos e Campos, "inflete para o norte, acompanhando o litoral do Espírito Santo. E indo morrer na altura do corte do Rio Mucuri, limite entre este Estado e a Bahia" ("Euclides da Cunha") (...) O planalto das Gerais toma, assim, a configuração aproximada de um imenso tabuleiro que, apoiado nos píncaros da Mantiqueira se inclina, suavemente no rumo norte-nordeste. E isso parece indicar o acesso natural ao oceano. Será talvez uma ilusão geográfica, mas sugere o nordeste como a porta econômica de Minas.*[14]

Também desta vez mostrou-se impraticável recorrer-se a um rio para ligar Minas Gerais ao litoral. O fracasso do empreendimento não resultou apenas das inúmeras dificuldades da navegação no Mucuri, porque o plano sofreu também em razão de vários fatores adversos. Além das informações errôneas sobre a navegabilidade do rio, contribuíram para o fracasso a insalubridade das terras pantanosas na orla marítima do vale, o relacionamento com os "botocudos", além de desacertos na importação de imigrantes da Europa, etc. Ao lado disso, não foram poucas as intrigas de políticos que desejavam solapar o apoio popular a Teófilo Otoni.

A Companhia do Mucuri tinha como objetivo primordial estabelecer uma ligação direta do norte e nordeste de Minas com o litoral, mas no projeto estava embutido um audacioso plano de desenvolvimento econômico e social de uma vasta parcela do território mineiro, inteiramente estagnada e à margem do progresso.

É interessante um depoimento prestado pelo barão Johann Jakob von Tschudi, encarregado pela Confederação Helvética de apurar a situação de várias colônias de imigrantes em nosso país, pois na Europa havia uma acesa crítica a respeito da imigração de europeus para a América do Sul.

O barão descreveu a colonização e as condições de vida e de saúde dos colonos, tendo em vista o que constatou após visitar o projeto em 1858. Afirmou:

> *Conheço a maioria das colônias brasileiras. Posso assegurar que nenhuma delas desenvolveu em tais dimensões no mesmo prazo e com recursos relativamente tão baixos como o empreendimento do Mucuri. Uma ou outra colônia pode tê-la superado, sobretudo no que diz respeito às condições de vida dos colonos, oferecendo-lhes, por exemplo, escola, assistência religiosa e médica, facilidade nas colheitas, etc. Contudo, no geral ela se destaca das demais.*[15]

A campanha de Teófilo Otoni, portanto, não foi um empreendimento absurdo e irracional. Afinal, numa área quase despovoada e paupérrima teve início um processo de transformação da realidade social e econômica na parte ocidental da fronteira de Minas com a Bahia, retirando essa região de um panorama desolador. Por tudo isso, cabe lastimar uma análise tão equivocada do projeto procedida por Warren Dean, em seu notável livro *A ferro e fogo – A história e a devastação da Mata Atlântica Brasileira*.[16]

Como superar a desarticulação de Minas

A decadência da mineração durante um largo tempo deixou Minas desesperada com a estagnação, em contraste com o desenvolvimento de São Paulo. O marasmo na vida econômica mineira naquele quadro era comparado com a riqueza e o prestígio existentes no século anterior, como grifou Octávio Dulci.[17]

Muitas eram as opiniões de como vencer esse atraso inaceitável. Era visível a desarticulação da província, pois se na época da mineração ela formava uma unidade imposta pelo comando e pela autoridade da Coroa, depois da Independência era difícil nos quatro cantos do território todos se curvarem diante de ordens decididas em Ouro Preto.

Para a Zona da Mata era muito melhor uma ligação direta com o Rio de Janeiro. O Triângulo mineiro era uma extensão natural da Pauliceia. Não por acaso ganhou força e apoio o desejo do sul de Minas de aglutinar-se como um estado separado, tendo como núcleo a cidade de Campanha, líder desse movimento. Populações de áreas da bacia do Velho Chico – em Minas e na Bahia – apoiavam o velho sonho da criação da província do São Francisco.

A estrutura econômica mineira, portanto, era uma colcha de retalhos, segundo a definição de Dulci. Composta

> *(...) de zonas bastante diferenciadas entre si; a população embora relativamente numerosa, espalhava-se sobre um vasto território; nenhum centro urbano, incluindo a capital, polarizava esse conjunto. A carência de vias de transporte e de meios de comunicação era reiteradamente apontada como fator de atraso econômico, na medida em que dificultava o intercâmbio entre as diversas partes do estado; o isolamento de algumas zonas as mantinha praticamente limitadas à produção para subsistência; outras faziam parte do mercado, mas gravitavam em torno de pólos comerciais de fora (...)*[18]

A desagregação do estado só não prosperou por razões políticas, porque se fosse efetivada haveria uma perda de influência dos mineiros no jogo político, pelo fracionamento do poderio de Minas e de sua representação parlamentar no cenário nacional. Assim, para eliminar essa desarticulação foram se impondo duas soluções: a mudança da capital e a construção de estradas, hidrovias e ferrovias.

A transferência da capital foi estabelecida na Constituição Estadual de 1891 em suas disposições transitórias. Estavam cobertos de razão os defensores dessa providência pelo fato de a entenderem como "o símbolo da inserção do estado em uma nova fase de progresso".[19] Note-se bem, não se tratava de uma mera transferência geográfica, mas de ser criada uma metrópole moderna, com um plano traçado por urbanistas e outros técnicos, levando em conta experiências de outros países. Enfim, dava forma a um ideal de ruptura com o atraso e com as ideias arcaicas.

Impregnada desse simbolismo, a efetivação da medida teve um inegável impacto no conjunto da província. Uma das consequências foi o início do processo de desenvolvimento do vale do Rio Doce.

Como já transcorreram mais de 100 anos, hoje, entre os próprios mineiros poucos avaliam a extraordinária relevância da construção da nova capital. Dulci resgata essa relevância ao mencionar um dado. Como a Constituinte Federal havia adotado, igualmente em 1891, um dispositivo referente à mudança da capital do país, é notável a grande diferença na velocidade da concretização dos dois projetos. Belo Horizonte foi construída em quatro anos, enquanto o projeto de Brasília demorou muitas décadas, demonstrando como o tema foi tratado em Minas diferentemente do ocorrido na órbita federal.

Mas atribuía-se a estagnação de Minas também à falta de meios de transportes e comunicação entre as várias regiões da província. Daí o generalizado empenho em impulsionar empreendimentos diversificados para ligar essas regiões. Somente os tropeiros realizavam o intercâmbio comercial, com lotes de mulas, fazendo transações com mercadorias do litoral e com produtos de fazendas localizadas no vasto interior – carne seca, rapadura, cachaça, queijo, fumo e outros.

Uma particularidade interessante desse meio de transporte residiu no fato de se apoiar principalmente na utilização de muares. Sendo assim, foi indispensável a importação desses animais da Espanha, levando em conta suas qualidades especiais face ao peso das cargas e às péssimas condições das longas trilhas a serem percorridas. Os historiadores assinalam a contribuição dos muares, assim como dos carros de boi, conforme se vê no livro *Transportes Arcaicos*, de Pandiá Calógeras, que, para grifar, afirmou: *"(...) em Minas Gerais as mulas foram um elemento essencial para o progresso da província"*.

Atente-se para a descrição de Iglésias de como eram os meios de transporte nos sertões da província. Eles eram poucos e maus.

> *Algumas vias que recebem o nome de estradas não servem para carros. A que vai a Diamantina – é uma das mais importantes – passando por Ouro Preto, Santa Bárbara, Itabira, Conceição e Serro, só é acessível a carros até Itabira: dessa cidade em diante é um trilho, só transitável por animais e em alguns pontos com dificuldade (...) Quanto aos carros lembre-se que são de rodas de madeira, puxados por bois. Caminham com dificuldade mesmo em locais favoráveis: onde são possíveis, com 18 bois carregam 1.200 quilos e vencem 12 quilômetros por dia.*[20]

A primeira Assembleia Legislativa de Minas estabeleceu um verdadeiro programa de construção de estradas. Definiu estradas principais, a partir de Ouro Preto, dirigidas ao norte, sul, leste e oeste, assim como à capital do império, pela Lei n. 18, de primeiro de abril de 1835. Instituiu critério de indenização aos proprietários de terras, além da criação de barreiras para cobrança de taxas pelo uso dos meios de comunicação. Em 1861 foi inaugurada a estrada "União e Indústria", obra de Mariano Procópio, estabelecendo uma boa ligação entre Juiz de Fora e Petrópolis.

Quando se tornaram insuperáveis as dificuldades para a navegação no Doce, as autoridades portuguesas já haviam resolvido concentrar esforços na abertura de estradas, de Minas Gerais ao Espírito Santo, conforme se vê na Carta Régia de 4 de dezembro de 1816, endereçada ao governador mineiro. Ademais, decidiram construir quartéis ao longo dessas estradas e conceder isenções fiscais e outras vantagens aos habitantes em suas margens.

O Segundo Reinado teve uma preocupação constante com as ferrovias. Na primeira providência do governo imperial, em relação às estradas de ferro, a província de Minas foi contemplada. O Decreto n. 101, de 31 de outubro de 1835, assinado por Feijó, autorizava o governo a conceder privilégio à companhia organizada para construir ferrovias do Rio de Janeiro para Minas, Bahia e Rio Grande do Sul.

Era engenhosa a solução adotada pelos governantes a fim de amealharem recursos para, em pouco tempo, erguer no país uma rede ferroviária. Assumiram compromissos para conseguir os recursos indispensáveis. A garantia de *"juros e subvenção quilométrica eram a forma de atrair capitais em uma terra de homens pobres ou tímidos, em que não se desenvolvera o espírito de empresa nem a conveniência de associações. Sem essa fórmula não se teria construído nada"*.[21]

A construção de ferrovias tornou-se um empreendimento abusadamente usado na província. Com razão, num Relatório de Joaquim Floriano de Godoi ao ministro da Agricultura, afirmou-se que *"os multiplicados pedidos para construções de estradas de ferro nesta Província produzirão uma profunda perturbação econômica de caráter desastroso, se por ventura não houver um plano geral"*. Essa advertência de 1873 será relembrada em 1882, quando a província já havia contratado mais de 3.300 quilômetros de concessão *"sem plano geral e com excesso de garantias que não sabe como pagar"*.[22]

Veja-se o sucedido logo após a proclamação da República: o governo do Estado mandou sobrestar a elaboração de contratos de construção de estradas de ferro considerando o exagero de concessões e a incapacidade financeira do Estado de pagar os compromissos, além dos erros nos planos de expansão das ferrovias.

Em 1861 foi construída a primeira estrada de ferro na Zona da Mata, facilitando a implantação de grandes fazendas de café e cana-de-açúcar. Esse foi o início do *rush* para marcar a geografia mineira com os trilhos de diversas ferrovias. Assim, os velhos sonhos da ligação de Minas com o mar, através da utilização da navegação fluvial, só perderam força no imaginário mineiro quando as ferrovias passaram a desempenhar tal missão.

Em 1867 foi concluída a primeira estrada de ferro do litoral para Minas Gerais – do Rio de Janeiro até Três Rios, nas margens do Paraíba do Sul. No início do século XX, com a "Vitória a Minas", em 1902, começa a efetiva ocupação do vale do Rio Doce, tendo como objetivo a exportação de minério de ferro e a expansão da atividade madeireira. A partir daí acelerou-se o processo de ocupação desta bacia hidrográfica.

Em resumo, as estradas de ferro marcaram profundamente os mineiros e tiveram função relevante no progresso de Minas Gerais. Por isso entre eles é corrente o uso do termo "trem" para qualificar procedimentos, explicações e objetos os mais diversos. Na fala comum, com frequência, ouve-se em Minas alguém dizer: "não quero esse *trem*", referindo-se a um alimento; ou "não vou a esse *trem*", ou seja, a um encontro ou festa; ou "não assino esse *trem*", explicando sua discordância diante de um contrato qualquer.

A cobiça pelas riquezas do vale

Nos séculos XIX e XX ocorreram intensas e acirradas disputas entre grupos econômicos estrangeiros, cada qual desejando conquistar posições na economia mineira. Eram movidos pelo desejo de utilizar recursos naturais e para controlar fatias de nosso mercado interno. Essa luta naturalmente transbordou do plano da economia para o campo da política e das relações internacionais. De forma aberta e direta, esses choques não se limitavam à tenaz concorrência nos bastidores da economia, pois se refletiam imediatamente na política dos países mais poderosos no cenário internacional.

Tais conflitos decorreram notadamente da briga pelas jazidas de minério no quadrilátero ferrífero de Minas Gerais e no vale do Rio Doce. De outro lado, surgiu com força entre pessoas influentes o pleito da criação de empresas siderúrgicas, criticando os interessados em apenas impulsionar a exportação de minério de ferro. Uma frase de Arthur Bernardes era lembrada diariamente – *"minério não dá duas safras"*.

Desde o século anterior crescia a atuação entre nós desses grupos estrangeiros. Quando o Brasil ainda era uma colônia, as decisões sobre a economia, inclusive a respeito de riquezas minerais – como ouro e diamantes – eram impostas pelos prepostos da Coroa lusitana.

A partir de nossa Independência, agentes de grandes empresas estrangeiras começaram a chegar ao Brasil. Com tantas áreas a serem pesquisadas neste imenso país eles apostavam na descoberta de riquíssimas jazidas de ouro.

Naturalmente, foram os capitalistas ingleses os primeiros a investirem no Brasil. Afinal, estavam na vanguarda de uma transformação radical em sua economia e, ao mesmo tempo, devia-se ao governo britânico o respaldo militar à transferência da Coroa portuguesa para o Brasil. Além disso, *a pérfida Albion* era o ponto de apoio para a afirmação, no panorama internacional, da nossa condição de país independente.

Dois anos depois da Independência, em 1824, por um Decreto foi permitido o estabelecimento de uma sociedade inglesa de mineração na província de Minas Gerais, *"a qual pagaria 25% do metal que extraísse"*, das lavras de Gongo-Soco. Essa empresa até 1832 enviou muito ouro para a Inglaterra.

O historiador Cunha Matos, sem rodeios, comentou de forma acertada essa atuação dos súditos da Coroa britânica:

> *A minha opinião é que essas sociedades pouco proveitosas têm de ser, porque pertencendo a ingleses o ouro que extraem, passa da mina para a Inglaterra, sem deixar grandes vestígios de sua existência na mão dos moradores dos lugares, salvo os jornais de alguns escravos alugados aos ingleses, alimentos e bem poucos outros gêneros do país que eles consomem. Os diretores da sociedade mandam vir da Inglaterra todas as suas máquinas e utensílios, o vestuário de que fazem uso é de manufatura inglesa... Daí, sua conclusão: os habitantes de Minas pouco interesse têm por aqueles hóspedes.*[23]

Segundo o mesmo historiador, a Fazenda Nacional era acionista de uma sociedade de mineração em Passagem, na cidade de Mariana, mas *"o governo não teve a habilidade de se constituir acionista das lavras de Gongo-Soco e outras sociedades de mineração inglesas!"*[24]

Somente um desses empreendimentos dos ingleses em Minas Gerais alcançou indiscutível êxito e tornou-se uma companhia poderosa e soube vencer grandes dificuldades. Em 1830, em Londres, foi instalada a Saint John Del Rey Gold Mining Co. Quatro anos depois foram iniciadas suas atividades em Morro Velho, no arraial de Nossa Senhora do Pilar de Congonhas de Sabará (Nova Lima).

Essa empresa implantou uma tecnologia nova, pois não se justificava lavrar a céu aberto, como na época era usual em garimpagens de ouro em Minas Gerais. Por isso usou tecnologia das minas de carvão na Inglaterra. Começou a perfurar o subsolo, fazendo quilômetros de túneis, além de poços, rampas inclinadas e elevadores, atingindo uma profundidade de 2.543 metros. Assim, tornou-se a mina mais profunda do mundo.

Ao longo de 120 anos conseguiu elevados lucros ao ponto de inclusive contribuir para o financiamento do governo mineiro quando da construção da nova capital (Belo Horizonte). Ademais, adquiriu, *"por preços irrisórios, grandes extensões de terrenos em que havia importantes depósitos de minério de ferro e manganês. Estendeu suas propriedades desde o Pico do Itabirito até a Serra do Curral, em Belo Horizonte e grande parte da Serra da Moeda"*.[25]

A trajetória dela tornou-se um símbolo em Minas Gerais: seus êxitos eram decantados, mas além de se transformar num quisto segregado naquelas montanhas, a espoliação desumana de seus trabalhadores (quase 6.000 em determinadas fases) sempre causou frequentes conflitos.

Por tudo isso é que Pandiá Calógeras, na década de 1930, formulou uma crítica ao modo de vida dos ingleses em Nova Lima,

> *(...) inteiramente segregada do resto da população, constituída pelo pessoal dirigente e seus auxiliares, todos ingleses ou filhos e netos destes, tão aferrados à pátria de seus ascendentes que, já representando a*

segunda geração nascida no Brasil, ainda se declaram estrangeiros e falam a língua da terra com fortes sotaques britânicos.[26]

Posteriormente, após passar por um breve tempo pelas mãos de empresários canadenses, essa empresa foi adquirida por um grupo brasileiro. Restou aos mineiros, durante 12 décadas, murmurar contra ela, repetindo a meia-voz versos de Dantas Mota:

> *Em verdade, este é o reino da St John del Rey*
> *Mining & Co.*
> *Ao som do "God Save The Queen", curvo-me eu,*
> *curvamo-nos nós,*
> *À passagem de Sua Majestade a Rainha que Deus*
> *haja...*

Mas as inquietações dos mineiros não se limitaram à questão da Morro Velho. Isso porque, seguindo indicações do engenheiro Clodomiro de Oliveira, um exame do mapa de Minas Gerais indicava como no seu território, no início do século XX, atuavam intensamente vários grupos estrangeiros. Os principais eram os seguintes:

Grupo inglês – Itabira Iron Ore Company, possuidor de jazidas de minério em Itabira do Mato Dentro.

Grupo norte-americano – Brazilian Iron and Steel. Comprou na mesma Itabira as jazidas do Esmeril e Penha; em Piracicaba, a de Agudo; em Mariana, a Alegria.

Grupo alemão – representado pelo Deutsch Luxemburgisch – adquiriu em Sabará a jazida de Gaya; no município de Bonfim, a do Córrego do Feijão.

Grupos franceses – (três diferentes) o da Societé Civil des Mines de Fer de Jangada; Bracuhy Falls, adquiriu no município de Bonfim as jazidas de Nhotin e do Mendonça; a Sociedade Franco-Brasileira, em Itabira, as jazidas denominadas Andrade.

Contudo não foram incluídos nessa relação os grupos belgas representados pela Acieries Reunies de Burbach-Eich-Dudelange (Arbed), hoje nas mãos da ArcelorMittal.

Os novos caminhos para o vale

Com o fim da mineração de ouro e diamantes, a população de Minas Gerais foi tomando consciência da pasmaceira nas atividades econômicas na totalidade da província. No final do século XIX a Zona da Mata foi beneficiada pela expansão da cafeicultura no vale do Paraíba do Sul, atingindo outras bacias hidrográficas como a do Muriaé, Pomba e outros rios. Ao lado disso, verificou-se um relativo desenvolvimento nesta zona com a implantação dos trilhos da Leopoldina Railway, contribuindo para a formação de algumas cidades, entre as quais Juiz de Fora, Além Paraíba, Muriaé, Carangola, etc.

O desenvolvimento da pecuária leiteira permitiu a ampliação da indústria de queijo, manteiga e outros produtos destinados ao abastecimento de Rio de Janeiro e São Paulo. O mesmo sucedeu com o Triângulo, com o fornecimento de gado a frigoríficos estrangeiros.

Retornando à questão da insuficiência de população naquela vastidão geográfica da província central, o dado mais expressivo era oferecido pelos sertões do Rio Doce. Isso porque durante quase 300 anos alguns fatores impossibilitaram a colonização do vale, conforme analisamos anteriormente.

Após ficar isolado durante três séculos, o vale do Rio Doce começou a ser ocupado por contingentes populacionais desejosos de usar aquelas terras para atividades agropecuárias e de extração de madeira. Ademais, compreenderam a utilidade de aproveitar o minério de ferro, existente a céu aberto, ganhando a vida em seus povoados com fornos e forjas, seguindo a experiência de ferreiros e serralheiros.

Tendo em vista que no vale do Doce não existem terras tão boas para a agricultura, como na Zona da Mata e no sul de Minas, e não dispondo de extensas pastagens para alimentar o gado, como no Triângulo, no caminho do sucesso havia a alternativa de montar siderurgias e metalurgias. Por coincidência, tal objetivo se ajustava ao pensamento de algumas autoridades na colônia de estimular a criação de pequenas indústrias.

Após a transferência da Corte para o Brasil, o príncipe regente apoiou a montagem de três fábricas de ferro. A primeira delas, em 1811, em Congonhas do Campo (MG), denominada Fábrica Patriótica, dirigida pelo barão Wilhelm L. von Eschwege, engenheiro alemão. Tendo funcionado até 1822, segundo Francisco Magalhães Gomes, das *"três que se construíram na época foi a única que obteve um êxito regular, justificando as previsões de seu promotor"*.[27]

A segunda empresa, instalada em 1814, em Morro do Pilar (MG), perto de Diamantina, apesar do grande entusiasmo em torno do empreendimento, revelou-se uma equivocada aventura do Intendente Câmara.

Uma terceira indústria foi montada em Ipanema (SP), tendo sido a primeira tentativa do governo português de criar uma siderurgia de grande porte no Brasil. Coube ao engenheiro alemão Frederico Luiz Guilherme de Varnhagen – oficial alemão que lutara contra as tropas de Napoleão, pai do renomado historiador – realizar os primeiros estudos para a instalação dessa indústria, tendo sido seu diretor durante alguns anos. Foi oficialmente lançada em dezembro de 1810 e funcionou precariamente até 1895.[28]

Eschwege, em seu livro *Jornal do Brasil*, descrevendo a siderurgia no país na terceira década do século XIX, indicou os empreendimentos em curso, já mencionados, assim como alguns de pequeno porte em Goiás e outras cidades mineiras. Para ele, a pressão da demanda de instrumentos de ferro demonstrava a urgência da criação da indústria siderúrgica.

Vários autores fornecem dados demonstrativos de como em Minas Gerais, naquela época, desenvolveram-se os ofícios artesanais, especialmente de ferreiros e serralheiros, para atender às necessidades da mineração, do transporte de mercadorias e da fabricação de ferramentas para a construção civil.

Quando Eschwege retornou à Europa, em 1821, além de sua Fábrica Patriótica, havia mais de 30 pequenas fábricas, concentradas nos municípios de Ouro Preto, Congonhas do Campo, Itabira do Campo (Itabirito), São Gonçalo do Tijuco, Cachoeira do Campo, Conceição do Rio das Pedras, Sabará, Rio Acima, Santa Quitéria (Esmeralda), Caeté, etc. Assim como em outras regiões da província, como no Triângulo e no Oeste.[29]

Desde o início do século XIX as jazidas de minério de ferro eram exploradas para abastecer dezenas de fornos das manufaturas de ferro semiartesanais, espalhadas pela província. Ao mesmo tempo começaram a ser criadas fábricas de tecidos em algumas cidades mineiras, aproveitando o algodão plantado nos cerrados.[30]

O notável trabalho de Monlevade

Um acontecimento fundamental ocorreu em 1828, quando houve a implantação da primeira fábrica de ferro de elevado porte – a do francês Jean Antoine Felix Dissandes de Monlevade, no distrito de São Miguel do Piracicaba (hoje Monlevade). Estudou na Escola Politécnica de Paris, especializando-se em Engenharia de Minas. Em 1817 veio para o Brasil atraído pela fama de nossos minerais. Desenvolveu exaustivas pesquisas, ficando impressionado com as magníficas possibilidades de montar uma usina nas margens do Piracicaba, um afluente do Rio Doce, pois ali encontrou imensas jazidas ferríferas, ao lado da Mata Atlântica e com água suficiente para o estabelecimento de uma grande fábrica.

Importou da Inglaterra o equipamento necessário (forjas catalãs com todos anexos, pesando mais de sete toneladas) e resolveu levar essa infraestrutura pelo Rio Doce. O transporte extremamente complicado e penoso, comandado por Guido Thomaz Marlière, teve de vencer cachoeiras e corredeiras, além do assoreamento do canal. A maquinaria saiu do Rio de Janeiro em setembro de 1827 e chegou a seu destino em abril do ano seguinte, porque o transporte foi interrompido no período das chuvas.

Demonstra a importância dessa iniciativa, para o governo da província, o fato de a Lei 2.550, de 31 de dezembro de 1879, conceder à empresa de Monlevade a garantia de juros de até 7%, sobre o capital máximo de 600 contos, a fim de construir altos-fornos com a capacidade mínima de fundir, cada um, em 24 horas, duas toneladas de ferro, bem como assentar aparelhos para a fabricação de ferro e aço, adaptados ao uso de outras indústrias.[31]

A montagem dessa indústria determinou a mobilização das unidades da Divisão Militar do Rio Doce para transportar o equipamento pelo rio. Nunca mais houve transporte por esse rio de carga tão pesada e volumosa. O inegável êxito na montagem dessa fábrica confirmou ser muito difícil realizar atividades industriais e comerciais permanentes e rotineiras recorrendo à navegação no Rio Doce

Até a instalação das usinas de médio porte, no fim do século XIX, esse foi o único empreendimento acima dos padrões manufatureiros das outras siderúrgicas. Durante mais de 40 anos, ele obteve os melhores resultados de todas as forjas mineiras, ao custo da constante vigília do empresário francês e de seu trabalho de treinamento de escravos.

No catálogo de preços dos produtos da Fábrica Monlevade, publicado num jornal ouro-pretano, em 1881, divulgava-se a informação de que se encontravam à venda dezenas de ferramentas utilizadas na agricultura. E Dornas Filho conta como eram famosas as enxadas de três libras, conhecidas pelo nome do fabricante (Monlevade), adiantando serem *um terror para os preguiçosos, a quem se ameaçava: 'Fulano precisa é de uma boa Monlevade'*.[32]

No entanto, a partir da década de 1880, essa indústria siderúrgica quase desapareceu, em consequência de dois golpes mortais. O primeiro, segundo Libby, foi o início da penetração de ferrovias no centro de Minas Gerais. Porque, em 1885, a "Central do Brasil" chegou a Congonhas do Campo, permitindo a diminuição do custo de transporte de ferramentas importadas.

O segundo golpe foi o fim da escravidão privando a siderurgia rudimentar, baseada no trabalhador cativo, de sua vantagem frente à concorrência estrangeira. Essa foi a análise de um especialista na matéria, professor na Escola de Minas, Clodomiro de Oliveira, e está registrada nos *Annaes*, de 1902, dessa instituição.

Assim, em consequência da abolição dos escravos, pela Lei de 13 de maio, havia a necessidade de modificar os sistemas industriais empregados, e o recurso indicado estaria na transformação radical do regime de trabalho.

Então, com *"a queda do Império, as pequenas fundições foram desaparecendo e o rápido e quase total fracasso da instalação de usinas durante a década de 1890 condenou Minas Gerais a esperar mais três décadas para ser implantada sua indústria siderúrgica"*.[33]

O estrondoso êxito da fábrica de São Miguel de Piracicaba decorria da grande carência em Minas Gerais de instrumentos de ferro para a exploração de jazidas de minério e para o trabalho na agricultura. Além disso, resultava também do elevado preço das ferramentas e de outros produtos de ferro, pois em Minas os preços do ferro importado eram o triplo dos vigentes no litoral e mais do dobro que em São Paulo.[34]

A empresa de Jean de Monlevade deu a ele uma razoável fortuna. Mostrou um caminho concreto de como Minas poderia se reerguer do marasmo, buscando industrializar-se, tendo como objetivo a indústria de ferro e aço. Pode-se ler, no final do relatório do filho do fidalgo jacobino, endereçado ao governo da província, em 1853, a seguinte indicação: *"O futuro grandioso desta terra, hoje tão decadente, não está no ouro, nos diamantes, mas sim no ferro, este grandioso agente da civilização"*.[35]

O sucesso das empresas montadas para produzir ferro, a partir das autorizações do governo, dadas quando da instalação em nosso país da família imperial, em 1808, decorreu de alguns fatores. Um deles foi a fundação da Escola de Minas de Ouro Preto, em 1876, seguindo o modelo da École de Mines de Saint-Etienne. Para dirigir essa escola contratou-se o engenheiro francês Henri Gorceix e o objetivo primordial dessa instituição foi o desenvolvimento da tecnologia de redução do minério de ferro com o uso do carvão vegetal.

De conformidade com estudos de Gorceix, em 1880, as jazidas de minério de ferro entre Ouro Preto e Conceição do Mato Dentro (representando a décima parte das reservas na província) poderiam abastecer de ferro o mundo inteiro durante um século e meio.[36]

Tal opinião reforçou um relatório apresentado pelo governador Francisco Diogo Pereira de Vasconcelos, em 12 de dezembro de 1853. Nele estava a seguinte informação:

> *Na província de Minas, além de inúmeras camadas mais ou menos extensas, existem cinco principais cordilheiras de minério de ferro, e pode-se afirmar que uma só delas encerra mais ferro do que todas as da Europa reunidas, atendendo não somente à sua extensão e possança como à riqueza do minério, o mais rico que se conhece, pois analisado quimicamente, contém 76% de seu peso em ferro.*[37]

O principal resultado da escola de Ouro Preto foi a formação de um expressivo número de engenheiros, geólogos e outros especialistas, sem os quais não seria possível a criação da infraestrutura da indústria pesada no Brasil. Assim, a *"segunda metade do século XIX caracterizou-se por uma fantástica articulação entre desenvolvimento científico e progresso tecnológico, o que possibilitou a chamada segunda fase da revolução industrial"*.

Isto porque a *"descoberta do processo de refino do ferro gusa através do conversor Bessemer e os alto-fornos Siemens-Martim proporcionaram enorme progresso à siderurgia"*.³⁸

Ao lado disso houve a instalação de pequenas siderurgias na região central de Minas. Nessa fase, com a construção da Central do Brasil, surgiram algumas indústrias a carvão vegetal. Foram elas: Usina Queiroz Júnior (inicialmente denominada Usina Esperança), em Itabirito (1889); Usina Wigg, em Miguel Burnier (1893); Cia. Siderúrgica Mineira, em Sabará (1919); Cia. Brasileira de Usinas Metalúrgicas, em Barão de Cocais (1925); Cia. Ferro Brasileiro, em Caeté, 1931; Metalúrgica Santo Antônio, em Rio Acima, do grupo Giannetti, em 1931.

A Belgo-Mineira foi a mais importante dessas empresas siderúrgicas. Inicialmente era uma pequena empresa nacional, sendo comprada em 1921 pelos belgas e luxemburgueses. Na década seguinte, ela deu um extraordinário impulso ao empreendimento pioneiro de Jean de Monlevade em São Miguel do Piracicaba.

Naqueles anos sentia-se em Minas a carência de produtos indispensáveis de ferro e aço. Por exemplo, para a construção da nova capital, Belo Horizonte, foi indispensável importar ferro de toda a parte, além de incentivar a importação de mão de obra estrangeira qualificada – carpinteiros, pedreiros, serralheiros, eletricistas, encanadores, etc.

A polêmica da Itabira Iron

A implantação da siderurgia em Minas Gerais e a ocupação da bacia do Rio Doce, no século XX, foram marcadas por episódios de um conflito que perdurou mais de 40 anos. A pendência só foi encerrada na Segunda Guerra Mundial, quando foram divulgados os acordos de Washington, anunciando o término da disputa com a Itabira Iron e os ingleses e com a criação da Cia. Vale do Rio Doce. A evolução dos episódios nesse rumoroso "affaire", envolvendo a exploração de jazidas de minério de ferro, decorreu de acontecimentos relacionados com fatos básicos no plano internacional.

Para se entender o desdobrar dessa complicada novela, de relevante importância para o Brasil, antes de tudo cumpre esclarecer determinados dispositivos legais então em vigor, decorrentes da Constituição da República de 1891, a respeito da exploração de recursos minerais e de projetos de ferrovias.

Em primeiro lugar, a concessão de privilégios para a construção de estradas de ferro e mudanças em seus traçados eram decididas pelo governo federal. (Naturalmente consultando as oligarquias estaduais interessadas nessas obras.)

A aquisição de jazidas de minérios decorria da simples compra de áreas onde elas fossem localizadas, porque o dono do solo era também o proprietário do subsolo. Restava ao governo estadual apenas a prerrogativa de estabelecer alíquotas do imposto de exportação incidente sobre o minério extraído.

No início do século XX, grupos internacionais, atuantes nos setores de ferro e aço, começaram a buscar posições em nosso mercado interno. João Dornas Filho fez um relato sobre o início dessa disputa, em 1907, quando a fúria armamentista já denunciava a tragédia que se desencadearia em 1914.

Segundo Dornas, o presidente dos Estados Unidos, Theodore Roosevelt,

> (...) pressentindo o desfecho dos acontecimentos que se precipitariam ao menor atrito, convocou um congresso internacional de geologia, reunido em 1908, em Estocolmo, para estudar os recursos naturais de que o mundo dispunha, seu valor industrial e os meios de impedir a dissipação e conseqüente esgotamento dos mesmos. Era o temor de vir a faltar o ferro que já sobressaltava os espíritos (...) E este importante conclave chegou a duas conclusões angustiantes: escasseava o minério de ferro onde ele era conhecido e só no Brasil existiam depósitos ainda por explorar.[39]

Como o governo brasileiro, no princípio do século, havia criado o Serviço Geológico e Mineralógico do Brasil, Luiz Felipe Gonzaga de Campos, em 1907, realizou o levantamento geológico das regiões de Conselheiro Lafaiete, Itabira, Mariana e Sabará. Por isso coube a ele e a Orville Derby apresentarem ao conclave em Estocolmo um relatório que despertou a cobiça dos grupos internacionais produtores de aço. Para os dois geólogos as reservas conhecidas de ferro do Brasil orçavam em mais de 2 bilhões e 500 milhões de toneladas.[40]

De conformidade com o livro *50 anos de História da CVRD*, essa reunião em Estocolmo foi o XI Congresso Internacional de Geologia, realizado em setembro de 1910. Somente Orville Derby representou o Brasil, mas o relatório brasileiro foi elaborado por Luiz Felipe Gonzaga de Campos.

Diante dessa informação a respeito das riquezas no quadrilátero ferrífero, empresas estrangeiras se empenharam em obter concessões de jazidas de minério indispensáveis à indústria de ferro e aço. Naturalmente, o grande objetivo residia em controlar as reservas localizadas em Itabira, pois a joia da coroa era o pico do Cauê, transformado pelo imaginário popular no símbolo da batalha pela fabricação de aço em Minas Gerais.

Não era uma novidade a presença de grupos estrangeiros na pesquisa e na exploração de minério na província. Desde longa data essas empresas possuíam jazidas de ouro, como a Saint John del Rey Mining Co. Ademais, os viajantes estrangeiros, conhecendo o quadrilátero ferrífero, sempre assinalaram o valor de nossa hematita – minério de ferro de excepcional qualidade. Eu lia com orgulho a seguinte frase enfatizada nos livros escolares: *"Minas tem um coração de ouro encravado num peito de ferro".*

Ao mesmo tempo, nessa época, como relata Dermeval Pimenta, desde a década de 1870, vários foram os projetos pleiteando, do governo brasileiro, a concessão de uma garantia de 7% de juros aos capitais investidos em ferrovias, ligando o litoral, no Espírito Santo, ao vale do Rio Doce. Simultaneamente, prosseguia a construção da Central do Brasil. Esta, saindo do Rio de Janeiro, tinha como objetivo chegar a Ouro Preto, a velha capital do estado montanhês.

No governo Campos Sales, em 1892, foi aprovado o projeto de uma ferrovia, que, partindo de Vitória, após atravessar o vale do Rio Doce – e passando por Peçanha – terminaria em Diamantina. *"Organizou-se, então, em definitivo a Cia. Estrada de Ferro Vitória a Minas, cuja construção se iniciou em 30 de março de 1903".*[41] Em 15 de agosto de 1910, foi inaugurada em Figueira (Governador Valadares) a estação da ferrovia. Mas, em consequência das informações a respeito das fantásticas jazidas em Itabira, o traçado da via férrea foi alterado, pois tornara-se evidente a necessidade de usá-la para transportar o minério do Cauê até o porto de Vitória.

Nessa corrida para explorar as jazidas de Itabira destacaram-se grupos ingleses. Por isso montaram uma empresa, denominada Brazilian Hematite Syndicate. Esta comprou de proprietários brasileiros, por 200 contos de réis, quatro importantes jazidas – Cauê, Conceição, Sant'Ana e Giraos –, cujo valor foi estimado em 500 mil libras. *"Os proprietários das terras, desconhecendo o valor do seu subsolo, vendiam-nas a preços irrisórios".*[42] Ao mesmo tempo, esses ingleses conseguiram a opção de compra da maioria das ações da ferrovia "Vitória a Minas".

Os interesses da ferrovia e da empresa inglesa se entrosavam, de conformidade com o plano sacramentado pelo Decreto do governo federal n. 7.773, de dezembro de 1909. Em 1911, conseguindo autorização federal para funcionar no país, foi organizada a companhia Itabira Iron Ore Co. Ltd.

Outros grupos econômicos estrangeiros entraram na disputa das jazidas de minério na região central de Minas. Nela participou a Saint John Del Mining Co., com o objetivo de controlar importantes depósitos de ferro e manganês na região de Itabirito, particularmente nas serras do Curral e da Moeda.

Assim, foi concretizado o projeto dos ingleses

> *(...) que tinha por finalidade não só apoderar-se das reservas de minério de Itabira, mas também de adquirir o controle dos transportes da Estrada de Ferro Vitória a Minas, mediante a compra*

> *da maioria das ações da companhia proprietária dessa estrada, e ainda celebrar contrato com a Companhia do Porto de Vitória para o embarque do minério destinado ao abastecimento das usinas siderúrgicas da Inglaterra, e mesmo de outros países da Europa. Para coroar este bem arquitetado e arrojado projeto, faltava apenas celebrar um contrato com o Estado de Minas, no sentido de ser fixada a taxa de exportação sobre o minério a ser embarcado.*[43]

Como esses grupos em geral somente se preocupavam em garantir jazidas de minério de ferro e manganês para futuras exportações, pressionado pela opinião pública local, o governo mineiro decidiu participar nessa contenda, pois unicamente as autoridades federais adotavam terminações a respeito de empreendimentos decisivos para Minas Gerais. Sendo assim, os ocupantes do Palácio da Liberdade tomaram a medida legal de fixar elevadas alíquotas do tributo na exportação de minério. Em 1910 surgiu a Lei estadual n. 553, desde logo contestada pelo grupo inglês. Com isso foi criado um impasse, porque a questão não mais poderia ser resolvida só com conchavos nas esferas federais.

Com a eclosão da Primeira Guerra Mundial, essa discórdia com a Itabira Iron ficou congelada. Terminado o conflito, a negociação foi retomada. Os ingleses entregaram a um engenheiro norte-americano, Percival Farquhar, a missão de organizar, nos Estados Unidos, um grupo financeiro com os seguintes objetivos: executar o plano de exploração das minas e construir uma ferrovia adequada ao transporte de minério.

Entretanto, os

> *(...) planos de Farquhar atingiam numerosos interesses. Os proprietários das pequenas metalúrgicas de Minas Gerais temiam que o monopólio pretendido pela Itabira Iron sufocasse seus empreendimentos. As companhias estrangeiras, que haviam adquirido extensas áreas para a extração do minério de ferro, também se mostravam apreensivas quanto ao monopólio dos meios de transporte adquirido por Farquhar. As empresas carboníferas do Rio Grande do Sul e de Santa Catarina não viam com bons olhos a vinda de carvão-de-pedra estrangeiro que chegaria ao Brasil nos navios da Itabira. O projeto uniu ainda contra si todos os fornecedores de máquinas e ferragens alemães, ingleses, franceses e norte-americanos, que receavam a concorrência da siderúrgica a ser instalada pela Itabira no fornecimento do aço.*[44]

Percival Farquhar era um ativo empreendedor, com excelentes relações no mercado financeiro internacional e em diversos meios políticos brasileiros. Como homem de negócios, esteve envolvido em várias realizações no Brasil – a montagem da Light, no Rio de Janeiro, a construção da Estrada de

Ferro Madeira-Mamoré, a empresa Port of Pará, a exploração de borracha, a montagem da ferrovia para o Rio Grande do Sul, etc. Negócios audaciosos e cheio de riscos. Algumas dessas iniciativas tiveram sucesso, outras fracassaram, mas forjaram uma imagem contraditória desse personagem.

Instituindo um grupo financeiro com o objetivo de exportar minério de ferro de Itabira, Farquhar

> *(...) formulou um programa que, em síntese, era o seguinte: a empresa construiria uma estrada de ferro industrial, em condições técnicas especiais, que permitissem o transporte do minério em trens pesados, de Itabira a Santa Cruz. Isto é, das jazidas em Minas Gerais ao Porto do Espírito Santo. A nova ferrovia, dando compensação, faria tráfego-mútuo com a Vitória a Minas, no trecho comum da estrada que seria construída. Terminada a via férrea, a empresa construiria uma usina siderúrgica moderna que, utilizando-se da matéria-prima de suas jazidas, importaria, na viagem de volta dos seus próprios navios, o coque necessário a seus altos-fornos (...)*[45]

No entanto, Farquhar estabeleceu a seguinte condição: o governo brasileiro estabeleceria o regime de exportação de minério por um prazo longo e não apresentaria qualquer dificuldade à Itabira Iron, colocando-a numa posição desvantajosa em relação a seus concorrentes.

Em julho de 1919, Epitácio Pessoa, eleito presidente da República, num encontro realizado em Nova York, incentivou Farquhar a levar adiante o projeto. Em razão desse entendimento, o Congresso Nacional aprovou a Lei n. 3.991, de 5 de janeiro de 1920, para atender à pretensão dos banqueiros interessados em impulsionar o plano da Itabira Iron e a construção da "Vitória a Minas".

Todavia, predominava no governo mineiro, presidido por Bernardes, a corrente defendendo a necessidade de relacionar a exportação de minério com a instalação de uma empresa no país dedicada à produção de ferro e aço. Em razão disso, foi aprovada, na Assembleia Legislativa de Minas Gerais, uma lei elevando extraordinariamente o imposto na exportação de minério de ferro. Estabeleceu, porém, uma redução drástica desse imposto no caso de as empresas exportadoras montarem usinas siderúrgicas, investindo nesse propósito um valor correspondente a pelo menos 5% do valor do minério enviado para o exterior.

Conforme esclarecemos, a licença para a exportação de minério era concedida pelo governo federal, mas cabia a cada governo estadual fixar as alíquotas do imposto de exportação. Esse foi o recurso utilizado pelo governo mineiro a fim de praticamente inviabilizar o projeto da Itabira Iron.

No curso desse conflito os episódios da complexa tramitação do projeto evidenciaram o apoio do governo federal ao projeto de Farquhar (excetuando a fase em que Bernardes ocupou a presidência da República), enquanto o plano era abertamente combatido pelos governantes de Minas Gerais.

Naturalmente, essa contradição entre os dois governos decorria de divergências existentes no país a respeito dessas questões.

> *Havia duas correntes fundamentais na discussão sobre a natureza da política siderúrgica. A Escola de Minas de Ouro Preto patrocinava as posições mais nacionalistas, assim como a Sociedade Mineira de Engenheiros e outras instituições da sociedade civil. Alguns segmentos do Estado, como parte das Forças Armadas, também eram nacionalistas e reagiram contra o parecer do Conselho Técnico de Economia e Finanças, favorável às concessões para a Itabira Iron.*[46]

Comprova esse envolvimento das correntes militares na movimentação contrária ao projeto da Itabira Iron pareceres emitidos pelo Estado-Maior do Exército, pelo Estado-Maior da Armada e pelo Conselho do Almirantado. Neles,

> *(...) os militares declararam-se contrários ao contrato da Itabira e consideraram a questão siderúrgica não como uma simples questão econômica, mas também como um problema político, de cuja solução dependeria o futuro da defesa nacional. A partir daí, os militares passaram a desempenhar um papel positivo na luta em prol da instalação da grande siderurgia no Brasil.*[47]

Octávio Dulci, analisando a controvérsia com o projeto de Farquhar, diz:

> *O impasse tem sido freqüentemente atribuído ao voluntarismo de Bernardes, mas, ao investigar o tema, constatamos que seu ponto de vista era compartilhado por muitos membros das elites (políticas, empresariais e acadêmicas) de Minas. O projeto Itabira fez emergir uma percepção crescente do valor dos recursos minerais para o desenvolvimento interno, o que se traduziu numa clara relutância em aceder à exportação da matéria-prima em grande escala.*[48]

Travou-se, então, uma polêmica acerba que girava em torno de algumas questões entrelaçadas.

1 – *Uma corrente concordava com a exportação de minério de ferro, mas exigia a instalação no país da indústria siderúrgica.* Essa foi a conduta do governo mineiro, defendida por Arthur Bernardes (como presidente do Estado e depois na presidência da República) e pelo seu auxiliar, o ministro Clodomiro Oliveira, professor na Escola de Minas de Ouro Preto e especialista na matéria. Essa corrente enfrentava a política de Epitácio Pessoa, na presidência da República, entre 1919-1922, desde que este político concordava com o projeto da Itabira Iron, defendido também por diversos órgãos

federais e por jornalistas de grande prestígio (como Assis Chateaubriand) e pelo Clube de Engenharia do Rio de Janeiro.

2 – *A segunda questão decorria do fato de na indústria de ferro e aço ser imprescindível carvão, como redutor do minério e também como combustível.* Ora, como o carvão mineral existente no Brasil não é de boa qualidade, a solução implicava a importação de coque estrangeiro.

3 – *Outro ponto foi a controvérsia a respeito do local onde instalar a usina.* Isto é, se na proximidade das jazidas de minério de ferro ou perto do litoral, tendo em vista o custo do transporte do carvão e do minério. Em consequência, divergências entre estados complicaram a polêmica. Os mineiros defendiam a instalação em Minas. Mas entraram na disputa os políticos do Estado do Rio e de São Paulo, defendendo a instalação da usina em seu território e perto do litoral, a fim de baratear o transporte de carvão.

4 – *Como a indústria siderúrgica exige movimentação gigantesca de matéria-prima e de insumos, assim como dos produtos por ela fabricados, a economicidade desse setor industrial demandava a logística correta dos problemas relacionados com o transporte, envolvendo ferrovias, portos, navios, seguros, etc.*

5 – Ao lado disso, surgiu a alternativa de usar carvão vegetal como redutor e combustível, quando naquela época a indústria de aço no mundo só utilizava carvão mineral (uma exceção era a Suécia). *Essa alternativa, por sua vez, deu origem à objeção contra a utilização maciça de carvão vegetal em defesa das reservas florestais em Minas Gerais.*

Veja-se a posição de Arthur Bernardes sobre esse problema.

> Era muito interessante a coincidência entre as posições nacionalistas e a defesa ardorosa da siderurgia a carvão vegetal. Apesar de um dos lemas nacionalistas ser "minério não dá duas safras", ninguém chegou a questionar se nossas florestas dariam necessariamente duas safras. Arthur Bernardes foi um dos poucos a denunciar, na época, a destruição de nossas riquezas florestais (...) Condenava as "queimadas, tão comuns e nefastas" e as "fornalhas das estradas de ferro e os fornos de fundição de ferro que consumiam milhões de quilos de carvão vegetal e toneladas de lenha, sem falar no consumo doméstico de mais de cinco milhões de habitantes.[49]

6 – *Igualmente no debate surgiu a tese da utilização da energia elétrica na indústria siderúrgica*, ponto de vista defendido por Pandiá Calógeras. Mas só recentemente foi encontrada uma solução para o uso de energia elétrica em operações especiais na fabricação de aço, com os fornos elétricos das *minimills*.

A polêmica em torno do contrato da Itabira Iron foi uma batalha árdua e complicada porque Farquhar e os que defendiam o projeto, como o Conselho

Técnico de Economia e Finanças, do Ministério da Fazenda, recebiam o apoio de um conjunto de personalidades conceituadas no Brasil. O governo de Minas Gerais mantinha suas exigências e seus argumentos contrários à efetivação dos planos da Itabira Iron.

Segundo uma análise, feita posteriormente por adeptos do projeto de Farquhar, essa atitude intransigente dos próceres mineiros resultava também de um fato da maior importância – a entrada na questão de um poderoso ator. Ou seja, a decisão da ARBED – um grupo da Bélgica e do Luxemburgo – de investir na indústria de aço em Minas Gerais. Analisando esse investimento, muito bem recebido no país, sem despertar qualquer celeuma, conforme ocorreu com o grupo articulador do projeto da Itabira Iron, Luciano Martins afirma:

> (...) o projeto da Belgo-Mineira não suscitou a oposição nacionalista porque tinha características exatamente opostas às da Itabira. O contrato da Belgo-Mineira não lhe conferia poderes monopolistas, nem a empresa tinha como principal objetivo a exportação do minério de ferro. Além disso, usava combustível nacional (carvão vegetal), representava uma associação de capital estrangeiro com capital brasileiro e começou a produzir imediatamente. De fato, nos anos 30, a Belgo-Mineira iria se tornar um dos maiores fabricantes de aço do país.[50]

Para se entender o desdobramento do conflito em torno da Itabira Iron é forçoso considerar também que ele ocorreu dentro de um quadro marcado por duas guerras mundiais (1914-1918 e 1939-1945) e por uma devastadora crise, em 1930, abalando a vida financeira dos países mais ricos.

Algumas das reviravoltas sucedidas, nas marchas e contramarchas nas negociações, resultaram de conflitos no mercado financeiro internacional e de decisões adotadas em outras nações. Isso porque a questão em jogo envolvia elevados investimentos e interesses vitais de grupos econômicos estrangeiros.

Por exemplo, em janeiro de 1920, Farquhar apresentou ao governo de Minas um contrato para a construção de uma usina siderúrgica. Formulou, porém, certas exigências em relação a impostos e reivindicou a desapropriação de terras devolutas, numa faixa de 20 quilômetros de cada lado da estrada de ferro a ser construída. Como o Palácio da Liberdade não aceitou tais condições, o presidente da República, Epitácio Pessoa, autorizou a assinatura do contrato e solicitou o registro do documento pelo Tribunal de Contas da União. Mas este, contudo, não aceitou a ordem do presidente, levando o ocupante do Palácio do Catete a submeter a questão ao Congresso Nacional.

Em 1923, procurado por Farquhar, para novos entendimentos com o Estado, Raul Soares, então presidente de Minas, enfaticamente respondeu:

"*Devo consignar que me recusei a celebrar contrato com a Itabira Iron diante das cláusulas tão sobremaneira desvantajosas do contrato com o Governo Federal*".⁵¹

A pendência foi se prolongando até 1929. Quando parecia que a Itabira Iron havia ganhado a batalha, com a ascensão de Antônio Carlos de Andrada ao Palácio da Liberdade e de Washington Luiz à presidência da República, a principal exigência imposta à Itabira era o início da construção do projeto, inclusive de uma usina siderúrgica, dentro dos prazos contratuais.

Sobreveio, entretanto, um dado fundamental e inesperado. Farquhar não conseguiu levantar no estrangeiro os recursos avaliados em 50 milhões de dólares necessários para a construção de linhas férreas, usina siderúrgica e cais de minérios.

Ora, precisamente naquela época o panorama estava dominado por dois fatos essenciais: 1 - o mercado financeiro internacional vivia uma crise catastrófica, e todos os grandes negócios ficaram paralisados; 2 - A situação brasileira modificou-se totalmente em consequência da Revolução de 1930, colocando outras personalidades nos postos de comando do país.

Assim, a Itabira Iron viu-se obrigada pelo governo provisório de Vargas a cumprir suas obrigações contratuais, dentro dos prazos estipulados. A empresa solicitou uma prorrogação desses prazos, alegando motivos de força maior. O governo não aceitou a justificativa e declarou a caducidade do contrato, pelo Decreto n. 20.046, de 1931, permitindo, no entanto, estudos para sua revisão.⁵²

Na etapa seguinte, o contrato passou pelo exame de algumas comissões organizadas pelo governo Vargas. Nessa altura, predominava a tese de separar os dois problemas: o da exportação de minério e o projeto de produção de aço no Brasil. Ademais, surgiu um dado novo. Face às novas normas legais, com a vigência da Constituição de 1934, somente empresas brasileiras poderiam atuar na exploração de minério. Esse dispositivo legal foi um golpe certeiro na Itabira Iron, desde que era uma empresa estrangeira.

Antes do início a Segunda Guerra Mundial, Vargas esclareceu sua opinião a respeito dos pontos básicos da polêmica através de uma entrevista em 1938, em São Lourenço. Disse ele:

> *A nossa produção siderúrgica atual é reduzida, cara e anti-econômica, devido aos processos adotados. Trabalha com pequenos altos-fornos a carvão de madeira. Ainda mais, o seu crescimento depende de reservas florestais, que vão diminuindo com o tempo e cuja reconstituição é demorada e custosa, sobretudo se considerarmos que só deverá ser utilizado o carvão de madeira de lei. Admitindo-se mesmo a possibilidade de reflorestamento regular, a siderurgia explorada nestas*

> *bases se tornará cada vez mais onerosa e precária devido ao consumo crescente das reservas florestais. Mas o caráter anti-econômico da siderurgia a carvão de madeira se acentua diante de duas observações: a destruição das florestas sem nenhuma garantia de que serão reconstituídas, quando o interesse nacional aconselha defendê-las ou melhorá-las e a limitação do consumo interno de produtos siderúrgicos que fica condicionada a um regime de preços altos pelas deficiências do processo de produção" (...) tão defeituosa economia da produção está presentemente agravada em detrimento dos interesses nacionais pela organização dos produtores em trusts (...) a solução do problema está, portanto, na grande siderurgia. Falta-nos carvão mineral? Teremos condições de importá-lo pelo menos enquanto o nosso não se acha em condições de substituí-lo. Encontrar-se-á uma fórmula de compensar esta importação com a exportação de minério.*[53]

Apoiado no Conselho Técnico de Economia e Finanças do Ministério da Fazenda, Vargas equacionou a implantação da siderurgia nacional. Em 11 de agosto de 1939, foi divulgado o Decreto n. 1.507, reiterando a caducidade do contrato com a Itabira Iron assinado em 1920. Assim, o governo brasileiro ficou *"completamente livre para procurar a solução dos dois problemas: a implantação da siderurgia nacional e a exportação do minério, a cargo de empresa brasileira".*[54]

Foi criada a Comissão Executiva do Plano Siderúrgico Nacional, em março de 1940, com a incumbência de realizar estudos técnicos para a construção de uma usina destinada à produção de trilhos, perfis comerciais e chapas, correspondendo também a ela a missão de organizar uma companhia nacional com participação de capitais estatais e privados.

Na mesma época decidiu-se pela localização dessa empresa em Volta Redonda, no Estado do Rio de Janeiro. Estando a Itabira Iron impedida de explorar diretamente suas jazidas, por ser uma empresa estrangeira, ela organizou uma companhia nacional – composta por pessoas físicas e jurídicas brasileiras – com o objetivo de extrair minério de ferro de Itabira e de transportá-lo pela "Vitória a Minas". Assim nasceu a Cia. Brasileira de Mineração e Siderurgia, incorporando a estrada de ferro "Vitória a Minas", ainda em construção.

Entre 1940 e 1942, essa empresa, organizada por Farquhar para substituir a Itabira Iron, exportou dezenas de milhares de toneladas de minério para Inglaterra, Canadá e Estados Unidos. Como até então os trilhos da "Vitória a Minas" estavam distantes de Itabira (cerca de 22 quilômetros), caminhões transportavam o minério do Cauê até os comboios da ferrovia. Essa exportação foi realizada apesar de a via férrea ainda não estar adaptada a um transporte pesado e o embarque nos navios ser procedido de forma precária no porto, em Vitória.[55]

A Guerra modificou todos os planos

Os projetos relacionados com o vale do Rio Doce sofreram modificações substanciais em consequência da Segunda Guerra Mundial. Recordem-se os dados fundamentais ocorridos de 1937 a 1942. Enquanto no Brasil vivíamos a terrível fase da ditadura do Estado Novo, com a supressão total das liberdades, Vargas impôs ao país a Carta Constitucional de 1937, elaborada segundo as influências vigentes em diversos países.

Marchava-se de forma acelerada para o desencadeamento da Segunda Guerra Mundial, tornada inevitável em consequência do expansionismo das três nações que faziam parte do eixo – a Alemanha nazista, a Itália liderada por Mussolini e o Japão agindo como força hegemônica na Ásia.

O governo brasileiro, inicialmente, durante três ou quatro anos, ficou dividido. De um lado estavam os generais mais reacionários, sob a liderança de Filinto Müller (chefe absoluto dos órgãos policiais); contrastando, de outro lado, com forças econômicas e políticas vinculadas aos norte-americanos e ingleses, tendo como liderança, no campo político, o ministro das Relações Exteriores – Oswaldo Aranha.

No dia 1º de setembro de 1939 começou a Guerra na Europa com a invasão da Polônia pela Alemanha, levando a Inglaterra e a França a enfrentarem a ditadura nazista. Getúlio Vargas, poucos dias depois, proclamou a neutralidade de nosso país, afirmando: *"Eqüidistantes de ambos os grupos pelo pensamento político, não temos, para intervir na luta, sequer justificativa de interesse econômico"*.[56]

O governo oscilava entre as duas correntes, tendo em vista os acontecimentos nos campos de batalha. De início, o eixo Alemanha, Itália e Japão parecia imbatível. Todavia, após a resistência da Grã-Bretanha e da União Soviética e a entrada dos Estados Unidos no conflito, delineou-se no horizonte a vitória da aliança antifascista.

Os Estados Unidos criaram o Plano de Empréstimo e Arrendamento, em março de 1940, a fim de permitir o fornecimento de provisões militares à Grã-Bretanha e subsequentemente à União Soviética, quando esta, em junho de 1941, foi invadida pelas tropas nazistas. Os Estados Unidos, em dezembro de 1941, são levados à Guerra, quando o Japão atacou a base de Pearl Harbour. O conflito europeu transformou-se em conflagração mundial quando a Alemanha e a Itália declararam guerra aos Estados Unidos.

No dia seguinte Getúlio Vargas reuniu o ministério para manifestar a solidariedade brasileira aos Estados Unidos. Em janeiro de 1942 realizou-se, no Rio de Janeiro, a Terceira Conferência dos Chanceleres Americanos, recomendando a ruptura de relações diplomáticas com Alemanha, Itália e

Japão. E quando do encerramento do conclave, o Brasil anunciou a efetivação imediata da decisão.

Ao mesmo tempo o governo de Vargas iniciou entendimentos com os Estados Unidos e a Inglaterra para a solução do problema da exportação de minério de ferro e de outras matérias-primas para esses dois países.[57] Imediatamente enviou aos Estados Unidos uma missão, presidida pelo ministro da Fazenda, Souza Costa, para traduzir em atos as resoluções da Conferência, no sentido da mobilização econômica do hemisfério ocidental.

As conversações em Washington conduziram à efetivação de um acordo em torno de alguns pontos. Ficou à disposição de nosso país um empréstimo de 14 milhões de dólares para reaparelhar a estrada de ferro "Vitória a Minas" e impulsionar o envio de minério de ferro para os Estados Unidos e a Inglaterra, e foi estabelecido um acordo entre o Brasil e os Estados Unidos sobre o saneamento do vale do Amazonas e o apoio à organização do Serviço Especial de Saúde (SES).

Sobre esse último ponto, posteriormente, essa contribuição na área da saúde foi estendida também a outras regiões brasileiras, entre as quais os vales do Rio Doce e São Francisco. Esse meritório trabalho foi realizado com enorme sucesso pelo SES, trabalho conjunto de sanitaristas norte-americanos e brasileiros. No caso do Rio Doce, cabe recordar que uma das dificuldades para a penetração em seu vale, como já apontamos, decorria exatamente das "febres" nos "sertões do leste" de Minas Gerais.

Dermeval J. Pimenta enfatiza a importância histórica particularmente dos seguintes pontos daqueles acordos. Em sua obra clássica sobre a história da CVRD, ele diz:

> *Entre esses ajustes, dois se destacaram, indubitavelmente, porque viriam permitir ao nosso País reincorporar ao patrimônio nacional não só as poderosas jazidas de minério de ferro de Itabira, pertencentes à companhia estrangeira Itabira Iron Ore Co., mas ainda de encampar a Estrada-de-Ferro "Vitória a Minas" por ela controlada. A exploração dessas jazidas e a exportação do minério passariam a ser realizadas através de uma companhia brasileira de economia mista. O Brasil iria explorar sua riqueza mineral de acordo com as conveniências nacionais, estreitamente entrelaçadas com a colaboração amistosa dos Estados Unidos e da Inglaterra.*[58]

Em consequência, rapidamente foram enfrentados e resolvidos diversos problemas no vale do Rio Doce. O governo brasileiro encampou a "Vitória a Minas", levou seus trilhos até Itabira, além de melhorar a ferrovia a fim de capacitá-la para transportar no mínimo um milhão e quinhentas mil toneladas por ano de minério de ferro até o porto de Vitória. Nosso governo também se encarregou de organizar as instalações desse porto, para assegurar a normalidade do embarque de minério. A Grã-Bretanha cedeu gratuitamente ao Brasil as jazidas de ferro pertencentes à Itabira Iron, exigindo em troca o fornecimento de minério de ferro em condições especiais.

No que se refere à montagem de uma grande empresa siderúrgica no país, o Eximbank já havia concedido um crédito de 20 milhões de dólares para a compra de equipamentos nos Estados Unidos. As condições desse empréstimo foram razoavelmente favoráveis ao Brasil – pagamento num prazo de 10 anos e juros de 4% ao ano.

O fato de os Estados Unidos contribuírem para a criação da Companhia Siderúrgica Nacional foi uma decorrência daquela conjuntura singular, quando aquele país necessitava do Brasil na grande aliança para vencer a Alemanha e seus aliados. Sob vários aspectos a participação brasileira era indispensável do ponto de vista militar e como fornecedor de matérias-primas, como minério de ferro, manganês, borracha, mica, cristal de rocha e outros produtos.

No seu conjunto, os denominados acordos de Washington foram de enorme utilidade para o Brasil, quando invariavelmente os Estados Unidos impediam a efetivação de projetos para a construção de indústrias de base nos países dependentes.

Notas

[1] Espindola. *Sertão do Rio Doce*, p. 285.
[2] *Idem*, p. 291.
[3] *Formação econômica do Brasil*, p. 98.
[4] Libby. *Transformação e trabalho em uma economia escravista*, p. 349.
[5] Maxwell. *A devassa da devassa*, p. 110.
[6] Dulci. *Política e recuperação econômica em Minas Gerais*, p. 72.
[7] *Apud* Melo e Castro.
[8] Iglésias. *Política econômica do governo provincial mineiro (1835-1889)*, p. 96-97.
[9] Maxwell. Obra citada, p. 113.
[10] *Idem*, p. 113.
[11] *Idem*, p. 121.
[12] *Idem*, p. 128.
[13] *Idem*, p. 127-128.
[14] Chagas. *Teófilo Otoni*, p. 157-158. A respeito das lutas do líder liberal, vide capítulo anterior deste livro.
[15] Tschudi. *Viagens através da América do Sul*, p. 213-214, v. II.
[16] Dornas. *A ferro e fogo*, p. 173 et seq.
[17] Dulci. Obra citada, p. 38.

[18] *Idem*, p. 38.
[19] *Idem*.
[20] Iglésias. Obra citada, p. 96-97.
[21] *Idem*, p. 162.
[22] *Idem*, p. 163.
[23] Matos. *Corografia histórica da Província de Minas Gerais (1837)*, p. 321, v. I.
[24] *Idem*, p. 113, v. II.
[25] Pimenta, p. 31.
[26] Calógeras. *As Minas do Brasil e sua legislação*, p. 492, v. 3. Sobre a Morro Velho, vide livro *Rio das Velhas: memória e desafios*, p. 98-117.
[27] Gomes. *História da siderurgia no Brasil*, p. 85.
[28] *Idem*, p. 46, 47 e 140.
[29] Libby. Obra citada, p. 139.
[30] Dornas Filho. *O ouro das Gerais e a civilização da capitania*, p. 137 *et seq*.
[31] Iglésias. Obra citada, p. 115.
[32] Dornas Filho. Obra citada, p. 205.
[33] Libby. Obra citada, p. 135.
[34] Baeta. *A indústria siderúrgica em Minas Gerais*, p. 77-78.
[35] Gomes. Obra citada, p. 113.
[36] Libby. Obra citada, p. 140.
[37] Dornas Filho. Obra citada, p. 206-207.
[38] CEDEPLAR, p. 66.
[39] Dornas Filho. Obra citada, p. 206-207.
[40] Calógeras. Obra citada, p. 362, v. II.
[41] Pimenta, p. 25.
[42] CVRD, 1992, p. 25.
[43] Pimenta, p. 30.
[44] CVRD, 1992, p. 31.
[45] p. 34-35.
[46] CEDEPLAR, p. 67.
[47] CVRD, 1992, p. 44.
[48] Dulci. Obra citada, p. 56.
[49] Coutinho, p. 67.
[50] CVRD, 1992, p. 34.
[51] Pimenta, p. 40.
[52] *Idem*, p. 49.
[53] Coutinho, p. 67-68.
[54] Pimenta, p. 55.
[55] Fonseca. *Amynthas Jacques de Moraes*, p. 115 *et seq*.
[56] *Idem*, p. 144, v. 3.
[57] Pimenta, p. 78.
[58] *Idem*, p. 80.

Capítulo 4
A controvérsia do aço

> Era *muito interessante a coincidência entre as posições nacionalistas e a defesa ardorosa da siderurgia a carvão vegetal.*
> CEDEPLAR

> *O uso da terra no Brasil é o debate mais sério e necessário da atualidade.*
> José Carlos de Carvalho.

As decisões do governo, decorrentes da participação do Brasil na Segunda Guerra Mundial, influíram decisivamente para traçar o destino do vale do Rio Doce. Ao mesmo tempo, evidenciou-se a possibilidade de nele se implantar uma indústria siderúrgica de envergadura, percorrendo o caminho anteriormente iniciado pelas pequenas indústrias metalúrgicas no século XIX.

Abriu-se, portanto, uma oportunidade de o vale deixar definitivamente de ser um "descaminho proibido aos que se metiam nas aventuras de ouro e diamantes", para se tornar uma região com empreendimentos vitoriosos na produção de minério de ferro e na fabricação de aço.

No vale, ressaltam-se dois fatos notáveis – o desenvolvimento da indústria siderúrgica pesada e a trajetória da Companhia Vale do Rio Doce.

Vamos examinar a primeira questão começando por um dado. A Belgo-Mineira deixou de ser a modesta usina perto da capelinha com traços orientais, dedicada à Nossa Senhora do Ó, em Sabará. Não é mais aquela empresa entrelaçada com um time de futebol – o Siderúrgica – e com um clube chamado Cravo Vermelho. Enfim, deixou de ser aquela empresa nascida em berço de ouro, retirado do aluvião, na rica Sabarabuçu do Borba Gato.

Hoje, pertencente a um conglomerado multinacional e multimilionário, a Belgo-Mineira tornou-se um marco de extraordinário significado para a criação do pólo siderúrgico em Minas Gerais. Mas também se debita a ela a responsabilidade por diversos crimes ambientais, como sua contribuição na derrubada da Mata Atlântica em terras mineiras e capixabas e sua responsabilidade na poluição do Rio Doce.

Por isso, agora, necessitamos acompanhar e entender sua atividade como mera subsidiária do mais poderoso grupo siderúrgico do mundo, a ArcelorMittal, controlada pelo quinto homem mais rico do mundo, Lakshmi Mittal.[1] Precisamos, então, saber os planos e projetos desse grupo, mesmo porque essa multinacional nada tem a ver com o Brasil, com Minas Gerais, com Monlevade ou Sabará.

Vamos devagar, porém, a fim de desvendar esse ovo de serpente, recapitulando a história.

A origem modesta da Belgo-Mineira perde-se naqueles risonhos tempos da segunda década do século XX, quando, *"em pleno fragor da primeira guerra mundial, figuras representativas dos círculos técnicos e econômicos de Minas Gerais tiveram a iniciativa de fundar a Companhia Siderúrgica Mineira"*.[2]

Esses potentados, reunidos na residência do banqueiro Cristiano França Teixeira Guimarães, delinearam o empreendimento e decidiram instalar a fábrica em Sabará. Coube aos engenheiros Gil Guatimosim e Amaro Lanari dirigirem a construção da usina e, finalmente, em 1920, o alto-forno a carvão vegetal foi inaugurado, com uma capacidade de produzir 25 toneladas diárias de ferro e aço.

Quase dois anos depois, um lance decisivo transformou a pequena usina num ramo de um grupo industrial sediado na Europa a ARBED a empresa *holding* de indústrias belgo-luxemburguesas, organizadas no fim do século XIX. Na primeira década do século XX, contando com uma participação acionária do grão-ducado de Luxemburgo, a ARBED associou-se a duas outras empresas de seu pequeno país, tornando-se um dos principais produtores de aço do mundo.

Em 1920, convidado por Arthur Bernardes, presidente de Minas Gerais, o rei Alberto I, da Bélgica, veio ao Brasil. Em Belo Horizonte foi recepcionado de forma memorável, ao ponto de sua estada na província entrar para a história, pois a jovem capital mineira viveu dias inolvidáveis. Afinal, desde o embarque de Pedro II para o exílio, pela primeira vez estava entre nós uma autêntica majestade real, considerada um herói em virtude de sua participação na Guerra de 1914-1918.

O objetivo dessa visita foi anunciado – a missão real visava a definir a participação da ARBED nas negociações para o lançamento de uma empresa siderúrgica de grande porte no Brasil. Assim, no dia 11 de dezembro de 1921, nasceu a Belgo-Mineira, com um capital inicial de 15 mil contos de réis. (A receita anual do Estado de Minas Gerais naquela época era de 60 mil contos.)

Os defensores do projeto da Itabira Iron, examinado anteriormente neste livro, atribuíram o fracasso do plano de Farquhar ao inesperado aparecimento no Brasil da ARBED, num ramo industrial e financeiro dominado por interesses da trindade Estados Unidos, Inglaterra e França.[3]

É interessante recordar a atuação dos representantes da ARBED no Brasil, porque a Belgo-Mineira enfrentou vários desafios e contratempos. Além do grande investimento inicial feito na empresa recém-instalada, muito valioso foi o *know-how* trazido por ela. Magalhães Gomes fez a seguinte análise dessa colaboração profissional.

> *É bem verdade que as usinas siderúrgicas, de onde provinham, empregavam o coque mineral. O grupo ARBED era um grupo poderoso, já com alto grau de industrialização, apesar de operar em um país pequeno. Os industriais belgas vieram com um elevado senso de progresso. Operavam, entretanto, com bastante prudência, dentro do espírito que sempre distinguiu os mineiros. Optaram antes pela segurança do empreendimento do que pela audácia. Tinham ante si um grande desafio: o desafio do carvão de madeira. Os primeiros dirigentes belgas, como os brasileiros, compreenderam que sua missão precípua, para desenvolver a siderurgia nacional, sem desprezar, é claro, o interesse da sua empresa, era desenvolver uma técnica cada vez mais aperfeiçoada de fabricar o ferro-gusa em altos-fornos a carvão de madeira e daí passar progressivamente à fabricação do aço em escala verdadeiramente industrial.*[4]

Um desses profissionais da Belgo-Mineira, o engenheiro Louis Ensch, destacou-se pela sua capacidade de comando e pela habilidade em dialogar com a liderança governamental brasileira. Chegando ao Brasil, em 1927, assumiu o cargo de diretor-superintendente da siderúrgica e desde logo demonstrou seu espírito empreendedor. Em razão dessas qualidades foi considerado como o grande responsável pelos êxitos da empresa durante muitos anos.

A fábrica de Sabará, em 1925, foi a primeira usina integrada da América Latina, isto é, produtora de laminados de aço utilizando ferro-gusa, também produzido por ela. Mas era uma usina-piloto de ensaio e treinamento, tendo em vista o audacioso objetivo de ser o ponto de partida para a montagem de um programa mais avançado – a usina Barbanson, em Monlevade. Esta foi inaugurada em 1937, quando seu primeiro alto-forno entrou em operação.

A cada ano, outros departamentos começaram a funcionar a pleno vapor: fábrica de tubos; participação acionária na CIMAF, em Osasco; controle acionário da Samitri; fundação da Cia. Agrícola e Florestal Santa Bárbara; trefilaria em Contagem, etc.

A Belgo-Mineira tornou-se uma potência no setor siderúrgico brasileiro, vencendo inúmeros obstáculos complicados, inclusive uma perigosa manobra de *dumping*, nos primeiros anos da década de 1930, como relata Magalhães Gomes.

> *Muitas das fábricas brasileiras de ferro estiveram então à beira da falência, em virtude desse "dumping" dos produtos siderúrgicos. Às vezes, o "dumping" é empregado pelas empresas ditas multinacionais para impedir que, em dado país, se crie uma indústria nacional que lhes possa fazer concorrência, fazendo com que ela se feche para evitar a falência ou se venda à empresa multinacional que provoca o "dumping".[5]*

Segundo esse historiador, na época do primeiro governo Vargas não foram tomadas medidas suficientes para defender a siderurgia brasileira contra pressões estrangeiras.

A opção pelo carvão vegetal

É indispensável assinalar as razões e consequências desse investimento belga-luxemburguês alterando o quadro e as perspectivas da indústria siderúrgica em nosso país. Terminada a Primeira Guerra Mundial, o panorama econômico e político na Europa ficou marcado por modificações relevantes.

No conflito bélico houve um desmantelamento da indústria de ferro e aço em vários países, notadamente na Alemanha, no norte da França e na Bélgica. Neste país 11 de suas maiores usinas siderúrgicas foram destruídas. Daí o empenho de grupos europeus em conquistar posições em outras partes do mundo. Esse dado veio ao encontro do interesse do Brasil de se industrializar e daí as vantagens obtidas pelo grupo belga-luxemburguês em montar uma siderúrgica em Minas Gerais.

Do ponto de vista do Brasil, o investimento da ARBED foi muito importante porque abriu caminho para o desenvolvimento de um setor industrial dominado por empresas norte-americanas, inglesas, francesas e alemãs. Para nós, o dado essencial residiu no fato de na usina de Sabará ser implantada uma tecnologia não utilizada pelas indústrias dos outros países – ou seja, o uso de carvão vegetal.

Esse foi o dado novo da usina da Belgo-Mineira, quando a indústria de ferro e aço no mundo recorria ao carvão mineral. Como o Brasil não dispõe de carvão mineral de boa qualidade, os especialistas mineiros convenceram os parceiros belgas e luxemburgueses a investirem num projeto de produzir ferro e aço com carvão vegetal.

Contudo, essa "novidade" motivou uma aguda polêmica entrelaçada com a discussão sobre a Itabira Iron. Na questão intervieram os mais conceituados técnicos do Rio de Janeiro e de Belo Horizonte, conforme nos relata minuciosamente o prof. Magalhães Gomes.[6]

Como para Minas Gerais era de fundamental importância impulsionar a indústria siderúrgica, houve consenso no estado em usar carvão vegetal. Justificava-se essa opção com a existência de grandes recursos florestais – exatamente a Mata Atlântica. Diante das objeções a essa alternativa audaciosa, promessas foram lançadas proclamando a realização de um intenso trabalho de reflorestamento. Só muitos anos depois esse compromisso foi parcialmente concretizado.

Sendo assim foi se impondo, naquele tempo, o uso de carvão de madeira na área onde existiam abundantes jazidas de minério de ferro, notadamente no vale do Rio Doce. Esse caminho foi escolhido porque o carvão desempenha simultaneamente o papel de redutor do minério de ferro e o de produtor de calor, pois a redução é processada a altas temperaturas. Segundo Magalhães Gomes, como redutor é um insumo primacial e só pode ser substituído por outro redutor.

A energia elétrica pode ter essa função. Por isso, Pandiá Calógeras, durante muitos anos, batalhou para desenvolver pesquisas sobre eletrossiderurgia e o processo de fornos elétricos. Entretanto, naquela época tais pesquisas não deram bons resultados.

O uso de carvão vegetal na siderurgia foi contestado por especialistas e por algumas entidades, como o Clube de Engenharia do Rio de Janeiro, atiçando uma polêmica durante mais de 20 anos. Conforme o estudo do CEDEPLAR, era *"muito interessante a coincidência entre as posições nacionalistas e a defesa ardorosa da siderurgia a carvão vegetal (...)"*.[7]

Em consequência do procedimento adotado pela Belgo-Mineira, assim como por outras empresas siderúrgicas mineiras, são consumidos aproximadamente 95% da produção de carvão vegetal no Brasil. Segundo o professor Álvaro Lúcio, da área de engenharia metalúrgica na UFMG, nosso país é o maior produtor mundial de carvão vegetal e, em 2004, essa produção foi de sete milhões de toneladas. Dessas, aproximadamente 60% provieram de florestas plantadas, e o restante resultou da expansão da fronteira agrícola e de desmatamentos ilegais.

Esse suprimento de carvão vegetal decorreu da utilização, em 1950, de matas nativas da Belgo-Mineira, administradas por vários empresários. A empresa já dispunha de 235.610 hectares, dois terços deles no vale do Rio Doce. Para o CEDEPLAR, *"a Belgo-Mineira comprava de terceiros mais de*

43% do carvão consumido, apesar de ter avançado sobre a maior parte das terras disponíveis entre João Monlevade e Governador Valadares".[8]

Em geral, esses "terceiros" eram e são pequenos e médios proprietários acuados pela expansão acelerada da pecuária, mas notadamente das propriedades das siderúrgicas e das madeireiras. Porque a sobrevivência dessas resulta da transformação de suas matas em carvão, vendido a grandes empresas a preços inferiores aos obtidos pelas siderúrgicas em suas terras. Essas siderúrgicas não só desmatavam suas propriedades como estimulavam terceiros a tal atividade, *"institucionalizando um mercado de carvão vegetal que produzia a preços muito mais baixos porque dependia quase exclusivamente dos custos da mão-de-obra fortemente rebaixados por estarem fora de qualquer controle legal".*[9]

Num conhecido estudo orientado pelo geógrafo Ney Strauch, sobre a bacia do Rio Doce, publicado pelo Conselho Nacional de Geografia, em 1955, houve uma análise desse processo de devastação de áreas anteriormente cobertas de mata, em razão do fornecimento de carvão para as usinas da Belgo-Mineira e da Acesita.

Nesse trabalho se lê:

> *Grande parte desta área é propriedade da Belgo-Mineira, que ao adquiri-la tinha como objetivo a utilização dessas reservas florestais. De certa forma a ocupação humana, que é bem rala, acha-se ligada a esses fatos, uma vez que os grandes latifúndios da Belgo-Mineira não são ocupados para qualquer atividade estranha à indústria extrativa vegetal. Com a devastação da vegetação, esta zona vem sofrendo continuamente a ação destruidora da erosão, que se reflete agora na dificuldade de orientar a sua economia para a lavoura ou a pecuária.*[10]

No vale do Piracicaba, o mesmo estudo afirma que foram totalmente derrubadas as matas nas bacias dos afluentes do Doce, desde Nova Era e o Rio Piracicaba até perto de Coronel Fabriciano. Nelas os dirigentes da Belgo-Mineira adotaram a política de evitar sua ocupação, com o intuito de proteger seu reflorestamento.

Nesse ponto é indispensável formular a seguinte questão: como atuavam e trabalham as siderúrgicas para garantir o fornecimento de carvão vegetal? Onde buscá-lo? Segundo o relatório do Conselho Nacional de Geografia, as indústrias siderúrgicas controlam atentamente a fabricação, a aquisição e o transporte desse insumo até as usinas. Compram de terceiros uma parte desse produto e usam o carvão nelas fabricado porque possuem propriedades com matas e capoeiras, serviço de reflorestamento, proteção contra incêndios e intrusos, etc. E adotam o sistema de corte raso da floresta em rodízio de 25 a 30 anos.

Para Strouch, a importância da industrialização do carvão supera a da produção do próprio ferro.

> *Economicamente, porque o carvão se tornou a matéria-prima mais cara (devido ao seu afastamento progressivo dos centros siderúrgicos). Socialmente, porque a derrubada e o corte da mata deram origem a uma população instável, cuja importância numérica tem escapado à investigação estatística e cuja situação econômica, social e sanitária é praticamente desconhecida. Os lenhadores e carvoeiros levam vida nômade e se deslocam de floresta em floresta, de capoeira em capoeira.*[11]

Essa advertência feita, dezenas de anos atrás, a respeito da atividade nesse setor – de lenhadores e carvoeiros – não conseguiu levar a sociedade brasileira a exigir providências para acabar com um regime de trabalho de verdadeira escravidão. A cada dia os jornais noticiam a descoberta de trabalho escravo nos grotões de nosso sertão. O estarrecedor nessa questão é a participação de empresas ricas e poderosas, e não somente de latifundiários e empreiteiros desalmados, porque há um acordo no mundo dos negócios para ser mantida a espoliação brutal de brasileiros dispostos a qualquer trabalho, para sobreviverem com suas famílias.

Comprova esse fato uma denúncia feita pelos jornalistas Dauro Veras e Marques Casara, no livro *Trabalho escravo no Brasil*. Numa matéria intitulada "Siderúrgicas se beneficiam de trabalho escravo em carvoarias na selva amazônica", se lê:

> *Esta é a ponta inicial de uma cadeia de produção que envolve, com diversos graus de responsabilidade, gigantes indústrias. Empresas controladas pelos grupos Queiroz Galvão e Gerdau são acusadas pelo Ministério Público de se beneficiarem da escravidão para produzir ferro gusa. A Companhia Vale do Rio Doce e a maior produtora de aço dos Estados Unidos, a Nucor Corporation, relacionam-se comercialmente com essas empresas. Uma atividade bilionária tem em sua base a violação dos direitos humanos.*[12]

O reflorestamento e as decisões de Vargas

Como havia o propósito de reduzir os custos para produzir carvão vegetal, depois do golpe de Estado de 1964, o governo decidiu conceder subsídios fiscais ao reflorestamento. Por isso, em consequência da Lei n. 5.106, de 1966, ampliou-se o reflorestamento em Minas Gerais porque possibilitou um abatimento de até 50% do imposto de renda das pessoas jurídicas (empresas) das inversões em reflorestamento, após a aplicação do capital.

Duas personalidades brasileiras influíram para que o governo militar adotasse tais medidas – o então ministro Antônio Dias Leite e o engenheiro Eliezer Batista, ex-presidente da CVRD e ex-ministro de Minas e Energia.

Em 1970 a legislação foi ainda mais generosa, permitindo às empresas descontarem antecipadamente o imposto de renda, realizando posteriormente o investimento. A Belgo-Mineira, no final de 1978, possuía 145.700 hectares reflorestados, sendo 43 mil hectares no vale do Rio Doce e os outros perto de Belo Horizonte e nos vales do São Francisco e do Jequitinhonha.

Anteriormente, na década de 1930, quando a Belgo-Mineira decidiu usar carvão vegetal, travava-se no país a batalha em torno da exportação de minério de ferro e a montagem de uma indústria siderúrgica de porte. Um grupo ativo pressionava em favor da Itabira Iron, a fim de acelerar a exportação de minério de ferro, mas adiava a criação da indústria siderúrgica.

Esse conflito ocorria nos bastidores e não repercutia nos jornais. Eram os anos da ditadura do Estado Novo. O Congresso Nacional estava fechado e a censura controlava a imprensa. Apenas circulavam nos bastidores informações de uma campanha pela siderurgia nacional, movimento liderado pelo engenheiro Raul Ribeiro com apoio de setores militares e relacionado com personalidades de esquerda.

Entre os assessores governamentais foi articulada uma solução para os dois problemas essenciais – o projeto da usina siderúrgica e a exportação de milhões de toneladas de minério de ferro. Mas tais questões dependiam de uma tomada de posição do Brasil diante da Guerra Mundial, desencadeada em setembro de 1939.

Tudo, portanto, seria resolvido na calada da noite por Getúlio Vargas e uma equipe de assessores, entre os quais o tenente-coronel Edmundo de Macedo Soares. A decisão foi apresentada por Vargas, como uma palavra final e irrecorrível, sob a forma de entrevista à imprensa, em São Lourenço, onde o ditador tirava férias na estância do sul de Minas.[13]

Em resumo, esse foi o posicionamento de Vargas:

1 – A Belgo-Mineira foi criticada por utilizar carvão vegetal, pois a siderurgia *"explorada nestas bases se tornará cada vez mais onerosa e precária devido ao consumo crescente das reservas florestais"*.

2 – A mesma empresa foi acusada indiretamente de ter amplos poderes na determinação dos preços no mercado dos produtos de ferro e aço.

3 – Anunciou o plano de intervenção do Estado na política siderúrgica. Em consequência foram criadas a Companhia Siderúrgica Nacional e a Companhia do Vale do Rio Doce.

Encerrando a polêmica iniciada no fim da segunda década do século XX, segundo a análise de Clélio Campolina Diniz, Vargas traçou as diretrizes da política para dois setores básicos da economia brasileira – siderurgia e mineração. Ou seja:

> *Equacionou-se o problema da exportação de minério de forma independente da siderurgia, como aliás tanto havia definido Farquhar, sob a tutela do Estado e não do capital estrangeiro. Em outras palavras, a solução foi a de Farquhar, mas no lugar do capital estrangeiro ficou o Estado.*[14]

Implementando as decisões adotadas em Washington, em abril de 1942 começou a modernização da ferrovia "Vitória a Minas" e o embarque de minério no porto de Vitória. O impacto desse pronunciamento de Vargas foi considerável, mas a Belgo-Mineira levou avante seu projeto siderúrgico usando carvão vegetal e passou a adquirir imensos latifúndios em Minas Gerais, notadamente no vale do Rio Doce.

A utilização do carvão vegetal nos altos-fornos foi crescendo em Minas Gerais a partir das primeiras fundições, procedimento que foi muito ampliado com o desenvolvimento das usinas de Sabará, de Monlevade e, posteriormente, da Acesita. Devido a isso, na década de 1950, recrudesceu a controvérsia a respeito do reflorestamento das matas nativas no mesmo ritmo do consumo de carvão vegetal pelas siderúrgicas. A solução proposta foi, então, substituir as florestas destruídas com a plantação de eucalipto, pelo fato de este possibilitar um ciclo médio de corte a cada sete anos. Essa questão foi a origem de um dos problemas ambientais mais complexos em nosso país.[15]

A indústria afirma não poder prescindir de carvão vegetal e adverte para o fato de essa produção de carvão ser a única fonte de renda de um vasto contingente de trabalhadores, na maioria de municípios pobres, onde não há outra forma de sobrevivência.

Na qualidade de engenheiro florestal e de ex-ministro do Meio Ambiente, José Carlos de Carvalho não julga acertada a condenação dessa atividade. Ele coloca o problema nos seguintes termos:

> *O uso da terra no Brasil é o debate mais sério e necessário da atualidade. Temos hoje 90 milhões de hectares de áreas desmatadas, ou 900 mil quilômetros quadrados de terras degradadas, sem qualquer aproveitamento econômico em todo o território nacional. Todavia, esse dado negativo indica que não precisamos mais desmatar florestas nativas no país. Pelo contrário, podemos dar um salto tecnológico, ambiental e social jamais possível como agora em nossa história.*[16]

Para José Carlos de Carvalho o caminho reside em deslocar o eixo da produção e do consumo atual de madeira – do uso doméstico, como lenha – ou do uso industrial para a fabricação de celulose e papel. Enfim, o novo e sustentável eixo, para o ex-ministro do Meio Ambiente, reside no aproveitamento e no crescimento das florestas plantadas.

Para alguns pesquisadores o investimento em florestas plantadas não deixa de ser um risco, em razão de contribuir para mudanças climáticas, devido à diminuição considerável do crescimento de árvores e de outras consequências negativas. Um novo fator passou a influir com força para impulsionar o desenvolvimento no Brasil da produção florestal – a utilização dos benefícios decorrentes do Protocolo de Kyoto. Ou seja, a partir da aprovação desse documento, a comunidade internacional tem intensificado o combate ao aquecimento global da Terra, problema causado pela concentração em excesso de gases (como o dióxido de carbono e metano), para reter calor, gerando o chamado "efeito estufa", acarretando problemas para a manutenção da vida neste planeta.

Sendo assim, as florestas plantadas prestam um grande serviço porque possibilitam a reciclagem de dióxido de carbono existente na atmosfera. As árvores o estocam na biomassa, sendo uma fonte de energia renovável na forma de carvão vegetal. Esse ganho ambiental pode ser vendido a investidores internacionais como "redução de emissões", a serem abatidas de suas metas no Protocolo de Kyoto.

De conformidade com o empresário Geraldo Alves de Moura,

> *(...) a partir da venda dos créditos de carbono, toda siderurgia a carvão vegetal ganha atratividade e se configura numa alternativa estratégica para que a expansão do setor no Brasil não se restrinja ao uso do coque como insumo básico, conforme a tendência atual. (...) Trata-se de uma importante fonte de recursos externos para a promoção do desenvolvimento limpo e que contribui para dar sustentabilidade a uma cadeia produtiva que tem importância estratégica para o Brasil.*[17]

No entanto, a produção de carvão vegetal e o reflorestamento com eucaliptos apresentam aspectos negativos. Por exemplo, alguns especialistas estão aprofundando pesquisas relacionadas com o elevado consumo de água na plantação de eucaliptos, causando a diminuição das nascentes e dos fluxos de água nos córregos.

São inúmeras, igualmente, as denúncias das condições de trabalho nas áreas reflorestadas em regiões distantes, onde não são respeitadas normas trabalhistas e sanitárias mais elementares. Além disso, são costumeiras as violações das medidas protecionistas das reservas florestais. Segundo uma norma do Instituto Estadual de Florestas de Minas Gerais (IEF-MG), as siderúrgicas apenas podem usar até 10% de carvão de matas nativas. Quando ultrapassam tal limite, elas pagam uma taxa de reposição, com o plantio de novas árvores ou com o pagamento de multas. Essas são utilizadas para financiar pequenos produtores, a título de incentivo ao desenvolvimento florestal.

Ademais, as autoridades travam uma batalha reiterada com pessoas e grupos, que se articulam para formar quadrilhas com o objetivo de burlar as normas de proteção das reservas florestais. São as chamadas "máfias do carvão". Em abril de 2009, por exemplo, 12 pessoas foram presas provisoriamente, em Minas Gerais, durante a Operação SOS Cerrado, desencadeada em conjunto pelo Ministério Público Estadual, pela Secretaria de Estado da Fazenda e pela Polícia Militar, a fim de desbaratar e punir um desses grupos, que foi acusado de vender carvão vegetal ilícito a indústrias siderúrgicas nas regiões norte e noroeste de Minas. Ao todo foram cumpridos também 51 mandados de busca e apreensão expedidos pela Justiça.

Em razão desses fatores é visível a preocupação das autoridades com a rapidez com que o bioma cerrado tem sido dizimado nessas regiões, afirmando que crimes desse tipo contribuem para que ele desapareça em pouco mais de 20 anos. A estimativa é que o dano ambiental ultrapasse um milhão de metros cúbicos de carvão.

Os prejuízos causados pelos produtores de carvão vegetal decorrem também de outros problemas ambientais. A derrubada de matas provoca a destruição de nichos ecológicos. Com menos pássaros há um aumento da incidência de pragas nas lavouras. O corte das árvores no topo dos morros também provoca a redução do volume d'água nos mananciais e enfraquece o solo porque este perde sua camada fértil.

Para se avaliar o volume desse comércio de carvão vegetal levado para as siderúrgicas localizadas na região de Sete Lagoas, basta citar um fato: pelo "trevão de Curvelo", ligando as BRs 040 e 135, nos anos anteriores, em certos períodos, eram parados diariamente muitas dezenas de caminhões para exame de seus documentos e de sua carga. E nessas estradas a circulação de veículos pesados continua incessante e todos eles trafegam supercarregados por assustadoras pilhas de sacos de carvão.

Todavia, como a questão ambiental envolve um problema social complexo, ainda não foi encontrada uma solução para ser atendida a exigência da conservação das matas nativas, medida indispensável à defesa das nascentes, dos córregos e de rios.

ArcelorMittal comprou a Belgo-Mineira

Nos últimos anos o panorama da indústria siderúrgica no mundo sofreu alterações substanciais, e esses fatos repercutiram no Brasil. Um dado notável foi a compra da Belgo-Mineira pela ArcelorMittal.

Essa mudança ocorreu na calada da noite, sem estardalhaço, aparecendo como uma simples transação entre empresas, sem qualquer consequência para o Brasil. Obviamente, tudo isso decorre de processos resultantes da globalização na vida econômica. Causa espanto, porém, a "naturalidade" do acontecimento, pois sequer motivou um exame de especialistas na matéria, quando essa transação pode trazer várias consequências para o país.

Deve-se analisar esse episódio no quadro da evolução da indústria de aço entre nós. Ela se desenvolveu notadamente a partir das medidas do governo Vargas, no início da década de 1940, com a organização da Cia. Siderúrgica Nacional, em Volta Redonda. A partir dos anos 1950 foram lançadas outras indústrias com forte participação estatal, como a Usiminas e a Cosipa. Posteriormente, essa trajetória foi marcada pelas alterações em nossa política econômica com as resoluções do regime militar.

A partir dos anos 1990 evidenciou-se no mundo capitalista o esgotamento do modelo de produção estatal e teve início a privatização das indústrias estatais em alguns países. Ao mesmo tempo, houve um processo de fusão entre grupos privados, nacionais e estrangeiros, possibilitando uma mudança qualitativa nas indústrias de ferro e aço no Brasil e no mundo, tendo em vista também a introdução de novos processos tecnológicos e de gestão econômica. O resultado foi insofismável. Atualmente, em nosso país a capacidade instalada da indústria de aço é de 41 milhões de toneladas por ano.

A privatização abriu caminho para a internacionalização nesse ramo industrial, nos dois sentidos. Isto é, a entrada de grupos estrangeiros na siderurgia no Brasil e a participação de empresas brasileiras em associações e empreendimentos em outros países.

Nesse quadro, houve a venda da Belgo-Mineira. Diante da crise de 1964, essa empresa reestruturou seu trabalho e ampliou consideravelmente suas atividades. Constituída em dezembro de 2005, a ArcelorMittal no Brasil reúne as mais competitivas empresas siderúrgicas do Brasil. A empresa possui três grandes linhas de produção: aços planos inoxidáveis, aços elétricos e aços planos carbonos especiais.

Entre suas iniciativas algumas se destacaram, como a fundação da Samarco Mineração S.A.; a criação da Bekaert; a aquisição do controle acionário das Indústrias Jossan, em Feira de Santana e Natal, e da Metalúrgica Norte de Minas; a participação acionária na Dedini; a compra da Mendes Júnior Siderurgia, em Juiz de Fora, etc.

Em razão desse crescimento, a Belgo-Mineira passou a ser um dos maiores grupos privados do país, desempenhando um papel decisivo na siderurgia, ao produzir aços longos sob a forma de laminados e trefilados.

Sua capacidade instalada elevou-se para 5,1 milhões de toneladas/ano de aço e 1,48 milhão de tonelada/ano de trefilados. Suas empresas possuíam, aproximadamente, dez mil empregados, distribuídos em 12 organizações, situadas em várias cidades, como Monlevade, Juiz de Fora, Sabará, Itaúna, Piracicaba, Vitória, etc.; além de controlar a Acindar, a maior produtora de aços longos na Argentina. Desenvolveu igualmente atividades nas áreas florestal e de carvoejamento, através da CAF – Santa Bárbara. Também na geração de energia elétrica seus empreendimentos tiveram êxito.

A Belgo-Mineira avançava numa rota segura, sem maiores sobressaltos, até que em 2002 foi vendida ao grupo da ArcelorMittal, o conglomerado de produção de aço mais poderoso do mundo.

Para termos uma ideia sobre esse grupo internacional, com o qual deveremos lidar em Minas e no Brasil, vejamos alguns dados. Ele assumiu uma posição de liderança com a fusão da Mittal Steel e da Arcelor, respectivamente o primeiro e o segundo maiores produtores mundiais de aço.

É um dos 50 maiores trustes do mundo e o maior do setor siderúrgico. Possui uma capacidade instalada de 130 milhões de toneladas/ano – correspondente a cerca de 10% da produção mundial de aço. Conta com fontes próprias de matérias-primas, inclusive produz 45% do minério consumido por suas unidades. Tem 320.000 empregados, possui 61 unidades industriais, localizadas em mais de 60 países. Lidera os principais mercados mundiais de aço – automobilístico, construção civil, eletrodoméstico e de embalagens. Em seus documentos, a ArcelorMittal apresenta-se como o único grupo siderúrgico genuinamente mundial, com uma posição destacada nos quatro continentes.

Seu presidente é o empresário indiano Lakshmi Mittal, considerado pela revista *Forbes* o quinto homem mais rico do mundo.

O truste no Brasil

A ArcelorMittal não é uma empresa de capital aberto e está organizada entre nós usando as seguintes denominações: ArcelorMittal Brasil, formada a partir da união dos ativos da ArcelorMittal Belgo, da ArcelorMittal Tubarão, da ArcelorMittal Vega (a velha Vega do Sul).

Hoje detém o controle acionário da antiga Companhia de Aços Especiais Itabira – Acesita, agora denominada ArcelorMittal Inox Brasil. Esta é a única usina integrada de aços planos inoxidáveis e siliciosos da América Latina, com um desempenho destacado entre os grandes produtores mundiais do setor, porque detém tecnologia na produção de aços carbonos especiais de alta liga. Lidera o mercado brasileiro em seu setor específico e exporta para dezenas de países.

Localizada no município de Timóteo, no Vale do Aço, a ex-Acesita emprega cerca de três mil pessoas e possui uma capacidade instalada para produzir 900 mil toneladas/ano de aço líquido. Possui um avançado centro de pesquisas. Cuidou do reflorestamento para a fabricação de carvão, criando uma subsidiária denominada Acesita Energética, cujas atividades se expandem para o vale do Jequitinhonha. Ali dispõe de mais de 100 mil hectares de terras, abrangendo 19 municípios mineiros, baianos e capixabas.

Em seu relatório de 2007, a ArcelorMittal do Brasil divulgou uma visão otimista a respeito da trajetória da economia no mundo e em nosso país. Como a produção de aço no ano anterior fora de 1,3 bilhão de toneladas de aço, houve um aumento de 7,5%, incremento obtido graças sobretudo ao estímulo especial das demandas chinesas.

Comentando sua atuação no Brasil, incluindo a antiga Acesita, a ArcelorMittal responde por um terço da produção de aço em nosso país. Ou seja, em 2007 sua produção de aço bruto foi de 10,825 milhões de toneladas; a receita líquida foi de 15,374 bilhões de reais, e o lucro líquido chegou a 3,32 bilhões de reais. Até recentemente ela empregava mais de 15 mil brasileiros. Nas unidades pertencentes anteriormente à Belgo-Mineira, a capacidade instalada de produção é de 5,5 milhões de toneladas/ano.

No relatório lançado em março de 2008, para os diretores do conglomerado, o quadro era promissor, e tudo indicava a possibilidade de a empresa manter o mesmo índice de crescimento de 2006. Por isso anunciaram o lançamento de vários projetos a fim de expandir as unidades do grupo. O grupo estava com perspectivas animadoras, operando a um ritmo superior a 90% de sua capacidade instalada.

Mas a crise que atingiu a economia mundial determinou uma diminuição das atividades da ArcelorMittal no Brasil. Segundo Paulo Magalhães, apenas 70% da capacidade instalada foi utilizada, e houve uma queda de preços dos produtos.

Os japoneses ganharam a disputa entre Minas e São Paulo

Em nosso país, nos idos das décadas de 1940 e 1950, reinava um clima de entusiasmo e confiança no futuro. Eram lançados grandes projetos nacionais – Petrobras, Eletrobras, Brasília, CSN, Vale do Rio Doce – e tudo fazia crer estarmos no limiar de extraordinário progresso do Brasil.

Naqueles dias emergiu com força uma polêmica entre São Paulo e Minas Gerais, essas unidades da federação disputavam a instalação de uma siderúrgica em seu território. A controvérsia indiretamente resultara do decidido por Vargas, em 1941/1942, quando foram assentados os planos da Companhia Siderúrgica Nacional (CSN). Por trás da contenda desenrolava-se um episódio da queda de braço entre São Paulo e Minas Gerais pela hegemonia do país. Mas os dois estados ficaram descontentes com a opção de Vargas de localizar a CNS em Volta Redonda, no Estado do Rio de Janeiro.

A ebulição da desavença pública chegou ao máximo quando o Instituto de Engenharia de São Paulo, em 1953, lançou a ideia da criação da Companhia Siderúrgica de São Paulo (COSIPA), argumentando ser inconcebível não se ter uma grande indústria de ferro e aço na unidade mais industrializada da federação. Por esse projeto, a nova empresa deveria ser em Cubatão, o ponto intermediário ideal para receber de Minas o minério de ferro e, de Santos, o carvão mineral importado por via marítima. O plano dos paulistas era bem estruturado. Informava como seriam obtidos os indispensáveis recursos financeiros para essa empresa. Pelo esquema previa-se a participação de empresários paulistas, do Tesouro de São Paulo, além de um substancial aporte da CSN.

Essa ofensiva paulista logo assustou círculos empresariais de Minas Gerais. Rapidamente levantou-se nas alterosas um brado de alerta contra o projeto da COSIPA. Para Francisco Magalhães Gomes, Minas Gerais *"é que deveria ser o centro da grande indústria siderúrgica nacional"*, pois os *"mineiros ainda não estavam curados do desaponto de estabelecer a C.S.N. junto às jazidas de minérios da Central do Brasil, na região de Lafaiete"*.[18]

Com a evolução dos acontecimentos, em Belo Horizonte foi desencadeada a pressão pela tese mineira, apoiada em dois fatos relevantes. Em primeiro lugar, Kubitschek era candidato na eleição presidencial e certamente apoiaria a reivindicação.

Em segundo lugar, em dezembro de 1955, a convite da Sociedade Mineira de Engenheiros, o embaixador do Japão em nossa pátria, Yoshiro Ando, visitou Minas Gerais. E, por intermédio dele, industriais japoneses manifestaram o propósito de realizar investimentos no Brasil. Ao mesmo tempo, o embaixador sentiu o inequívoco interesse das classes produtoras e dos governantes mineiros na efetivação desses empreendimentos.

Em abril de 1956 chegou a Minas Gerais uma missão japonesa, chefiada por Massao Yukawa. Após visitar várias indústrias siderúrgicas e a Cia. Vale do Rio Doce, para o chefe da missão ficou evidenciada *"a perspectiva de se abrir uma porta ao investimento de capital japonês no setor metalúrgico"*.[19]

Face ao projeto da COSIPA, os mineiros não abriram fogo contra o plano de uma indústria de aço na Pauliceia. Sua crítica limitava-se a discordar de dois aspectos da articulação, porque se previa uma elevada participação de recursos financeiros do governo federal. Ademais, conforme algumas versões, o minério de ferro destinado a Cubatão seria transportado pela estrada de ferro Central do Brasil, prejudicando as exportações de Minas Gerais para o Rio de Janeiro, pois essa linha tronco da ferrovia funcionava com enorme deficiência.

Os argumentos dos mineiros eram procedentes. Lembramos esses dados porque eles se perdem na penumbra dos tempos, quando vários fatos posteriores acabaram impondo um acordo entre a Usiminas e a Cosipa. Mas, no primeiro semestre de 1955 saía de Belo Horizonte uma cachoeira de críticas aos paulistas. Então se dizia: trata-se, pura e simplesmente, de

> *(...) criar uma espécie de filial de Volta Redonda, em Piaçagüera, em grande parte à custa do dinheiro do Governo Federal, isto é, dos contribuintes, para construir uma usina a quase mil quilômetros dos minérios, com forte agravamento das precárias condições de transporte da Central do Brasil na sua Divisão de Minas Gerais, em alarmante prejuízo para o escoamento da produção daquele Estado.*[20]

A celeuma no mundo político foi acirrada. Contudo, chegou-se a um acerto contentando os dois lados, como é dos usos e costumes em nosso país. Pelo acordo, a Cosipa receberia o minério de ferro através da Cia. Vale do Rio Doce, usando o transporte marítimo de Vitória até o porto de Santos; a Cia. Siderúrgica Nacional colaboraria com as duas empresas, Cosipa e Usiminas, em condições de igualdade, tanto na subscrição do capital como em outras questões.

Com tudo acertado entre São Paulo e Minas Gerais, prosseguiram com sucesso as medidas para a implantação da Usiminas, com significativo apoio de investidores japoneses. Assim, em 25 de abril de 1956, em Belo Horizonte, foi legalmente constituída a nova indústria de ferro e aço.

É indispensável assinalar a postura dos japoneses nessa importante transação. Um exame da evolução de seus negócios com o Brasil indica as razões desse comportamento excepcional do país dos samurais. Antes da década de 1950 os setores dominantes na economia da nação asiática ainda estavam se recuperando das consequências da Segunda Guerra Mundial. Por isso o acordo sobre a Usiminas sinalizou uma mudança na conduta dos japoneses no relacionamento econômico com outras nações.

Pode-se concluir, portanto, que o investimento japonês na Usiminas foi um episódio singular, um fato somente possível naquele exato momento. Não seria viável em anos anteriores e igualmente não ocorreria nos anos posteriores, tendo em vista a crise em que mergulhou a nação asiática.

Nos anos 1980 o panorama já não era o mesmo, pois as relações econômicas do Japão com o Brasil ficaram marcadas por discordâncias em virtude de problemas surgidos entre os dois países, notadamente a respeito de compromissos relacionados com a dívida externa brasileira. Ou seja, alguns autores atribuem essa modificação no posicionamento dos meios industriais e financeiros do país do Sol Nascente a mudanças ocorridas na vida econômica japonesa, alterações sérias prenunciadoras da crise nos anos 1990.

A siderurgia no mundo e no Brasil

Para se entender a trajetória da Usiminas deve-se atentar para a evolução da indústria siderúrgica no mundo e em nosso país. A partir da estagnação vivida por essas empresas na década de 1980, nos anos seguintes alguns fatores provocaram uma alteração significativa nesse setor. Em 1988 teve início o processo de privatização das siderúrgicas, marcando o começo da reestruturação dessas empresas, enfrentando a realidade das regras impostas pela globalização dos mercados e pelas crises. Desse modo, o panorama adquiriu novas feições: *"mais internacional, menos empregador, mais concentrado e mais adaptado às novas questões ambientais, com os investimentos voltados para plantas industriais menores e mais versáteis e com corporações detendo parcelas cada vez maiores da produção".*[21]

No imediato pós-guerra a taxa média de crescimento da produção mundial de aço bruto foi de 5% ao ano, porque a reconstrução do que fora destruído pela guerra impulsionou a atividade industrial. Mas quando se chegou à década de 1980 teve início uma fase generalizada de contenção de despesas e de redução de novos investimentos.

Essa crise acentuou particularidades específicas nos diferentes países. A indústria de aço dos Estados Unidos consolidou suas grandes empresas privadas – United States Steel, Nucor, Bethlehem Steel e a LTV. A siderurgia do Japão, controlada pelo poder estatal daquele país, fortaleceu suas empresas com grandes investimentos do sistema financeiro. Depois de várias fusões, foi criada a Nippon Steel, uma das maiores produtoras de aço no mundo. A Europa Ocidental igualmente buscou o caminho da estatização, para assegurar a eficiência da maioria de suas indústrias. Os países em desenvolvimento – na América Latina, na Ásia, na África e no Oriente Médio – também investiram em empresas estatais a fim de impulsionar seus parques siderúrgicos.

Diante desse quadro foi deflagrado um significativo processo de privatização na siderurgia mundial. Isso porque a

> *(...) predominância de estatais gerava uma certa imobilidade no mercado, além de proporcionar baixos investimentos em pesquisa tecnológica e menor velocidade na reformulação de processos produtivos e na conseqüente obtenção de ganhos de produtividade. Em tal contexto, as empresas muitas vezes atuavam segundo interesses políticos, discordantes do foco comercial. O mercado possuía, desse modo, sérios entraves ao desenvolvimento.*[22]

Na década de 1990 esses dados serviram de argumentos para impulsionar um processo mundial de privatizações. Para se ter uma ideia dessa evolução, enquanto em 1990 as empresas estatais fabricavam 60% da produção siderúrgica mundial, 12 anos depois restavam menos de 20%. A privatização contribuiu para a internacionalização do setor, fazendo cada indústria buscar produtividade e escala para alcançar vantagens competitivas.

Ficou superada a realidade existente nos séculos XIX e XX quando o poderio dos países baseava-se especialmente em sua produção de aço. Em virtude de diversos fatores, alguns países ricos começaram a transferir para outras nações setores industriais em razão do consumo exagerado de energia e de recursos naturais ou devido a grandes impactos no meio ambiente. Então, a riqueza de um país passou a resultar primordialmente de sua capacidade em agregar valor aos produtos lançados no mercado, em consequência de inovações tecnológicas.

Dois polos de concorrência tornaram-se evidentes na siderurgia: 1- a *competição por preço*, ou seja, as vantagens competitivas decorrentes dos baixos custos de mão de obra, de matérias-primas e de insumos (especialmente minério de ferro), assim como o uso maior de equipamentos modernos na produção de *commodities*; 2- a *competição por qualidade*, isto é, vantagens baseadas na pesquisa e no desenvolvimento, particularmente na fabricação de aços nobres, como sucede com as indústrias japonesas e alemãs.

Tudo isso determinou um panorama totalmente novo na siderurgia. A japonesa, conjuntamente com a alemã, assumiu a liderança internacional do setor. Desprovidos dos principais insumos para a fabricação de aço (minério de ferro e carvão mineral), os japoneses passaram a comandar o mercado pelo fato de incorporarem novas tecnologias. Outra grande vantagem foi seu elevado grau de concentração industrial. Um exemplo: a produção das cinco grandes usinas japonesas equivale a das 15 maiores usinas europeias.

Ao lado disso, ampliou-se a exigência das indústrias consumidoras no sentido de ser melhorada a qualidade do aço, enobrecendo os produtos siderúrgicos. Houve, portanto, um aumento do consumo de chapas galvanizadas e de aço inoxidável.

Como o Brasil evoluiu dentro desse quadro?

Para substituir os manufaturados fornecidos pelos países desenvolvidos, desde os anos 1940 havíamos começado o processo de criação de empresas estatais. Entre elas, destacava-se a Companhia Siderúrgica Nacional. Posteriormente foi iniciada a montagem da Cosipa e da Usiminas. Em 1966 o Brasil tornou-se o maior produtor de aço da América Latina e, em 1973, foi organizada a Siderbrás, *holding* estatal encarregada de controlar e coordenar nossa produção siderúrgica.

Esse processo de estatização era inevitável. Nos anos 1980, em nosso país a crise da dívida externa e o declínio da demanda interna de aço impossibilitavam investimentos na modernização das siderúrgicas, distanciando-as dos padrões internacionais de qualidade, produtividade e competitividade. Nossa siderurgia possuía um dos menores custos operacionais do mundo na produção de aços planos, resultante dos baixos custos de mão de obra e da excelente qualidade de nosso minério de ferro. Esse diferencial de custos salariais poderia ser maior se a produtividade da mão de obra brasileira não fosse a menor entre os grandes produtores mundiais de aço.

Recordo o generalizado apoio dado pelos setores influentes na sociedade, em São Paulo e Minas Gerais, aos planos de lançamento da Cosipa e da Usiminas. Mas, transcorridas duas décadas, evidenciou-se como muitas empresas estatais geravam entraves ao desenvolvimento da economia.

> *Influenciado por decisões políticas, o controle do Estado reduzia a velocidade da resposta e a liberdade das empresas em relação às exigências do mercado e às mudanças do ambiente. De maneira geral, os investimentos em pesquisa de novas tecnologias de produtos e processos feitos pelas empresas eram insuficientes. Elas tornaram-se lentas, desatualizadas ou até mesmo obsoletas tecnologicamente, pouco racionalizadas e pouco eficientes em custo, pois muitas vezes eram protegidas por mercados fechados.*[23]

Esses fatores pressionaram uma modificação estrutural na siderurgia brasileira, acompanhando uma tendência mundial – a da transformação generalizada das empresas estatais em empresas privadas. Devido a isso, a privatização alastrou-se, combinando a desestatização com a abertura para o exterior das siderúrgicas e a desregulamentação da atividade econômica. Assim, "*a experiência brasileira na década de 90 reproduziu um padrão observado em diversos países latino-americanos e de outras partes do mundo, bem de acordo com o figurino do chamado consenso de Washington*".[24]

O processo de privatização ocorreu em duas etapas: a primeira teve início em 1988 com o plano de saneamento do Sistema Siderbrás promovendo privatizações de menor porte; a segunda etapa aconteceu no período de 1991/1993, quando foi lançado o Programa Nacional de Desestatização, privatizando as outras estatais.

Enfim, a privatização foi o principal elemento de mudança na estrutura do setor, sendo significativas as vendas de grandes estatais ao setor privado, atingindo as seguintes empresas: Usiminas, Cosipa, Piratini, C.S. Tubarão, Acesita, Açominas, além da Cia. Siderúrgica Nacional (Volta Redonda).

Em 1993 as empresas estatais, com capacidade para produzir 19,5 milhões de toneladas de aço (70% da produção nacional), foram privatizadas. Entre

1994 e 2004, as siderúrgicas investiram 13 bilhões de dólares, dando prioridade à modernização tecnológica das usinas. Em 1999 a produção de aço no Brasil era de 25 milhões de toneladas e atualmente é de 33 milhões de toneladas. O sistema financeiro brasileiro teve uma participação destacada nesse processo porque era diretamente interessado nas trocas de "moedas de privatização" por ativos reais. Essa atuação dos bancos lhes proporcionou abundantes lucros e o mesmo sucedeu com os fundos de pensão. Resta a destacar o apoio extremamente valioso do Banco Nacional do Desenvolvimento Econômico e Social (BNDES) como agente da privatização e, posteriormente, como financiador dos projetos de expansão e reestruturação das empresas siderúrgicas privadas.

Em geral, os resultados financeiros dos leilões não corresponderam ao desejado pelo governo, pois o ágio entre o preço de venda e o preço mínimo foi muito baixo. Além disso, as moedas utilizadas nos leilões sofreram um deságio ao redor de 50%; assim, os adquirentes pagaram muito menos do que o Estado desejava receber por elas. A Receita recebeu apenas cerca de cinco bilhões de dólares pela venda dessas empresas ao capital privado. Daí a procedência de acerbas críticas à privatização formuladas na época por Aloysio Biondi e outros especialistas.

No entanto, do ponto vista exclusivo do desenvolvimento capitalista, havia justificativas para essa privatização. O fato é assinalado por Maria Lúcia A. de Andrade e outros autores, que afirmam que a

> (...) privatização permitiu o fortalecimento da siderurgia nacional, com importantes benefícios para as empresas, as quais se libertaram de interferências políticas e restrições comerciais, administrativas e financeiras. Podem ser citados os expressivos ganhos em termos de rentabilidade, com a redução de custos e o aumento da produtividade, e outras vantagens, como a possibilidade de realizar novos investimentos (inclusive com o apoio do BNDES), visando a reduzir a defasagem tecnológica existente (...).[25]

Nos últimos anos uma série de medidas governamentais permitiram a desregulamentação e maior liberdade nos fluxos do comércio de bens e de tecnologia. De um modo geral, essas medidas de liberalização foram implantadas no plano macroeconômico, afetando na prática toda a indústria. No caso da siderurgia, as medidas mais importantes foram a liberalização do comercio internacional de bens, a incorporação de tecnologia, a eliminação do controle de preços, o aperfeiçoamento da legislação portuária, etc.

Mas uma visão crítica desse processo não pode limitar-se a fatos exclusivamente relacionados com o desenvolvimento capitalista ocorrido na siderurgia brasileira. Um erro grave residiu no desencadeamento de um procedimento sem levar em conta uma necessidade fundamental – o estabelecimento de normas legais para resguardar os interesses nacionais e os direitos dos brasileiros no comportamento da indústria de aço.

Assim como existem na legislação brasileira dispositivos assegurando direitos de consumidores (como a proibição dos cartéis de eliminar a concorrência entre produtores), deveríamos introduzir em nossa legislação dispositivos garantindo a defesa dos interesses nacionais, assim como direitos de brasileiros, no caso de haver uma violação causada, de forma direta ou indireta, por subsidiárias de empresas estrangeiras.

Reafirmamos nossa política de um entrosamento cada vez maior com o mercado mundial. Todavia, é inaceitável o Brasil se transformar numa "colônia" de grupos internacionais. Atualmente, em razão do entrelaçamento mais acentuado nas atividades econômicas, serão cada vez maiores as possibilidades desses conflitos. Veja-se, por exemplo, a controvérsia na bacia do Rio Uruguai, entre a Argentina e o Uruguai, sobre a construção no território deste país de uma grande fábrica de celulose e papel. Outro exemplo nos é dado por Rubens Ricupero. Segundo este eminente diplomata e pesquisador, na região fronteiriça dos Estados Unidos com o México há um conflito provocado por uma empresa norte-americana. Esta, embora atuando no país vizinho, se recusa a cumprir uma lei ambiental mexicana.

Conclui-se, portanto, frente a novas realidades no relacionamento econômico, comercial e financeiro entre os países, que problemas novos demandam um *aggiornamento* no Direito Internacional Público e Privado.

Essas profundas modificações na indústria de aço no Brasil e no mundo decorreram do predomínio incontrastável das teses do neoliberalismo na segunda metade do século XX. Neste início de um novo século vive-se uma profunda crise econômica internacional que adquiriu grande profundidade em virtude da adoção sem reservas das teses do neoliberalismo, tais como a privatização das empresas estatais.

A criação do sistema Usiminas

Depois da acirrada disputa inicial que durou quase meio século, entre São Paulo e Minas Gerais, em maio de 2005 foi concluído o acordo entre a Usiminas e a Cosipa, para a organização do sistema Usiminas. Hoje, ele é o maior complexo siderúrgico de aços planos da América Latina e um dos 20 maiores do mundo. A Usiminas lidera o sistema, formado por empresas siderúrgicas e em negócios onde o aço tem importância estratégica. Atualmente o sistema está empenhado em sua atuação no mercado de capitais e no comércio internacional.

A Usiminas foi criada em abril de 1956 como uma empresa estatal, mas dispondo de apoio do capital japonês e de sua tecnologia industrial. Dois anos depois, em 1958 tornou-se uma *joint venture*, com a participação de capital estatal – dos governos japonês, brasileiro e mineiro –, permitindo um novo estilo de gestão compartilhada nos moldes seguidos pela iniciativa privada. Em outubro de 1962, o presidente da República, João Goulart, inaugurou a Usina Intendente Câmara, em Ipatinga. No mesmo dia ela começou a produção industrial.

A Usiminas desempenha um papel básico, ficando responsável pelo fornecimento de aço para a indústria naval, automobilística e a construção civil. Em 1971 sua capacidade de produção foi de um milhão de toneladas anuais de aço e, no fim dessa década, produzia 3,5 milhões de toneladas anuais. Portanto, nos anos 1970, cresceu de forma rápida, mas na década seguinte, quando o Brasil enfrentou uma inflação acentuada e outros problemas, a empresa foi obrigada a ajustar-se a esse quadro conturbado, procurando implantar tecnologias mais avançadas.

Na década de 1990 foi a primeira estatal privatizada e essa condição lhe permitiu um investimento superior a dois bilhões de dólares, possibilitando tornar-se uma siderúrgica de ponta na produção de aços nobres. Em outras palavras, para aumentar o valor agregado no mercado, seus dirigentes decidiram melhorar a qualidade de sua linha de produtos.

Em agosto de 1993 houve a privatização da Cosipa. No mês de maio de 2005 foi concluída a operação de fechamento de seu capital e ela ficou como subsidiária da Usiminas. Uma só diretoria dirige o sistema, cuja capacidade de produção é estimada em 9,5 milhões de toneladas de aço por ano. O sistema participa em diversas empresas, tanto as controladas como as coligadas em setores estratégicos, tais como:

- Logística: Usifast, MRS Logística, Rio Unidos Transportes e terminais portuários de Praia Mole (ES) e Cubatão (SP);
- Estamparia e bens de capital: Usiminas Mecânica e Usiparts;
- Distribuição e serviços: Fasal, Rio Negro, Dufer, Usial, Usiroll e Unigal.

A Usiminas anunciou em 2005 sua participação, em conjunto com o grupo Techint, na empresa Ternium, destinada a controlar as empresas Siderar (na Argentina), Sidor (na Venezuela) e Hylsamex (México). Esta empresa tem uma capacidade instalada de 12 milhões de toneladas de aço por ano.

Sua produção de aço em 2007 chegou a nove milhões de toneladas e seu plano era produzir 14,1 milhões de toneladas de aço em 2012, com a construção de uma nova usina na região de Ipatinga.[26] Também em 2007, a empresa adquiriu a mineradora J. Mendes, com uma produção de seis milhões de toneladas de minério de ferro, e comprou a Siderúrgica Oeste de Minas e a Global

Mineração. Segundo seus diretores, em 2007 a Usiminas *"atingiu o segundo maior lucro líquido da história da companhia, R$ 3,2 bilhões, um aumento de 26% ante o ano anterior"*.[27] O crescimento do valor da Usiminas é impressionante. Esse valor era calculado em 393 milhões de dólares em 2002. Não por acaso, foi a quinta maior empresa do mundo geradora de lucros para os acionistas.[28]

A pressão das siderúrgicas para ampliar suas jazidas de minério de ferro está ajudando a elevar os preços das mineradoras disponíveis no mercado. Ademais, estão preocupadas com o fato de 70% da produção de minério de ferro estarem sob o controle da BHP Billiton, da Vale e da Rio Tinto.

No fim de 2006 havia no sistema Usiminas 39.329 empregos diretos, incluindo a MRS Logística e a Ternium. Uma das consequências da privatização das siderúrgicas estatais no Brasil foi a redução de pessoal. A Usiminas foi um caso atípico pela manutenção do número de funcionários. Um segundo impacto para o setor foi a diminuição da despesa financeira por parte das empresas, quando esse exagerado encargo era uma deficiência estrutural da siderurgia brasileira. Outro resultado interessante foi a mudança do regime de preços no setor. No processo de venda da Usiminas, o governo federal anunciou a liberação dos preços do aço, depois de uma recuperação da defasagem estimada em 40%. Por fim, ficou ressaltado como em geral as empresas privatizadas ganharam maior agilidade administrativa.

Uma avaliação da trajetória da Usiminas impõe a necessidade de se levar em conta dois caminhos para o desenvolvimento da siderurgia no mundo e no Brasil. Ou seja, o das usinas integradas e o das semi-integradas. O primeiro empreende a fabricação de aço a partir da redução do minério de ferro; enquanto o segundo, o das semi-integradas, produz aço a partir de um estágio mais avançado da transformação do minério, baseando seu processo em ferro-gusa, ferro-esponja ou sucata de aço. É o caminho das *minimills,* utilizando fornos elétricos.[29]

Em novembro de 2007, o parque produtor de aço brasileiro era um dos mais modernos do mundo, administrado por sete grupos empresariais, com 25 usinas, sendo 11 integradas e 14 semi-integradas.

Questões não resolvidas

A Usiminas é a mais produtiva siderúrgica do Brasil, com padrões operacionais próximos aos índices internacionais. No entanto, classificada na categoria de empresa tecnologicamente avançada, é acusada de ser responsável por diversos impactos no meio ambiente.

O controle ambiental efetuado por ela avançou nos últimos anos, porque tomou algumas providências para diminuir a poluição da bacia do Rio Doce.

Entre essas medidas, implantou a estação de tratamento de efluentes na unidade de galvanização eletrolítica e da forjaria, fazendo o mesmo em relação às águas pluviais e ao tratamento biológico da coqueria.

Essa evolução não resulta totalmente de decisões reclamadas pelas autoridades estatais. Na verdade a pressão do movimento ecológico, no plano nacional e internacional, acarretou uma preocupação crescente das empresas com riscos negativos para sua imagem institucional, provocando a perda de mercados.

Apesar dos esforços das empresas em controlar a poluição hídrica, segundo o estudo realizado pelo CEDEPLAR, dados de instituições governamentais indicam como *"a qualidade ambiental das águas do Piracicaba piorou nos últimos dez anos"*.[30]

A empresa é prejudicada em razão de sua própria estrutura tecnológica, ao utilizar um equipamento elevando sua produtividade, exatamente a coqueria, porque mantém os mais altos níveis de poluição para os parâmetros de fenóis e de amônia. Esse fato também está relacionado com a laminação a frio, procedimento para ampliar o valor agregado de seus produtos. Em outras palavras, a adoção de tecnologias para incrementar a escala da produção e para o enobrecimento da linha de produtos acarreta a utilização de processos altamente poluentes.

Como a Usiminas tem uma participação de 64% na produção total das siderúrgicas no Vale do Aço, ela responde por uma parcela muito significativa nos poluentes lançados nas águas do Piracicaba.

Devido à natureza de suas tecnologias e de suas linhas de produtos, sendo mais poluentes do que as outras indústrias siderúrgicas localizadas na região, a Usiminas e a Acesita deveriam gastar em tecnologias antipoluição um percentual maior em recursos relacionados com os benefícios adicionais auferidos por adotarem processos mais poluentes. No entanto, de conformidade com o documento do CEDEPLAR, *"tanto a legislação como os procedimentos de monitoramento parecem pouco adequados a captar e interpretar os reais impactos ambientais dessa indústria para o rio e para as populações que dele se beneficiam"*.[31]

Na trajetória da Usiminas aparecem claramente suas resistências em atender aos pleitos de medidas para combater a poluição do Rio Piracicaba. Essa realidade é bem descrita no trabalho do CEDEPLAR.[32] Durante os primeiros tempos de Ipatinga, havia uma interferência direta da Usiminas na cidade. Mas desde a emancipação do município, a prefeitura ficou nas mãos de políticos ligados à empresa ou a duas famílias tradicionais proprietárias de terras na região. Havia, portanto, um vazio institucional causado pela presença da empresa como agente tutelar da sociedade civil. Talvez devido a esse fato os movimentos sociais surgiram na cidade, no final da década de 1970, a partir da ação da Igreja Católica.

No caso específico do movimento sindical, a empresa sempre resistiu à presença de um sindicato autônomo e forte. O primeiro episódio de transformação dos conflitos de classe, latentes na luta sindical aberta, foi durante o chamado *massacre de 63*, considerado o mais importante episódio da luta política em Ipatinga. A causa imediata desse acontecimento foi relacionada com os maus-tratos no tratamento dos operários. Entretanto, suas causas estruturais eram mais profundas e decorriam de problemas relacionados com a qualidade de vida no núcleo urbano.

Os acidentes no trabalho eram trágicos e frequentes, e não havia para eles estrutura de prevenção adequada. As condições de trabalho, de alimentação, de moradia dos operários eram sub-humanas. Tudo isso gerava revolta e movimentos grevistas, notadamente nas empresas que prestavam serviços à Usiminas. Em 7 de outubro de 1963 houve uma intervenção policial, utilizando o uso de metralhadoras. Esse conflito ficou conhecido como o massacre de Ipatinga. O terror permaneceu por vários dias e até hoje não há informações sobre os operários que desapareceram devido a morte ou devido a fuga.

Os agentes coletivos atuantes no conflito ambiental foram a Comissão de Divulgação do Relatório do Centro Tecnológico de Minas Gerais (CETEC), as Conferências Municipais de Meio Ambiente e o Conselho Municipal de Defesa do Meio Ambiente (CODEMA). Esses agentes compunham o campo de alianças ambientais, em razão de seu amplo espectro de instituições participantes. Foram se aglutinando a partir do caldo de cultura criado pelos embates anteriormente acontecidos.

A origem desses fatos decorreu de um processo de organização comunitária e sindical durante aproximadamente duas décadas, partindo de um acúmulo de contradições na cidade e da atuação de religiosos ligados à Teologia da Libertação. Tal organização, iniciada na década de 1970, atingiu seu ponto alto na segunda metade da década de 1980.

Ao mesmo tempo ocorreu uma mudança no panorama sindical em Ipatinga. Surgiu a Oposição Sindical, filiada à CUT, dotada de expressiva visão trabalhista e com uma orientação política de esquerda. Sem espaço de luta no interior da usina, a aliança entre essa Oposição e os movimentos sociais urbanos possibilitou a vitória do Partido dos Trabalhadores na eleição do prefeito de Ipatinga em 1988. Encabeçavam a chapa vencedora do pleito os defensores no movimento operário de um comportamento crítico diante da empresa.

O aparecimento da questão ambiental, na pauta de lutas no sindicato, foi uma decorrência do importante papel desempenhado por algumas pessoas na definição das políticas públicas ambientais em Ipatinga, no período de 1988-1996 e na constituição da ONG ambientalista "SOS Piracicaba". O conflito em torno da poluição atmosférica teve início nos primeiros tempos da administração petista na prefeitura com a divulgação da pesquisa realizada pelo CETEC sobre a realidade ambiental no Vale do Aço.

A pesquisa foi contratada pelas prefeituras de Ipatinga e Timóteo, e sua ênfase residia na apuração dos níveis de poluição industrial (atmosférica, hídrica e dos solos) e de seus efeitos na saúde da população, quando ficaram evidenciados níveis muito altos de poluição atmosférica.

A divulgação pelo CETEC dos resultados da pesquisa foi feita em um seminário aberto ao público. Depois do seminário foi instituída uma Comissão de Divulgação do Relatório, formada por representantes das prefeituras, câmaras de vereadores e dos movimentos sociais de Ipatinga e Timóteo. O objetivo da comissão era traduzir os índices de poluição em informações de fácil entendimento para a população. Conseguiram assim popularizar os dados do relatório, e tal mobilização foi responsável pela criação do CODEMA de Ipatinga e pela realização de duas conferências municipais de meio ambiente. Elas definiram as diretrizes e prioridades da política pública de meio ambiente do município.

Simultaneamente, optou-se por levar o embate com a empresa ao COPAM/FEAM procurando participar das discussões sobre o Termo de Compromisso da Usiminas com esses órgãos governamentais. Nas discussões sobre esse documento a empresa saiu vitoriosa numa primeira fase, tendo assinado um documento não submetido à opinião da prefeitura e da sociedade civil de Ipatinga.

Mas, numa segunda etapa, o jogo se inverteu. Além disso, o COPAM designou a prefeitura de Ipatinga como fiscal do cumprimento do Termo de Compromisso. A polêmica em torno dos índices de dióxido de enxofre foi a grande questão não resolvida.

A Usiminas não assume a existência do conflito, considerando os acontecimentos aqui relatados apenas como *questões técnicas*, sem impacto nas relações da empresa com a sociedade civil e com a prefeitura. Ela se baseia na tese de ser uma indústria limpa e moderna, construída ao longo dos anos considerando as indicações da *cultura Usiminas*. No entanto, os ambientalistas assumiram o conflito como tal, dando-lhe caráter indiscutivelmente político.

Os principais desdobramentos políticos dessas divergências foram um processo de avanços e retrocessos no estabelecimento de políticas de defesa do meio ambiente e na atuação de agentes ambientalistas. Agora, porém, eles são reconhecidos como parte legítima na fiscalização das obrigações estabelecidas no Termo de Compromisso, documento assinado pela Usiminas.

Nas últimas décadas os movimentos de defesa do meio ambiente pressionaram com força as empresas atuantes no mercado internacional, no sentido de atenderem às exigências dos pleitos dos ambientalistas. As empresas começaram a correr riscos de perderem vantagens comparativas no duro jogo no intercâmbio comercial. Em outras palavras, conforme esclarece o estudo do CEDEPLAR,[33] *"a gestão ambiental em empresas é utilizada em muitos casos que nada têm a ver com a proteção do meio ambiente e sim com o comércio".*

Um exemplo dessa questão reside nas normas e nos procedimentos adotados para a concessão às empresas do certificado de qualidade ambiental ISO 14000, baseado nas exigências da norma ambiental britânica denominada BS 7750.

No entanto, qual o valor do ISO 14000? Na verdade, é uma coleção de cerca de 500 documentos, cujo tempo de elaboração, em empresas de médio porte, dura um ano a um ano e meio, prestando informações sobre o desempenho de determinada empresa em relação a impactos hídricos, atmosféricos e ruídos, além de objetivos para a redução dos poluentes. *"Essa certificação, contudo, não atesta a qualidade ambiental do produto ou do processo 'stricto sensu'. Significa apenas que a empresa localizou seus problemas e possui um plano de melhoria contínua."*[34]

Assim, para o CEDEPLAR o certificado é só uma carta de intenções, incentivando a permanência de tecnologias obsoletas ao não atribuir a devida importância à necessidade de mudanças tecnológicas, questão básica quando se examina a poluição ambiental. Apesar disso, o certificado ISO 14000 é apresentado por setores empresariais como a solução de problemas ambientais de suas empresas.

Ao lado desses aspectos, cumpre assinalar o seguinte dado positivo: no caso de esse certificado conseguir sistematizar a gestão ambiental nas empresas, será possível materializar a preocupação com o meio ambiente, dentro da lógica econômica, além de obrigar o setor empresarial a tratar dessas questões com maior atenção.

Então, o interesse de empresas – como a Usiminas – com a obtenção de um certificado ISO 14000 deriva também do entendimento de seus dirigentes da importância com as preocupações ambientais existentes em outros países, uma vez que seria um retrocesso calamitoso a diminuição de suas exportações para o mercado mundial. (A Usiminas, nos últimos anos, exportou cerca de 25% de sua produção.)

Afinal, quem controla a Usiminas?

Começamos este capítulo relembrando a trajetória da Usiminas e sua origem, quando imaginávamos uma pujante produção de aço em Minas

Gerais e no Brasil. Relatamos também como em São Paulo surgiu o plano para a formação da Cosipa e como a disputa entre os dois estados teve como resultado a estruturação de um sistema proporcionando o entrosamento do trabalho fabril em Ipatinga e Cubatão.

A seguir, enfatizamos como na década de 1950, quando as instituições financeiras norte-americanas e europeias se recusaram a colaborar para a montagem da usina de Ipatinga, foi essencial a participação de capitais japoneses, sob a liderança da Nippon Steel. Recordamos a obtenção de recursos da CSN, da CVRD, do BNDES e outros acionistas. Com a privatização da Usiminas, em 24 de outubro de 1991, ela tornou-se uma empresa de capital aberto, com ações negociadas nas bolsas de valores de São Paulo e Madri, no balcão em Nova Iorque (OTC) e na American Depository Receipts (ADR).

O capital social da Usiminas foi dividido em 225.285,820 ações, sendo 50% ordinárias (votantes) e 50% ações preferenciais. Até recentemente, os principais acionistas do grupo eram a Nippon Usiminas Co. (19,4%), a Caixa dos Empregados da Usiminas (13,2%), Camargo Correa (7,6%), Votorantim (7,6%), Bradesco (2,6%) e Sudameris (1,9%), compondo o bloco de controle, além da Vale (23%) e da Caixa de Previdência dos Funcionários do Banco do Brasil – Previ (14,95%).

O site da Usiminas, em março de 2008, deu uma informação a respeito dessa estrutura (acionistas votantes). Bloco de controle: Grupo Nippon (24,7%); Caixa dos Empregados da Usiminas (10,1%); Grupo V/C (23,1%) e Vale (5,9%). A Previ detém 10,4% das ações ordinárias e 25,7% pertencem a outros acionistas. Naturalmente, a divergência nessas duas informações decorre da permanente alteração no jogo de compra e venda de ações nas bolsas de valores e em transações particulares.

Todavia, houve um fato excepcional registrado pela imprensa: uma decisão da diretoria da Vale de se afastar da Usiminas. No dia 27 de maio de 2008, *O Estado de S. Paulo* divulgou um comunicado da diretoria da Vale informando sobre a venda de 5,89% das ações ordinárias da CSN, *"participação avaliada em cerca de R$ 1,3 bilhão"*.

A notícia deu alguns dados sobre as razões do procedimento da mineradora, esclarecendo como é sua norma ingressar no mercado siderúrgico para alavancar vendas de minério de ferro; por isso, vinha pressionando a Usiminas para construir uma nova usina siderúrgica no país. No entanto, como havia resistência desta empresa a esse projeto, *"em novembro de 2006, a Vale reduziu sua participação na Usiminas, quando possuía 22,9% do capital ordinário, comentando que a intenção era ganhar poder de fogo (sic) para forçar uma mudança estratégica na principal produtora de placas de aço no país"*.

Na mesma matéria jornalística foi mencionado o fato do então presidente da Vale, Roger Agnelli, haver cobrado, meses depois, *"mais agressividade"* da Usiminas, na compra de ativos e no processo de internacionalização da empresa. No entanto, a tese da Vale foi rechaçada no Conselho de Administração da CSN. Textualmente foram apontados os responsáveis pela derrota dessa proposta: *"Foi barrada pelos japoneses. Fazem parte do grupo a Nippon, com 21,6%, a Mitsubishi, com 1,5% e a NSC, com 1,7%".*

A Vale acrescentou outras justificativas para se retirar da CSN. Revelou seu descontentamento face à política da siderúrgica de se verticalizar, adquirindo empresas de mineração em Minas Gerais, a fim de garantir seu próprio fornecimento, diante dos sucessivos aumentos de preço de minério fixados pelas grandes exportadoras, inclusive a Vale. Ademais, para a Vale essa divergência não foi um fato novo e inesperado, pois anteriormente ela havia contratado um banco para vender sua participação na CSN, *"exatamente por estar descontente com o ritmo da companhia".*

A réplica surgiu dias depois, no Primeiro Encontro Nacional da Siderurgia, no Rio de Janeiro, tendo sido apresentada pelo ex-presidente da CSN, o engenheiro Rinaldo Campos Soares. Segundo ele *"a Usiminas foi a única siderúrgica no Brasil que fez realmente todos investimentos que deveriam ser feitos".* Wilson Brumer, presidente do Conselho de Administração da CSN, reforçou também a atitude da empresa ao proclamar como um fato consumado sua política da verticalização; em outras palavras, a entrada desta empresa no setor de minério de ferro.

Transmitindo o ponto de vista da CSN, simultaneamente seus porta-vozes trouxeram à baila um dado essencial, relacionado com os preços do minério de ferro. Argumentaram como a Vale vinha reajustando os preços do minério – entre 65% e 71% – seguindo um histórico de bases elevadas de aumentos, iniciado em 2005, com inéditos 71,5%. Ou seja, para a empresa de Volta Redonda o conflito foi causado pelos preços do minério vendido pela Vale.

Esse entrevero foi uma oportunidade magnífica para as principais figuras relacionadas com a produção de aço no Brasil desvendarem uma realidade não apresentada claramente diante do público. Afinal, o "segredo é a alma dos negócios".

Endossando os argumentos da CSN, logo se pronunciou o senhor José Arnaldo Campos, um executivo do maior grupo mundial da indústria de aço – a ArcelorMittal. O presidente do BNDES, Luciano Coutinho, aproveitou o ensejo para defender o ponto de vista do governo federal. Para ele, a *"implementação dos investimentos de recursos na indústria de aço tem sido lenta, em comparação com a agilidade produtiva da indústria consumidora de aço, como o setor de bens de capital, automotivo e de construção civil".*

A tréplica foi dada por Roger Agnelli com um argumento de peso, ao fazer um paralelo sobre as margens de lucro da mineração e do setor metalúrgico, formulando a seguinte pergunta: *"Onde está a maior margem [de lucro] hoje? Nos 50 dólares, 60 dólares ou 70 dólares do minério ou nos 100 dólares, 200 dólares ou 300 dólares da siderurgia?".*[36]

Essa disputa acabou terminando com o agravamento da crise internacional, que acabou forçando essas grandes empresas a um acordo em fins de abril de 2009. Conforme noticiou a imprensa,[37] depois de dez anos de litígios, a Vale e a CSN colocaram um ponto final na disputa em torno da mina de Casa de Pedra, de onde foram extraídos, em 2008, 17 milhões de toneladas de minério de ferro.

Para encerrar a batalha, a Vale abriu mão de pedir ressarcimento em dinheiro pela perda do direito de preferência sobre o minério de ferro excedente, produzido pela mina da CSN. Em contrapartida, a mineradora firmou um contrato de fornecimento à empresa de Volta Redonda de três milhões de toneladas de pelotas até 2014.

Essa briga, porém, trouxe uma revelação importante. Foi exatamente uma afirmação do ex-presidente da Cia. Vale do Rio Doce, quando declarou sem rebuços sobre quem havia rechaçado a proposta de a CSN construir uma nova siderúrgica no Brasil. Para Agnelli, o veto foi dos japoneses, vale dizer, *"do Grupo Nippon, majoritário no capital ordinário [da Usiminas], com a participação de 24,7%, sobre a estratégia da empresa".*[38]

Esse detalhe crucial, apresentado por alguém que conhece por dentro os bastidores da grande empresa, confirma o juízo sobre quem hoje formula a palavra final nas decisões do sistema Usiminas-Cosipa: *os investidores japoneses, aglutinados pela Nippon Steel.* Portanto, o Brasil não mais controla o sistema Usiminas.

Uma transação decisiva consolidou o controle do sistema da Usiminas pelos japoneses. A informação foi veiculada pela imprensa.[39] Sem alarde, a tão comentada venda da fatia acionária da Vale na Usiminas para a siderúrgica Nippon Steel foi formalizada por cerca de R$ 600 milhões no dia 19 de fevereiro, durante a divulgação do balanço financeiro de 2008. A cifra correspondia a menos da metade do que a Vale esperava arrecadar quando anunciou a operação, em março de 2008.

Na época, a fatia da Vale correspondia a R$ 1,3 bilhão, mas após as turbulências que abalaram o sistema financeiro, as ações da siderúrgica brasileira despencaram nas bolsas de valores, refletindo a perspectiva neste ano de menor demanda por aço no mundo. Com essa transação, a Nippon, que já fazia parte do bloco de controle da Usiminas, elevou sua participação acionária de 23,3% para 29,2%.

A conclusão a se tirar desses dados é elementar – desapareceram os sonhos daqueles que batalharam pela criação de uma poderosa indústria brasileira de aço. *Depois de tantos anos de luta, apenas abriram caminho para quem tem força e poderio no mercado internacional. Entregaram a um grupo japonês uma indústria de aço moderna e bem equipada.* Assim, melancolicamente, parece haver chegado ao fim uma grande ilusão.

A crise mundial e a hora da verdade

A vida dá voltas surpreendentes. Desde setembro de 2008, quando no mundo somente se falava nos incríveis êxitos econômicos, vieram à tona os impasses nos Estados Unidos. Então, teve início o *tsunami* na economia. E uma desgraça puxa outras desgraças em todos os países, em todos os setores da vida econômica, pois nenhum deles consegue escapar do retrocesso. Assim a produção mundial de aço despencou.[40]

Em outubro já não foi possível esconder os dados sobre a necessidade de medidas para serem enfrentadas as dificuldades na economia mundial, uma catástrofe de largas proporções. Em 5 de novembro de 2008, o *Financial Times* publicou a seguinte notícia: *"A ArcelorMittal afirmou que vai cortar a sua produção em 35% devido à menor demanda mundial e à queda nos preços do aço"*. O jornal inglês divulgou um pronunciamento do presidente da empresa, Lakshmi Mittal, transmitindo sua análise do quadro internacional: *"A crise na economia chegou até nós muito mais rapidamente do que qualquer um esperava. Estamos enfrentando uma situação que o mundo não vê desde os anos 30"*.[41]

Em novembro daquele ano o maior grupo siderúrgico do mundo anunciou um programa de desligamento voluntário envolvendo até nove mil empregados, ou seja, 3% da força de trabalho mundial da empresa.[42] Roger Agnelli endossou sem reservas as decisões tomadas pelos dirigentes internacionais da ArcelorMittal. *"Ninguém tem condições hoje de negociar nada"*, disse. *"Como é que eu vou querer que ela honre contratos agora? Onde ela vai pôr o minério?"*.[43]

A UNCTAD entendeu que a recuperação mais rápida dos países em desenvolvimento, especialmente da China, é que iria abrir caminho para o retorno da demanda mundial para os níveis de pré-crise. É nesse cenário que são estabelecidas as negociações entre as siderúrgicas internacionais e as grandes mineradoras. Os projetos para ampliar a extração e o beneficiamento de minério de ferro estão localizados principalmente na Austrália, que disputa com o Brasil a posição de maior vendedor para a China.

Tudo está a indicar, portanto, não o fim da crise internacional, pois os problemas na economia são generalizados no mundo. Cerca de mil pessoas da Bélgica e da França, funcionários da ArcelorMittal, atacaram a sede da companhia, no dia 12 de maio de 2009, durante o encontro anual de acionistas, detonando bombas de fumaça e abrindo à força a porta principal, para protestar contra demissões e a paralisação da produção.

No Brasil, a partir de fins de 2009 a indústria começou a intensificar os ajustes. Uma análise objetiva sobre o panorama da indústria de aço foi apresentada pelo vice-presidente executivo do Instituto Brasileiro de Siderurgia (IBS), Marco Pólo de Mello Lopes, ao declarar:

> *O setor nunca viveu um momento como este, mesmo em grandes crises, como a de 2001. Normalmente um mercado compensava o outro. Se a demanda doméstica não era suficiente, a indústria siderúrgica redirecionava a produção à exportação e vice-versa. Este ano não há compensações. Enquanto outros países recorrem a medidas para inibir importação de aço, o Brasil mantém o benefício da alíquota zero de importação para muitos produtos.*[44]

Roger Agnelli sondou o presidente da República sobre a possibilidade de modificações nas leis trabalhistas. Lula negociou e se esfalfou pedindo aos brasileiros que aumentem o consumo a fim de as fábricas voltarem a produzir. Ao mesmo tempo o governo tomou medidas para diminuir temporariamente impostos de alguns setores industriais. E pressionou o sistema bancário para diminuir os juros e os *spreads*.

O governo brasileiro aumentou a alíquota do Imposto de Importação para sete tipos de aço. Os produtos, que desde 2005 entravam no Brasil com alíquota zero, passaram a ser taxados em 12%, no caso de seis tipos de chapas e bobinas a quente, a frio e chapas grossas de aço-carbono.[45] Essa medida resultou do fato de os preços de aço produzido no Brasil serem 20% mais altos do que os dos produtos importados. Mas alguns deles chegam até a serem 45% mais caros no mercado interno.[46] No entanto, essa diferença de preço acentua-se ou diminui em decorrência da cotação cambial da moeda brasileira. Ao mesmo tempo repercutiu nos meios econômicos uma afirmação da Usiminas, veiculada na imprensa, denunciando a prática de *dumping* pela China no comércio de aço.

Essa decisão sobre as taxas de aço estrangeiro contrariou as posições das autoridades brasileiras sobre a adoção de medidas de caráter protecionista para enfrentar a crise econômica internacional. Assim, comprovou-se a impotência de um governo como o nosso diante da calamidade que atormenta o mundo. Na verdade, o próprio governo norte-americano encontra-se em situação semelhante.

Notas

[1] Lakshmi Mittal tem uma fortuna estimada em 10,8 bilhões de libras. O jornal calcula que, com a crise, Mittal foi o que mais perdeu: em 1908 detinha 16,9 bilhões de libras (*Folha de S.Paulo*, 26 abr. 2009).

[2] Dornas Filho. *O ouro das Gerais e a civilização da capitania*, p. 184.

[3] Veja-se o capítulo do livro de Amynthas J. Moraes, intitulado – "Farquhar derrotado por um rei – herói".

[4] Gomes. *História da Siderurgia no Brasil*, p. 190-191.

[5] *Idem*.

[6] *Idem*, p. 162.

[7] CEDEPLAR, p. 68.

[8] *Idem*, p. 69.

[9] *Idem*, p. 97.

[10] Strauch. *A bacia do Rio Doce*, p. 41.

[11] *Idem*, p. 97.

[12] Apud *Observatório Social em Revista*, jun. 2004, Florianópolis.

[13] Trecho dessa declaração está no terceiro capítulo deste livro, no item "A polêmica da Itabira Iron".

[14] Diniz. *Estado e Capital Estrangeiro na Industrialização Mineira*, p. 56.

[15] No livro *Os descaminhos do São Francisco*, p. 134 *et seq.*, fiz um resumo desse problema. Pelo fato de examinar minuciosamente esse tema e por não ser necessária qualquer atualização da matéria, transcrevo aqui apenas trechos.

[16] Note-se que Minas Gerais é a unidade da federação com o maior número de florestas plantadas do país, ocupando uma área de 1,6 milhões de hectares. *JB Ecológico*, 4 nov. 2004

[17] Geraldo Alves de Moura, diretor do Grupo Plantar, documento datilografado.

[18] Gomes. Obra citada, p. 304.

[19] *Idem*, p. 311.

[20] *Idem*, 7/11/08.

[21] Andrade; Cunha; Gandra. *Reestruturação na Siderurgia Brasileira*, p. 3.

[22] *Idem*, p. 8.

[23] *Idem*, p. 7.

[24] Pinho; Silveira, *Economia e Sociedade*, p. 81

[25] *Idem*, p. 10

[26] *O Estado de S.Paulo*, 9 jul. 2008.

[27] *Folha de S.Paulo*, 28 mar. 2008.

[28] *O Estado de S.Paulo*, 3 fev. 2008.

[29] Andrade; Cunha; Gandra. Obra citada, p. 14.

[30] CEDEPLAR, p. 289

[31] *Idem*, p. 297.
[32] *Idem*, p. 493 *et seq*.
[33] *Idem*, p. 501.
[34] *Idem*, p. 502.
[35] *O Estado de S.Paulo*, 4 jun. 2008.
[36] *Idem*, 25 abr. 2009.
[37] *Idem*, 27 maio 2008.
[38] *Idem*, 4 mar. 2009.
[39] *Idem*, 28 abr. 2009.
[40] *Idem*, 6 nov. 2008.
[41] *Idem*, 20 mar. 2009.
[42] *Idem*, 28 nov. 2008.
[43] *Idem*, 5 abr. 2009.
[44] *Idem*; 9 maio 2009.
[45] *Idem*, 6 jun. 2009.
[46] *Idem*.

Capítulo 5
Trajetória e desafios da Vale

> *Pode-se dizer que a Vale não é uma estatal,*
> *mas é uma empresa pública, uma vez que*
> *grande parte do seu capital é público.*
> O Estado de São Paulo, 10/10/07

Criada pelo Decreto-Lei n. 4.352, pelo presidente Getúlio Vargas, em 1º de junho de 1942, a trajetória da Vale é uma história de sucesso e crescimento rápido. Hoje ocupa a posição de maior produtora e exportadora de minério de ferro no mercado mundial. Em 2007, em 65 anos de vida, produziu 2,96 bilhões de toneladas de minério de ferro. Em 2010 teve um lucro de 30 bilhões de reais.

É uma empresa internacional com ações cotadas nas bolsas de valores dos mais importantes países. Suas atividades desdobram-se numa participação excepcional em diversos segmentos da economia: na exportação de manganês, de ferroligas e de outros minérios não ferrosos; no setor de alumínio (bauxita, alumina e alumínio primário); destaca-se nas operações portuárias e no trabalho de pesquisa mineral.

Depois de adquirir a INCO, a Vale é a maior contribuinte para a balança comercial brasileira. Opera em mais de nove mil quilômetros da malha ferroviária e possui dez terminais portuários; é a mais importante investidora em logística no país, sendo responsável por 16% da movimentação de cargas no Brasil; atua nos cinco continentes e está presente em 14 estados da federação nacional.

Como um conglomerado de empresas basicamente voltadas para o comércio mundial, seu desempenho é dependente do mercado externo. Aproveitou o desenvolvimento desse mercado nas últimas décadas, mas passou por dificuldades nas fases de queda nos preços de minério de ferro e na produção de aço. (Logo após o fim da Segunda Guerra Mundial e no período de 1960/1972 e entre os anos 1985/1987.) Ademais, a deflagração da crise mundial, em setembro de 2008, atingiu profundamente a Vale. Foi obrigada a suspender a execução de dezenas de projetos e a dispensar milhares de trabalhadores.

A Vale participou do grupo inicial de empresas estatais cujo impulso criador estava inserido no projeto de desenvolvimento da nação brasileira, quando a mineração, a siderurgia e o petróleo foram transformados em atividades básicas na estratégia do país. Por isso e outros fatores desfruta de largo prestígio entre os brasileiros e enfrenta a cobiça de concorrentes na arena mundial.

Na década de 1920 aconteceram diversos movimentos sociais e políticos prenunciadores de uma transformação significativa no Brasil. Um conjunto de fatos tornou inevitável a revolução de 1930. Naturalmente, tudo isso sofria uma visível influência do panorama além de nossas fronteiras, em razão da Primeira Guerra Mundial e de profundas modificações em muitos países. Havia o grande impacto da revolução na Rússia, lançando, com seu exemplo, um chamamento em favor de um novo regime social no mundo.

A Vale resulta, então, de uma confluência de movimentos em defesa dos interesses nacionais, centralizados precisamente em temas econômicos, notadamente no pleito da industrialização. Esse anseio era sintetizado nas questões da siderurgia, da exploração das riquezas minerais e na pesquisa e produção de petróleo. Tais pressões resultavam no inconformismo reinante no Brasil, explicitado na atuação de grupos militares, no surgimento de um sindicalismo atuante, assim como na ação de lideranças nos meios políticos e empresariais endossando teses nacionalistas.

No início do século XX as questões da siderurgia e da exploração de minério de ferro naturalmente emergiram entrelaçadas. Mas vários fatores naquela época impossibilitaram a montagem no Brasil de uma usina siderúrgica. Tais dificuldades foram assim recordadas:

> *As reservas de minério conhecidas – em Minas Gerais e Mato Grosso – encontravam-se a grande distância, não apenas dos depósitos de carvão-de-pedra situados no Rio Grande do Sul e Santa Catarina, como também dos mercados potenciais de consumo (Rio de Janeiro e São Paulo). O alto custo do transporte ferroviário, a precariedade e a insuficiência de estradas de ferro e a qualidade do carvão nacional constituíam outro rol de problemas que, aliados ao tamanho limitado do mercado interno, à falta de capital para investir, à inexistência de uma política tarifária adequada, e ainda a existência de tarifas especiais que facilitavam a importação da Europa, principalmente da Grã-Bretanha, formavam o cenário para a baixa atratividade do setor.*[1]

Por tudo isso é que os planos e sonhos acalentados por alguns pioneiros – como o engenheiro alemão Franz von Varnhagen, o barão Wilhelm von Eschwege, o Intendente Câmara e Jean Antoine Felix D. de Monlevade – somente depois de um século foram concretizados.

Sendo assim, setores influentes na opinião pública propunham utilizarmos nosso cacife – minério de ferro de excelente qualidade – para erguermos uma siderúrgica de porte no Brasil. Ao lado disso, a vitória das teses nacionalistas e a implantação desse ideário só teria sucesso imediato com a entrega dessa responsabilidade diretamente ao governo brasileiro.

Luciano Martins, de maneira sucinta, apresentou as razões que historicamente condicionaram as iniciativas pioneiras da organização da Petrobras e da Vale. Ou seja, em primeiro lugar, a consciência para a necessidade de exercer o controle nacional sobre recursos estratégicos do país (caso do petróleo). Em segundo lugar, a efetiva incapacidade do setor privado brasileiro e o desinteresse do capitalismo internacional em realizar empreendimentos dos quais dependia o avanço posterior de nosso sistema produtivo (caso da siderurgia). Ademais, o financiamento externo para obras de infraestrutura exigia uma contrapartida de recursos em moeda nacional, que só o governo podia reunir.[2]

Diante desses fatores tornou-se imperiosa a criação de empresas estatais, notadamente a Vale, a Cia. Siderúrgica Nacional e a Petrobras, além de órgãos institucionais encarregados de traçar as diretrizes da política oficial nas principais áreas da economia.

Desde a fase exuberante da mineração de ouro e diamantes, no século XVIII, a exploração de nossas riquezas minerais era a grande meta dos colonizadores portugueses. Depois da Independência, essas atividades continuaram tendo relevância em Minas Gerais, pois, com total apoio das autoridades federais, grupos estrangeiros dedicaram-se à pesquisa e à extração de ouro. Recorde-se, para exemplificar, a exploração centenária das jazidas de Morro Velho, em Nova Lima, de Passagem, em Mariana, e de Gongo Soco, em Barão de Cocais.

Do ponto de vista legal, o quadro era simples na primeira fase republicana. Pela Constituição da República em vigor, em seu artigo 17, os proprietários de terras (isto é, do solo) possuíam também a propriedade do subsolo e dos minérios ali existentes. Portanto, nenhuma restrição havia às atividades de empresários estrangeiros na mineração. Daí a relevância da mudança constitucional, idealizada e articulada por Arthur Bernardes, proibindo aos estrangeiros a posse e a exploração de jazidas e minas em nosso território.

Na década de 1930, Marta Zorzal e Silva indica como

> (...) *o debate sobre o regime legal das minas assumiu o primeiro plano da agenda e se constituiu num dos aspectos mais importantes da*

> legislação nacionalista adotada pelo governo. Associada ao desenvolvimento da siderurgia, a questão da exploração das reservas minerais se articulou com a percepção do atraso do desenvolvimento econômico do País. Como tal, a siderurgia foi considerada como o problema mais grave a impedir o desenvolvimento (...).[3]

Essa historiadora acentuou o significado desse ideário ao afirmar que o desenvolvimentismo

> (...) como ideologia ordenadora das percepções, no pós-guerra, produziu o substrato que deu sentido e continuidade à estratégia desenvolvimentista implementada. Isso, apesar de o período ter sido coberto por coalizões governamentais que a princípio se poderia esperar que encaminhariam orientações díspares.[4]

Essa percepção refletia a política predominante nos países mais desenvolvidos do mundo e influenciou uma parcela ponderável da elite dirigente do Brasil, porque a Segunda Revolução Industrial colocara o aço no centro do processo de industrialização, estimulando a busca de jazidas de minério de ferro. Em consequência, entre os países produtores de aço desenrolava-se uma disputa acirrada em torno do minério de ferro e do carvão. Essa foi a justificativa do XI Congresso Internacional de Geologia, conclave realizado em Estocolmo, em setembro de 1910, organizado para examinar as possibilidades da ampliação da pesquisa de minério de ferro no mundo.

> O Brasil, representado por Orville Derby, apresentou um relatório do Serviço Geológico e Mineralógico do Brasil, elaborado por Gonzaga de Campos, no qual as jazidas brasileiras eram nominalmente citadas, potencialmente avaliadas e cuidadosamente localizadas no mapa de Minas Gerais.[5]

Devido aos trabalhos realizados pelo Serviço Geológico e Mineralógico do Brasil (SGMB), sob a direção de Luiz Felipe Gonzaga de Campos, o engenheiro inglês Murley Cotto obteve a opção de compra de uma área de 76.800 quilômetros quadrados em Itabira, contendo reservas de minério de ferro calculadas em um bilhão de toneladas. Logo a seguir, formou-se em Londres a Brazilian Hematite Syndicate para a exploração dessas jazidas de alto teor em ferro e ínfimo teor em fósforo.

Dermeval José Pimenta relata alguns dados sobre o desenrolar das transações em torno dessas jazidas de Itabira. Um sindicato distribuiu curioso prospecto em Londres, em 1909, oferecendo a venda de suas ações nos seguintes termos:

> Devemos assegurar o nosso futuro adquirindo em países amigos, como o Brasil, reservas que valorizarão com o tempo. ("Vinho em

> *pipa"*, *era a expressão.) Dentro de algumas dezenas de anos, as jazidas do Rio Doce poderão valer milhões de vezes o preço pelo qual poderíamos adquiri-las hoje, e o Império Britânico disporá da maior reserva de ferro do mundo. Se cada banqueiro, cada industrial, cada inglês, despender sem esperanças de remuneração imediata, algumas libras para adquirir ações do sindicato que acabamos de fundar, ficará assegurado o futuro da siderurgia britânica. A subscrição foi coberta várias vezes.*

Aquelas áreas de Itabira, compradas de fazendeiros brasileiros por 200 contos de réis, proporcionaram aos organizadores do sindicato 500 mil libras, *"o que naquela época representava fortuna sobremodo valiosa"*.[6]

O jornalista Mauro Santayana apontou uma evidente irregularidade da mineradora ao construir seu império entre nós. Foi a transferência de milhões de hectares à propriedade dos acionistas estrangeiros da empresa, mediante a venda no exterior dos títulos da Vale, quando a legislação impede a alienação de mais de dois mil hectares a alienígenas sem a anuência oficial do governo brasileiro.

Conforme mostramos anteriormente, no terceiro capítulo deste livro, esse grupo inglês, possuidor das jazidas de Itabira, procurou resolver a questão do transporte do minério de ferro até Vitória. Adquiriu o controle da maioria das ações do projeto da estrada de ferro "Vitória a Diamantina", porque o governo federal havia aprovado o novo traçado da ferrovia, resolvendo direcioná-la para Itabira.

Em contrapartida, entre outras obrigações, as autoridades federais brasileiras exigiram a construção de uma usina siderúrgica capaz de produzir no mínimo mil toneladas de produtos de ferro bruto. Simultaneamente foi organizada na Inglaterra a Itabira Iron Ore Company Limited, com o capital social constituído pelos bens possuídos pelo sindicato.

Em 1911 essa empresa recebeu autorização para funcionar no Brasil e assim teve início uma pendência famosa. Ela se prolongou durante três décadas, até a negociação dos "Acordos de Washington", envolvendo figuras eminentes da presidência da República, do governo de Minas, entre lideranças expressivas no Congresso Nacional e nos jornais mais influentes no país, além de personalidades destacadas nos meios empresariais brasileiros e naqueles países diretamente interessados na produção de aço. Em linhas gerais, esse foi o grandioso e histórico *affaire* da Itabira Iron.

A criação da Vale e suas dificuldades iniciais

Em 1941, a Guerra tornou-se mundial com a entrada dos Estados Unidos no conflito desencadeado na Europa. Anteriormente, já havia uma evolução dos entendimentos entre o Brasil e os Estados Unidos. Em 1939, Oswaldo

Aranha, ministro das Relações Exteriores, manteve contatos com a United States Steel, então a maior produtora de aço do mundo. Ela demonstrou seu interesse em colaborar com o governo brasileiro na montagem da primeira usina a coque no país. No ano seguinte, pela Comissão Executiva do Plano Siderúrgico Nacional, foi traçado o plano dessa empresa para produzir 300 mil toneladas de aço. Após longa negociação com os Estados Unidos, o Brasil obteve um empréstimo de 20 milhões de dólares a fim de adquirir a maquinaria. Em 9 de abril de 1941 houve a fundação da Companhia Siderúrgica Nacional e nesse mesmo ano começou a construção da fábrica.[7]

Em janeiro de 1942 as nações americanas aprovaram os princípios da Carta do Atlântico, assinada pelos Estados Unidos e pela Inglaterra. Logo a seguir o Brasil rompeu relações diplomáticas com os países do eixo Roma-Berlim-Tóquio. Simultaneamente, nosso governo firmou uma política de cooperação econômica com os Estados Unidos. Para tanto, foi enviada a esse país uma missão presidida pelo ministro da Fazenda, Souza Costa, para estabelecer um acordo de colaboração em função da Guerra. Sobretudo pretendia-se conjugar esforços para explorar recursos naturais, notadamente minério de ferro. Essa era uma questão básica porque havia a necessidade de ampliar a produção de aço. Tais acertos, em março de 1942, foram os denominados "Acordos de Washington". Os Estados Unidos concederam, por intermédio do Eximbank, um financiamento de 14 milhões de dólares para viabilizar a exportação de minério de ferro, e a Inglaterra concordou em transferir para o governo brasileiro, sem qualquer ônus, jazidas minerais pertencentes à Itabira Iron, assim como à ferrovia em construção.

Essa nacionalização de uma empresa britânica foi realizada com total apoio dos ingleses, tendo em vista a necessidade destes de garantir a produção de material bélico. Em contrapartida, o Brasil assegurou o fornecimento de minério de ferro ao Reino Unido a um terço do preço vigente no mercado internacional.

Assim nasceu a Vale, tendo como objetivo imediato remodelar e concluir a ferrovia, aparelhar industrialmente a extração de minério em Itabira e reestruturar o porto de Vitória. Todas essas providências eram indispensáveis para garantir a remessa de um milhão e meio de toneladas anuais de minério de ferro para os Estados Unidos e a Inglaterra. Esse acordo com os Estados Unidos foi de extrema valia para o Brasil porque possibilitou a organização de uma empresa dedicada à exportação de minério de ferro em grande escala.

A montagem da Vale demandou esforços extraordinários para cumprir as exigências impostas pela Guerra. A ferrovia em construção era precária e precisava ser remodelada e equipada. Além de dificuldades materiais, segundo Dermeval Pimenta, surgiram questões relacionadas com recursos financeiros, pois foram negociadas sem a existência de um projeto técnico dimensionando as reais necessidades do investimento.

Em 11 de janeiro de 1943 foi realizada a assembleia de constituição da Vale para aprovar os estatutos e a composição da diretoria. De conformidade com as decisões tomadas em Washington, dois representantes do Eximbank foram designados para a direção da empresa, além dos técnicos indicados pelo governo brasileiro, entre os quais o engenheiro Israel Pinheiro, escolhido por Vargas para presidir a companhia.

As primeiras atividades da Vale foram concentradas na ferrovia, pois, de conformidade com um relatório da empresa, naquele primeiro ano houve 100 descarrilamentos de comboios. Ao lado disso, foi penoso contratar trabalhadores em razão de as obras atravessarem áreas muito insalubres.

A epopeia vivida por centenas de operários, abrindo o caminho, construindo pontes e assentando os trilhos, onde reinavam as febres, foi registrada num magnífico livro de memórias de Ceciliano Abel de Almeida. Em agosto de 1905, ele assumiu um posto de engenheiro na "Vitória a Minas", para explorar, locar e construir a ferrovia na mata, nas margens do Rio Doce, onde vagavam os índios de diversas tribos. Seu livro é um relato fiel dos tormentos dos trabalhadores e das incríveis dificuldades para devassar a Mata Atlântica e ultrapassar aquela área pantanosa e cheia de obstáculos.

Um exemplo de sua descrição:

> *Dia a dia se multiplicam os acessos de sezões que avassalam aqueles infelizes da turma renovada. Havia noites em que o delírio simbolizava o paroxismo em seus sofrimentos e, quando a aurora rasgava, embora trôpegos, até à barranca do Cuieté se deslocavam alguns, que encorajados aguardavam os raios do sol.*
>
> *Na picada já se esvaiu a alegria dos trabalhadores. Até o desafio na derribada de uma árvore, caprichando cada qual em chegar primeiro ao âmago do tronco, já se evadiu. A imaginação dos parceiros andeja indiferente, não se esvoaça como os anofelinos quando, sequiosos, procuram sugar o sangue de suas vítimas e inocular-lhes o germe da malária que os apatifa na ocasião dos acessos.*
>
> *Os emigrantes terão um dia monumentos em diversos pontos do país, que comemorarão o início de suas atividades na terra, que os recebeu com carinho e que é a pátria de seus descendentes, mas os desbravadores dos sertões, os exploradores das riquezas ocultas, os jornaleiros das vias de penetração, que enfrentaram endemias, embora brasileiros, serão lembrados apenas nos discursos*

> *improvisados por oradores, que tocados de inspiração transitória dirão, conforme a inauguração do empreendimento, frase como esta: "contai, meus senhores, os dormentes deste trecho de estrada que se inaugura, hoje, e ficai certos de que o número que encontrardes será superados pelo dos trabalhadores enterrados no limiar de suas barracas miseráveis". (...) E esta será a homenagem única àqueles que ensejaram aos colonos o estabelecimento na gleba brasileira.*[8]

Enquanto era travada essa guerra de vida e de morte, no vale inóspito, no Rio de Janeiro e em Washington a peleja era entre os diretores da nova empresa brasileira e as autoridades ianques. Além de problemas materiais, como os advindos da construção da ferrovia, no pós-guerra logo ficaram evidentes as contradições de caráter político, decorrentes do fato de na direção da Vale participarem dois representantes do Eximbank. Estes defendiam os planos da indústria de aço dos Estados Unidos e de empresas que forneciam equipamentos para a ferrovia e para instalações portuárias em Vitória. Daí os atritos com os outros diretores da Vale, que defendiam os objetivos do governo brasileiro em relação ao papel a ser desempenhado pela "Vitória a Minas".

No curso da conflagração bélica os pleitos dos Estados Unidos decorriam de imposições da guerra. Todavia, após a derrota do eixo Roma-Berlim-Tóquio, sobressaíam reivindicações do *establishment* econômico norte-americano. Por isso, na leitura da correspondência, publicada no livro de Dermeval Pimenta – entre o presidente da empresa naquele período e as autoridades brasileiras – fica ressaltado o fato de que os Estados Unidos pretendiam assumir o comando e o controle da mineradora.

Por isso o Eximbank pretendia modificar a direção da Vale. Obviamente, por trás desse banco norte-americano atuava a United States Steel, pois ela desejava investir na mineração em nosso país. As gestões e controvérsias eram acompanhadas de perto pela embaixada dos Estados Unidos no Rio de Janeiro. O impasse terminou somente em fevereiro de 1950, quando o Eximbank retirou seus representantes na direção da Vale, declarando sua intenção de não mais se representar na administração da empresa.

Nessa disputa acirrada houve franco respaldo do alto escalão do governo Dutra às exigências dos norte-americanos. Os desentendimentos entre os organizadores da Vale e a equipe do presidente Dutra não resultavam de divergências sobre os princípios implantados na organização da nova companhia. Na verdade, os choques afloravam em consequência de a Vale não haver recebido recursos iniciais suficientes para garantir sua existência.

Num retrospecto sobre os atropelos vividos pela Vale, de 1946 até fevereiro de 1950, ao acompanharmos os detalhes do "diálogo entre surdos" do principal executivo da Vale, Dermeval Pimenta, com dois ministros do governo Dutra – inicialmente, Gastão Vidigal e depois Correia e Castro –, verificamos que a sobrevivência da mineradora correu sério risco.

Tudo isso sucedeu nos primeiros anos da Vale, quando os recursos financeiros para os investimentos e as despesas normais da empresa estavam esgotados. As possibilidades de a empresa gerar receita própria eram mínimas. Além de ser destinada a um mercado de preços negociados, sua produção esteve muito abaixo da meta prevista da exportação de 1,5 milhão de toneladas anuais. Em 1943 foi de apenas 62.928 toneladas de minério de ferro; no ano seguinte chegou a 127.194 toneladas; em 1945, a Vale apenas embarcou pouco mais de cem mil toneladas. Contudo, neste ano, os Estados Unidos e a Inglaterra diminuíram sua demanda em consequência do fim do conflito militar.

A difícil situação financeira da Vale começou a ser modificada a partir de fevereiro de 1948, quando o governo brasileiro autorizou o aumento do capital da empresa e recebeu, em agosto do mesmo ano, um empréstimo do Eximbank. Com isso os programas de obras foram retomados e verificou-se uma recuperação da demanda de minério de ferro e de seus preços internacionais, a partir de 1950, com o início da guerra na Coreia.

Todavia, para vencer as adversidades, foi indispensável uma ampla mobilização política, dando à companhia um papel de articulador e aglutinador de ações em sua defesa. Daí a conclusão de Marta Zorzal e Silva: *"No caso da Vale, os mecanismos criados moduralam definitivamente os contornos da autonomia política, gerencial e financeira da empresa, assim como (...) o espaço de manobra que garantiria a consolidação de sua força política"*. Numa fase posterior, *"a resultante viabilizou a materialização de uma tecnoburocracia empresarial altamente ciosa na busca de soluções próprias para os problemas de crescimento da Vale e por uma visão particular dos rumos que deveria seguir o desenvolvimento capitalista brasileiro"*.[9]

Características básicas da Vale

Analistas assinalam alguns traços essenciais marcantes no desempenho da mineradora. *A primeira delas é a relativa autonomia gozada pela empresa no panorama das instituições estatais brasileiras.*

Contribuiu para isso o dado de a Vale atuar no mercado internacional, em que há relativa autonomia dos que pretendem uma posição consolidada nesse cenário, mas não podem ser usadas práticas vigentes no mercado brasileiro, como, por exemplo, o clientelismo.

Desde o início a equipe dirigente da Vale implantou regras, numa autorregulação própria, porque lidava com a inexistência de normas traçadas pelo governo. A conquista e a consolidação dessa autonomia relativa – um fato raro no aparelho estatal brasileiro – foram bem explicados por Eliezer Batista. Para ele, desde sua origem a Vale foi criada para gerar divisas e esses foram os seus objetivo. Acrescentou: *"tivemos de tomar conta de nós mesmos"*, por ser uma das primeiras empresas brasileiras a atuar no mercado internacional funcionando como uma empresa competitiva, porque nunca teve a mentalidade de receber subsídio.[10]

A segunda característica decorre de ela haver sido criada em razão de uma conjuntura singular naquela Guerra Mundial. Ou seja, sua existência teve origem *"no pacto político articulado em torno de Getúlio Vargas"*, de acordo com os países interessados nos recursos minerais brasileiros, mostrando *"a forma como o Estado interveio quando estavam em jogo questões consideradas fundamentais à construção da autonomia nacional".*[11]

No pós-guerra houve dois elementos integrantes dessa conjuntura: o *nacionalismo*, como ideologia articuladora das representações sociais, e a *ação política dos grupos técnicos civis e militares*, elementos-chave na direção do desenvolvimento capitalista brasileiro.[12]

Entre as primeiras empresas estatais brasileiras, apenas a Petrobras, a CSN e a Vale apresentavam esta blindagem política, essa capacidade de enfrentar crises, no quadro da conturbada evolução da vida política em nosso país. Contrastando, assinale-se o fracasso de importantes empresas desaparecidas no sorvedouro político, como a Fábrica Nacional de Motores, a Cia. Nacional de Álcalis, a Rede Ferroviária Federal e outras.

Nesse pacto político, na Vale houve convergência de correntes *desenvolvimentistas* e setores tradicionais da vida nacional, fortes principalmente em Minas Gerais. No entendimento desse fator, é indispensável acentuar o papel desempenhado por algumas instituições relacionadas com a mineração, notadamente a Escola de Minas de Ouro Preto, fundada em 1876.

Os técnicos nela formados realizaram pesquisas de jazidas minerais, notadamente minério de ferro, mas também de carvão, manganês, ouro, bauxita, cristal de rocha, nióbio, etc. Ao lado disso, os geólogos e engenheiros educados em Ouro Preto foram o suporte técnico da política mineral do país, a partir da Comissão Geológica, criada em 1906. Também eles foram os autores dos planos das primeiras indústrias siderúrgicas instaladas em Minas Gerais no século XX.

Uma terceira característica básica decorreu do fato de ela, no curso de poucas décadas, haver se tornado um bolsão de eficiência e ser respeitada por essa qualidade, dentro do vasto e complexo aparelho estatal brasileiro.

Impressiona a todos o reconhecimento público da competência, do sucesso comprovado e da lisura dos seus dirigentes, quando são constantes e reiteradas as acusações de ineficiência do poder público no Brasil. Entretanto, em determinadas épocas, ocorreu um empreguismo injustificado de ex-oficiais do Exército em funções na empresa, o que sempre deu margem a comentários desairosos para a companhia. No máximo, aqui ou ali, a respeito dela apenas apareceram discordâncias eventuais sobre uma ou outra medida tomada pelos seus diretores.

Críticas abertas e sistemáticas contra a empresa somente surgiram naquela fase inicial, quando ela engatinhava, conforme já mostramos. Porém, muitas vezes, em regiões onde a companhia atua, setores sociais reclamam de seu insatisfatório apoio a pretensões regionais. Mais adiante analisaremos esse dado negativo.

Lidando com uma montanha de recursos financeiros, respeitada nacional e internacionalmente, a Vale jamais foi utilizada em negócios escusos, ou em transações discutíveis. Essa fisionomia foi seguidamente preservada pelos seus diretores, apesar de filiações partidárias diferentes. Demonstra bem essa atitude um pronunciamento do general Juracy Magalhães, ilustre prócer udenista, quando, na presidência da empresa, em 1951, proclamou em alto som o fato de a Vale não permitir sua transformação em ninho de parasitas, nem cabide de emprego e fonte de negócios particulares.[13]

Para ser um bolsão de eficiência, a Vale teve a liberdade de atrair técnicos altamente qualificados, recrutando os melhores profissionais para as diferentes áreas da empresa, remunerados em bases mais elevadas do que aquelas vigentes no mercado nacional de trabalho. Portanto, nela sempre aconteceu o contrário do sucedido no conjunto de órgãos estatais, sempre limitados por preceitos impeditivos dessa liberdade na formação de seus quadros. Naturalmente, porém, o prestígio da empresa derivou sobretudo de conseguir cumprir a missão que lhe foi conferida.

Na execução de suas atividades a Vale montou a infraestrutura indispensável e contou com a elevada competência de seu corpo técnico. Enfrentou de forma permanente a concorrência de empresas nacionais e estrangeiras na exportação de minério de ferro. O resultado foi o desenvolvimento dentro dela de

> *(...) uma cultura empresarial própria que conduziu tanto seu "staff" gerencial e administrativo como seu corpo técnico e operacional a agir em torno de uma mística nacional desenvolvimentista, materializada na idéia, sempre reiterada pelos dirigentes da empresa, de sua importância estratégica na geração de divisas para o País e no seu papel de promotora de desenvolvimento que alimentou as várias gerações dos Homens de Ferro da Vale.*[14]

A alcunha "Homens de Ferro", segundo Maria Minayo, foi retirada da poesia de Carlos Drummond de Andrade, definindo em versos a origem natal da empresa:

> Alguns anos vivi em Itabira,
> Principalmente nasci em Itabira.
> Por isso sou triste, orgulhoso, de ferro.
> Noventa por cento de ferro nas calçadas,
> Oitenta por cento de ferro nas almas.

A Vale usou a metáfora em sua propaganda, lançada em 1976, enfatizando então como esses homens *"construíram a maior empresa de mineração que o mundo conhece: a Companhia Vale do Rio Doce"*.[15]

Naturalmente, essa mística, essa cultura que impregnou a empresa e a fortaleceu em seus embates, durante tantas décadas, resultou de êxitos de sucessivas equipes, como examinaremos a seguir.

Outra característica decorre do fato de o governo organizá-la como uma empresa privada, submetida apenas a um superficial controle de seus resultados pela autoridade ministerial a que estivesse subordinada. (Inicialmente, o ministro da Fazenda e depois o titular do Ministério de Minas e Energia.) A autonomia relativa da empresa ficou consolidada pela decisão do uso de seus recursos financeiros não serem submetidos à prévia aprovação de órgãos governamentais. Em contrapartida, desde quando foram resolvidas as dificuldades iniciais da empresa, ao longo dos anos raramente ela pleiteou ajuda financeira ou empréstimos de órgãos oficiais. Pelo Decreto-Lei n. 200, de 1967, ficou consagrada a orientação governamental de as empresas estatais *serem rentáveis*, pois tinham a obrigação de atuarem como empresas do setor privado.

Assim, o controle governamental da Vale limitou-se àquele adotado em relação a outras empresas estatais, pois a partir do governo *"Vargas até os anos 80, não houve esforço para averiguar se, por exemplo, o plano orçamentário da empresa refletia uma preocupação com custos, se os planos de investimentos eram racionais, ou se os excedentes financeiros (lucros) eram tão elevados quanto deveriam ser"*.[16]

Os sucessos foram se acumulando

Os dados de 2007 indicam o desempenho da Vale quando a receita da companhia atingiu 33,1 bilhões de dólares.[17] De conformidade com o balanço da Boston Consulting Group, entre as empresas no mercado mundial, ela gerou o maior lucro para seus acionistas, entre os anos 2002 e 2006, oferecendo um retorno médio de 54,65% ao ano sobre os valores investidos.

Alguns fatores explicam o inegável sucesso da Vale e seu desenvolvimento pode ser avaliado acompanhando suas fases. Segundo Marta Zorzal e Silva, elas foram: *primeira etapa* – anos 1950, construção de infraestrutura física e empresarial e consolidação no mercado externo; *segunda etapa* – anos 1960, expansão, desenvolvimento tecnológico e sua afirmação no mercado transoceânico; *terceira etapa* – anos 1970, diversificação para outras atividades e ampliação da tendência à conglomeração; *quarta etapa* – anos 1980, aprofundamento desses dados com a abertura de novos horizontes no campo mineral. Ao lado disso, um capítulo novo, bastante significativo, foi aberto com os projetos de ferro de Carajás e o complexo de alumínio.[18]

Os êxitos da mineradora resultaram da estratégia por ela adotada. Vencidas as primeiras dificuldades, seus diretores entenderam ser indispensável zelar pela produtividade do sistema mina-ferrovia-porto. Para tanto, recursos substanciais foram aplicados a fim de impulsionar sua modernização tecnológica.

As negociações com os Estados Unidos nos idos dos anos 1940 evidenciaram o entrelaçamento da extração do minério de ferro em Itabira com o transporte ferroviário até o porto de Vitória. Por isso, desde sua criação a Vale destinou grande parte de sua receita para a montagem da ferrovia, acarretando uma alteração substancial nas atividades econômicas no vale do Rio Doce. Esse resultado decorreu também da instalação de várias empresas, como algumas siderúrgicas, transformando o panorama agrícola anteriormente existente, ampliando a demanda por matérias-primas locais e importadas. E essa estrada de ferro passou a ser um elemento básico para tais atividades.

Depois de décadas de investimentos elevados, a "Vitória a Minas" tornou-se a ferrovia mais eficiente do país. De conformidade com os dados de 1996, ela possuía 1.400 quilômetros, dos quais 550 em linha dupla – a denominada linha tronco – transportando minério das minas até Vitória. Contou também com 500 quilômetros de trilhos de acesso a minas, pátios e terminais. Esses ramais também a entrelaçaram com a Rede Ferroviária Federal, com a Açominas e a Acesita. Em 1996, faziam parte do equipamento da "Vitória a Minas" 213 locomotivas e mais de 13 mil vagões. Segundo um relatório da *Gazeta Mercantil*, a EFVM já era, naquele ano, uma das ferrovias de maior densidade de tráfego e de produtividade no mundo.

"Os trens passaram a levar grãos do Oeste mineiro e Goiás, ferro-gusa de Sete Lagoas – MG, produtos e carvão da Açominas, celulose e madeira da Cenibra, carros e autopeças da Fiat e tudo o mais que fosse fabricado na região de Belo Horizonte. Para isso, a EFVM teve que circular em linhas alheias, como as da Rede Ferroviária (RFF) e vencer" a resistência desta pelo fato de a Vale poder cobrar fretes menores, por ter capacidade tecnológica superior e capacidade ociosa.[19]

A Vale deu uma atenção especial ao aparelhamento portuário no Espírito Santo. Esse fato é comprovado pela comparação da realidade de 1942 e 1943 com as instalações portuárias hoje existentes naquele porto. Na fase inicial da Vale caminhões faziam o transporte do minério, trazido pelos vagões da ferrovia, até o centro da capital capixaba, a fim de ser embarcado no cais comercial, pois não havia qualquer equipamento mecanizado para o manuseio de carga a granel.

Como revela o livro *Histórias da Vale*, o tempo para construir o porto de Tubarão era curto, inclusive porque os japoneses já estavam tocando as obras de um novo porto em seu país, destinado a receber minério brasileiro.

O antigo porto de Vitória, o Paul, limitava-se a receber navios de até 30 mil toneladas. Então, o que fazer? Eliezer Batista responde:

> *Nós tínhamos duas opções: crescer ou desaparecer. Então, fomos salvos pelos japoneses, na junção de dois desesperos. O deles, que pretendiam reerguer suas siderurgias, destruídas pela guerra, embora os países desenvolvidos não quisessem. E o nosso, na procura de compradores pelo mundo afora. O Japão era o único mercado que eu tinha e os japoneses com aquelas dificuldades todas. Então, eles assumiram riscos que normalmente não assumiriam, construindo navios e portos novos. Porque porto é como tango. Dança-se o tango sozinho? Não dança. Tem que ter um lá e outro cá. Isso deu origem a Tubarão. Para que o porto nascesse, já que o Japão era nosso oposto no mapa, muito longe daqui, tínhamos que ter navios grandes. E versáteis o bastante para não voltarem vazios, mas trazendo petróleo da Arábia Saudita, do Kuwait e do Golfo Pérsico, de onde o Brasil importava muito.*[20]

Para Eliezer Batista, a construção desse porto é um fato extraordinário que nasce do abençoado matrimônio entre nossa incessante fábrica de devaneios e as 11 maiores siderúrgicas japonesas. Aqui revela-se um fato pouco conhecido:

> *O porto foi construído graças ao apoio do SanTiago Dantas, que era ministro da Fazenda na época. A maioria achava que Tubarão era uma insânia total. Mas SanTiago Dantas reagiu, porque era um homem extremamente inteligente, e percebeu que ali estava um item de grande importância para a economia do Brasil, que, naquele tempo, não exportava quase nada.*[21]

O então ministro da Fazenda, do governo Goulart, diante da exposição de Eliezer a respeito da importância vital para a Vale e o Brasil do porto de

Tubarão, declarou: *"Não tenho recursos para te emprestar, mas vou dar um jeito. Vamos rodar a guitarra."* (Vale dizer, ele mandaria imprimir papel-moeda.)[22]

Ocupando uma área de 18 mil metros quadrados, abrigando três píeres, sete berços e dois cais, o porto permite a movimentação de 80 milhões de toneladas/ano de minério de ferro em granel e pelotas. Permite a operação de imensos graneleiros no embarque de múltiplos produtos, entre os quais calcário, ferro-gusa, soja em grãos e em farelo, etc. Igualmente possibilita o desembarque de carvão mineral, enxofre, manganês, cloreto de potássio, etc. Cerca de 700 navios atracam anualmente nos portos administrados por ela, muitos deles com centenas de milhares de toneladas.

Em outubro de 1962 foi organizada a Docenave, com o objetivo de diminuir fretes e para assegurar o bom atendimento do mercado consumidor. Todavia, logo após a privatização – em 1976 –, a diretoria da Vale se desfez dos navios da Docenave, decisão hoje criticada na empresa.

Organizada em 1971 com o propósito de pesquisar novas jazidas no território brasileiro, a Docegeo – outra subsidiária da Vale – desempenhou um papel de relevância no desenvolvimento da mineradora. Esta atividade tornou-se prioritária porque a Vale estava ameaçada de perder espaço no Brasil para firmas estrangeiras de pesquisa mineral. (Recorde-se que foram os técnicos da United States Steel os pioneiros na descoberta das jazidas de Carajás.)

Para cumprir sua missão, a Docegeo contratou geólogos e consultores especializados, utilizando técnicas e aparelhagens modernas. Os resultados dessa iniciativa logo apareceram, entre os quais as descobertas de bauxita em Paragominas e Almerim, no Pará. Ao mesmo tempo, a Docegeo produziu mapas geológicos básicos, essenciais para as atividades de controle efetuadas pelo Ministério de Minas e Energia. Realizando elevados investimentos em pesquisa, a Vale hoje é a empresa com o maior acervo de informações sobre os bens minerais do Brasil.

O presidente da Docegeo, em 1993, Breno Augusto dos Santos, afirmou nela ter havido dois grandes avanços desde sua fundação:

> *A primeira delas se refere à mudança de enfoque. Direcionada inicialmente para alguns bens minerais, hoje a empresa está voltada para qualquer produto que possa virar negócio para a Vale. A outra alteração foi decorrente do próprio sucesso que ela teve. A partir do momento em que a empresa fomentou novos negócios, também passou a dar apoio a estes empreendimentos, garantindo a manutenção dos mesmos através de constantes pesquisas.*[23]

Outro fator básico do desenvolvimento da Cia. do Vale do Rio Doce foi a diversificação do produto colocado no mercado, saindo da faixa única de minério de ferro que oferecia aos consumidores. No processo de lavra, assim como no manuseio e transporte do minério, é inevitável a produção de uma quantidade elevada de partículas finas e ultrafinas, cuja aplicação direta na indústria siderúrgica era impraticável. Todavia, o abandono desse minério como rejeito reduziria o rendimento da jazida, aumentaria o custo do produto final e limitaria as reservas de minério. Por isso foi desenvolvida a técnica para agregar em pedaços adequados uma infinidade de minúsculas partículas de minério, a fim de serem usadas na siderurgia. Daí o aproveitamento de minérios finos mediante a sinterização e a utilização de ultrafinos através do recurso à pelotização.[24]

Em 1969 foi inaugurada a primeira usina de pelotização da Vale e em 1973 entrou em operação a segunda usina. Depois foram criadas fábricas semelhantes em parceria com grupos de outros países, como Itália, Japão, Espanha e Coreia do Sul. O sucesso dessas empresas decorre principalmente do fato de se apoiarem em acordos com grandes siderurgias, na base do fornecimento de pelotas a prazos longos.

Desdobramentos da Vale

Nos anos 1970 a companhia tornou-se uma grande *holding*, atuando em diversos setores. Organizou quatro tipos de empreendimentos: operações próprias, empresas controladas, empresas coligadas e participações estratégicas. Para tanto, o modelo adotado foi o da *joint ventures*, pela qual a Vale possui quase sempre 51% do capital.[25] Agindo dessa forma, tornou-se um império de mais de 50 empresas entrosadas em suas áreas de atividades.

Após a implantação do regime militar em 1964, a política da empresa seguiu as mudanças estabelecidas em 1967 no Código de Mineração, procurando maior associação com capitais estrangeiros, pois o capital privado nacional não acompanhou essa trajetória com o mesmo empenho.

Segundo Eliezer Batista, *foi construída uma verdadeira ponte entre o Brasil e o país do sol nascente*. Para tanto, na qualidade de presidente da mineradora, em poucos anos ele realizou 177 viagens ao Japão. Assim, houve um relacionamento estreito com empresas japonesas. Relembrando as origens da companhia, inicialmente apoiada nos Estados Unidos, com o passar dos anos houve o gradual afastamento da CVRD da indústria de aço norte-americana. Usando uma figura de jogo de xadrez, ocorreu um "gambito" no seu comportamento, pois a mineradora trocou a aliança com os ianques pela associação com os empresários do país dos samurais.

Essa mudança de parceria em grande medida resultou de uma alteração na logística de transporte. Para solucionar problemas mútuos distintos, japoneses e brasileiros foram os autores de uma *grande invenção* revolucionária no transporte marítimo e no sistema portuário na indústria de ferro e aço, invenção que se espalhou pela economia mundial, redefinindo inclusive a localização geográfica das novas siderurgias, pois se deslocaram e foram atraídas para as regiões costeiras.[26]

Mas esse novo delineamento resultou basicamente também de significativas modificações na indústria siderúrgica no mundo depois da Segunda Guerra Mundial, com o deslocamento da liderança da produção de aço dos Estados Unidos para a Europa e o Japão. Além disso, com a descoberta de grandes jazidas de minério de ferro na Austrália e na África, outros fornecedores apareceram no mercado para atenderem à demanda de novos produtores de aço, dispondo da vantagem relacionada com sua localização geográfica para diminuir o frete do transporte marítimo.

Angela Morandi fez uma análise circunstanciada dessas alterações no quadro internacional com o seguinte registro:

> *Em 1950, os Estados Unidos exerciam uma liderança quase absoluta na siderurgia mundial, quando produziam 48% do total do aço mundial. (...) Nos vinte anos seguintes, apesar do fenomenal crescimento da oferta mundial de aço bruto, a siderurgia americana não mais conseguiu reproduzir sua performance mantida até meados dos anos cinqüenta. (...) Um pouco menos grave foi a situação da siderurgia européia, (...) que, enquanto grupo, era o segundo produtor mundial de aço, com 27,5% da produção total. (...) O Japão, ao contrário desses países, despontou como grande potência siderúrgica a partir da década de sessenta. De uma posição no ranking mundial, em 1950, quando produziu 4,8 milhões de toneladas, passou a 22,1 milhão de toneladas em 1960, (...) quando se consolidou como o principal país produtor de aço, atingindo, em 1990, 110,3 milhões de toneladas (14,3% da produção mundial).*[27]

Essa evolução ocorreu no quadro geral durante a década de 1960, quando os preços de minério de ferro sofreram uma redução de quase 40%. Esse relacionamento duradouro da Vale com empresas japonesas foi motivado pelo fato de o Japão ser naquela época o maior importador mundial de minério de ferro. Mas essa parceria foi estendida a outras áreas da economia, principalmente nos setores de bauxita-alumínio e de celulose. Simultaneamente foi estabelecido o acordo com a Nippon Steel para a montagem da Usiminas.

Essa conduta da Vale não gerou protestos dos norte-americanos porque decorreu da realidade do mercado de aço no início dos anos 1960. Um fato é significativo e curioso: ao longo das últimas décadas, no vale do Doce não se consolidaram empresas norte-americanas de elevado porte.

Todavia, a CVRD também firmou parcerias com empresas organizadas em nosso país, como a Samitri e a Ferteco. Estas possibilitaram a venda de minério de ferro a siderúrgicas da Europa. Posteriormente essas duas empresas, assim como a MBR, foram compradas pela Vale. Também houve acordos com empresas brasileiras, como a Companhia Ferro e Aço de Vitória e a Usiminas.

Em razão de diversos fatores, a Vale ingressou num ramo mineral no qual anteriormente nunca havia atuado, ao ser encarregada pelo governo brasileiro de investir na extração de bauxita e na produção de alumina e alumínio.

Até a década de 1980, nesse setor da economia, mais de 80% da produção mundial eram controlados pelas "seis irmãs", as multinacionais: Alcan (canadense), três norte-americanas – Alcoa, Reynolds e Kaiser –, Pechiney (francesa) e Alusuisse (suíça). O mercado internacional era dominado por elas, extraindo bauxita nos países periféricos, mas a etapa industrial era processada nos países ricos.

O Brasil, apesar de possuir a terceira reserva mundial de bauxita, importava mais de 70% de alumínio necessário ao consumo interno, porque contávamos apenas com a produção de duas pequenas empresas – a CBA, da Votorantim, e a Eletro-Química Brasileira (Ouro Preto-MG), um empreendimento de Américo Renê Giannetti. Este, em virtude de *dumping* desencadeado pelas "seis irmãs", teve de vender sua empresa para a Alcan.

Esse episódio deve ser lembrado agora quando a fabricação de alumínio ganhou um significado excepcional. Recordamos a atitude norte-americana diante de uma iniciativa pioneira de Américo René Giannetti. Esse engenheiro, gaúcho formado na Escola de Minas de Ouro Preto, foi prefeito de Belo Horizonte, secretário da Agricultura do Estado e projetou-se como importante liderança dos meios empresariais, no início da década de 1930, porque se empenhou em montar uma usina para fabricar alumínio, utilizando para tanto a jazida de bauxita em Saramenha, distrito de Ouro Preto-MG.

As empresas de alumínio tudo fizeram para impedir que Giannetti conseguisse comprar equipamento para a usina. O industrial, então, resolveu adquirir na Itália o que necessitava. Estávamos no início da guerra e o navio que trazia o equipamento para o Brasil foi torpedeado. Consultando Vargas, este aconselhou Giannetti a montar uma empresa nos Estados Unidos, sem identificar sua ligação com o projeto de Saramenha, com o objetivo de adquirir o equipamento para a usina projetada. Somente assim foi possível erguer a indústria. Mas foi uma vitória de Pirro, porque os grupos que dominavam o ramo de alumínio tudo fizeram para derrotar a empresa, inclusive recorrendo a práticas de *dumping*. Resultado: Giannetti foi obrigado a vender sua indústria para a Alcan (grupo canadense). Os detalhes sobre a batalha travada por esse industrial são mencionados por Clélio Campolina Diniz em seu livro *Estado e capital estrangeiro na industrialização mineira*.[28]

Em 1966, a Alcan havia descoberto em Trombetas, no Pará, imensa jazida de bauxita. Todavia, como essa multinacional resolveu não explorar a reserva, o governo brasileiro entregou à Vale a responsabilidade de organizar uma *joint venture* – a Mineração Rio do Norte (MRN).

Com a entrada da CVRD em 1974 no empreendimento, como sócio majoritário, a meta passou a ser a produção de 3,3 milhões de toneladas/ano de bauxita. Contando com a parceria do grupo norueguês Norsk Hydro, foi construído o complexo da MRN – mina, ferrovia, instalações de beneficiamento e o porto de Trombetas. Deste, o minério é transportado pela hidrovia, por navios graneleiros, cobrindo uma distância de mil quilômetros até o porto de Vila do Conde, perto de Belém.

Hélio Bento de Oliveira Mello recordou o nascimento da MRN. Segundo ele, o mérito da descoberta da preciosa jazida em Trombetas foi da Alcan, mas ela não obteve financiamento para explorar essa reserva. A Vale também não podia sozinha enfrentar o desafio. Por isso buscou parceiros em São Paulo, como Olavo Setúbal, do Banco Itaú, e Antônio Ermírio de Morais, da Votorantim. Este viu com bons olhos a proposta, mesmo porque sempre atuou no setor de alumínio. Por isso concordou em participar com 10% do capital social do empreendimento.[29]

Considerando que a fabricação de alumínio metálico demanda um elevado consumo de energia, o governo deu prioridade à construção da hidrelétrica de Tucuruí, no Tocantins, providência indispensável para o estabelecimento de uma parceria com os japoneses na produção de alumínio. Mas não foram construídas as eclusas na barragem de Tucuruí. (Somente depois de 25 anos o governo e a Vale entregaram ao país esse equipamento indispensável para o transporte fluvial no Brasil.)

Ao mesmo tempo, a Vale organizou subsidiárias para enfrentar o desafio nessas atividades. Constituiu as seguintes empresas: 1 - a Alumínio Brasileiro S.A. (Albras), sediada em Barcarena (PA), destinada a produzir 320 mil toneladas anuais de alumínio metálico, em parceria com a Nippon Amazon Aluminium (NAAC); 2 - a Alumina do Norte do Brasil (Alunorte), também instalada em Barcarena, para fabricar 800 mil toneladas anuais de alumina, igualmente em parceria com a NAAC; 3 - a Valenorte Alumínio Ltda., para coordenar os investimentos da Vale na área de alumínio; 4 - a Valesul S.A., sediada em Santa Cruz (RJ), para fabricar 86 mil toneladas anuais de alumínio para o mercado brasileiro.

Nesse complexo, os investimentos foram de 2,7 bilhões de dólares, sendo que a maior parte deles proveio de parceiros e de empréstimos obtidos em outros países. Como a Albras foi montada para abastecer o mercado internacional e como utiliza a energia de Tucuruí, alguns analistas colocam em questão seus benefícios para o Brasil.

Isso porque no mercado alumínio é qualificado como "energia empacotada". Naturalmente, o projeto de uma grande usina no Tocantins surgiu para atender à necessidade de ampliar a matriz energética do Brasil. Para tanto demandou um elevado investimento brasileiro e acarretou diversos problemas ambientais. Quando avançava a construção dessa usina, evidenciou-se que ela iria ficar com capacidade ociosa, pois não fora equacionada previamente a questão do mercado consumidor. Assim, o projeto da Alcan foi saudado como um empreendimento que poderia receber o fornecimento de energia a um preço subsidiado. Por isso, na análise dos problemas em relação a Tucuruí, as críticas ao governo militar são totalmente procedentes.

A esse propósito é indispensável relembrar a postura de César Cals, ministro de Minas e Energia, em simpósio realizado no Congresso Nacional, em 26 de agosto de 1981, promovido pelo senador Henrique Santillo e o deputado Marcelo Cordeiro. Nessa reunião, esse ministro da ditadura fez afirmações espantosas. Para ele, a CVRD deveria ater-se ao fornecimento da matéria-prima – bauxita e alumina –, ficando o setor de transformação final por conta de empresários japoneses. Acrescentou as seguintes justificativas: o governo iria controlar o preço do alumínio porque fornecia a energia e o fato de entregá-la a um preço mais baixo iria baratear o custo do alumínio. (Essa energia colocada à disposição da Albras corresponde ao consumo normal de uma cidade com quatro milhões de habitantes.)[30]

Tal análise foi repudiada pelos participantes do simpósio, entre os quais o senador Henrique Santillo, o jornalista Marcos Dantas, editor responsável pela publicação *Relatório Reservado*, e o geólogo Manoel Gabriel Guerreiro, presidente da Associação dos Profissionais de Geologia da Amazônia.

As atividades no setor de alumínio criaram diversos problemas para a Vale. Os projetos sofreram com inúmeros atrasos em sua montagem e erros na sua concepção provocaram elevados prejuízos. Naturalmente, tudo isso sucedeu em razão de decisões do regime militar impostas à equipe dirigente da mineradora.

Outro erro calamitoso do governo militar na questão do alumínio diz respeito à constituição da Valesul, no Estado do Rio de Janeiro. Segundo Eliezer Batista, o

> *(...) projeto foi uma exigência do presidente Ernesto Geisel. Foi uma forma que ele encontrou para atender à pressão do governador do Rio de Janeiro, Faria Lima, que queria a instalação de uma unidade*

> da Vale no estado. (...) Não existia qualquer fundamento para a instalação de uma fábrica de alumínio no Rio. Antônio Ermírio de Moraes cerrou baterias contra a Valesul, com toda razão. Para começar, não havia energia disponível para atender à indústria. Ela era um atentado à engenharia de projetos.[31]

Comprova a procedência dessa crítica o fato de, em dezembro de 2008, a diretoria da Vale anunciar que uma das primeiras medidas para enfrentar a crise econômica seria exatamente a suspensão das atividades da Valesul.

Em maio de 2010 houve uma modificação significativa no setor de alumínio. A Vale vendeu para a Norsk Hydro 51% do capital da Albras, 57% da Alunorte, 61% do capital da Cia. de Alumina do Pará. Em troca, a Vale terá uma participação de 22% no capital da Hydro. A Vale tentou justificar essa transação com o argumento de que eram elevados os altos custos da energia elétrica, investimento já feito pelo Brasil. Ademais, transferiu para empresas estrangeiras a parte mais valiosa do empreendimento.

Nos anos 1960, procurando diversificar suas atividades, a mineradora viu-se diante da oportunidade de atuar no setor de celulose e madeira. Por isso teve um papel importante no desenvolvimento do reflorestamento e da indústria de celulose em nosso país. Organizou duas subsidiárias com essa finalidade: a Florestas Rio Doce S.A. (FRDSA) e a Rio Doce Madeira S.A.

Em seguida a Vale organizou, em associação com a Japan Brazil Paper and Pulp Resources Development Co. Ltd., a Celulose Nipo-Brasileira S.A. (Cenibra). A fábrica foi montada em Belo Oriente, no Vale do Aço, em Minas Gerais. Em julho de 2001, com a decisão da CVRD de se desfazer de sua participação em empresas de base florestal, a JBP passou a ser detentora do controle total da Cenibra. Todavia, não foram esclarecidas as razões dessa modificação no comportamento da Vale.

A atuação daqueles que dirigiam a Vale foi muito além desses empreendimentos. Dias Leite e Eliezer Batista compreenderam a importância da fabricação de dormentes para a ferrovia porque, durante muitos anos, o Brasil importava madeira para fabricá-los. Por isso os dois elaboraram um projeto de lei – aprovado em 1966, Lei n. 5.106, de 2 de setembro de 1966 – concedendo benefícios fiscais ao reflorestamento. Esse fato contribuiu para provocar o *boom* da celulose no Brasil.

Carajás – um acontecimento no mercado mundial

A imensa reserva de ferro de Carajás foi descoberta por uma equipe de pesquisadores da Cia. Meridional de Mineração (subsidiária da United States Steel). Acompanhei de perto essa empresa em 1947 no desempenho de meu trabalho como repórter do Jornal do Povo de Belo Horizonte. Durante dezenas de anos, desde a segunda década do século passado, ela retirou manganês e extraiu suor e sangue de centenas de mineiros, no Morro da Mina, em Conselheiro Lafaiete-MG.

O primeiro pouso de helicóptero no alto da Serra dos Carajás foi no dia 31 de junho de 1967. A história é contada pelo geólogo Breno Augusto dos Santos, ex-presidente da Docegeo:

> *Gene Tolbert, um profissional do Serviço Geológico Americano, que falava português e já havia dado aulas no Brasil, chefiava o programa e impôs à US Steel a condição de que geólogos brasileiros fossem contratados. "Se não for assim, meu passado como professor fica comprometido", dizia. Então saímos de Belém, o Erasto Boretti de Almeida, o João Erdmann e eu, e ficamos quatro dias sobrevoando Marabá, São Félix do Xingu, Altamira. Não víamos nada, mas uma coisa chamou a atenção: as clareiras. Hoje, quando você vê clareiras, pensa que é desmatamento. Mas naquela época, onde não existia uma única mancha sem vegetação, de repente, aparecia uma serra sem vegetação em cima.*[32]

Apesar de a empresa norte-americana ter o direito de explorar a jazida, o governo brasileiro não concordou com suas atividades e de outras multinacionais na Amazônia. Nesse episódio é indispensável relembrar a conduta de algumas personalidades em defesa dos interesses nacionais, como os ministros Dias Leite, Fernando Roquette Reis, Costa Cavalcanti e o geólogo Moacyr Cavalcanti, diretor do Departamento Nacional da Produção Mineral. Esse órgão oficial não autorizou a atuação da empresa ianque, porque defendia a tese da formação de uma *joint venture* com a Vale.

Em abril de 1970 foi organizada a Amazônia Mineração S.A. (AMZA), ficando a Vale com uma participação majoritária nessa parceria. Contudo, os estudos geológicos, realizados posteriormente pela AMZA e a Docegeo, revelaram a importância de Carajás, pois não se tratava apenas de uma jazida de ferro, mas de uma imensa província metalogenética.

Na AMZA as relações entre os parceiros se deterioraram, culminando com a retirada da United States Steel, em 1977, após receber pelo seu trabalho uma indenização de 50 milhões de dólares. As divergências entre os sócios resultavam de concepções diferentes sobre a exploração de Carajás. Por isso a empresa norte-americana passou a retardar a elaboração do projeto, alegando problemas existentes no mercado mundial de aço. Contudo, atrás dessas justificativas estavam disputas entre interesses japoneses e norte-americanos, para alterar posições no cenário mundial da indústria siderúrgica.[33]

A descoberta da província mineral de Carajás ocorreu quando a indústria siderúrgica no mundo atravessava uma crise generalizada, notadamente nos Estados Unidos. Eliezer Batista fez um retrospecto daquela situação:

> *Quando assumi, pela segunda vez, a presidência da CVRD, em 1979, a siderurgia mundial estava no fundo do poço. Muita gente afirmava que o ferro não tinha mais futuro. Na Europa, várias siderúrgicas estavam fechando, enquanto surgiam novos materiais que competiam com o ferro, como o alumínio e até com a cerâmica de alta temperatura. Por outro lado, nossas reservas de Itabira estavam caminhando para a exaustão e já sem minério de qualidade. (...) A decisão dificílima de implantar Carajás, dado o volume de investimento, foi equacionada tendo em vista a extraordinária qualidade do minério de suas jazidas e seu relativamente baixo custo de produção.*[34]

A região de Carajás, localizada entre as cidades de São Félix do Xingu e Marabá, no Pará, compreende uma área de aproximadamente quatro mil quilômetros quadrados, entre os rios Xingu e Araguaia, sendo uma das mais ricas províncias minerais do mundo. Possui 18 bilhões de toneladas de minério de ferro, de elevado teor, e nela estão importantes reservas de outros minérios. São elas: jazidas de *manganês*, com 65 milhões de toneladas; jazidas de *ouro*, calculadas em 16 milhões de toneladas, com um teor de 4,75 gramas de ouro por tonelada; jazidas de *níquel*, estimadas em 40 milhões de toneladas; jazidas de *cobre*, uma das quais contém 10 milhões de toneladas desse metal. Enfim, milhões e milhões de bens minerais preciosamente guardados em nosso território.

A montagem do empreendimento, localizado em plena floresta amazônica para explorar as gigantescas jazidas, determinou a criação de uma cidade-indústria. Carajás brotou graças à mobilização de milhares de pessoas, recrutadas em várias regiões do país, transportadas de avião porque naquela região não havia estradas de rodagem.

Marina Fátima Barbedo definiu Carajás como uma *company-town* e indispensável para fazer funcionar o maior complexo de mineração do mundo. Fruto, então, de um projeto arrojado, nasceu uma cidade completa no meio da floresta, onde passaram a viver os empregados da Vale com suas famílias, compartilhando trabalho e moradia e desfrutando um modo de vida marcado pelo confinamento voluntário.

A pesquisa das imensas jazidas foi revelando o fantástico desafio apresentado à Vale, assim como o alto custo do empreendimento. Todavia, essas dificuldades se tornaram pequenas frente ao potencial de Carajás. Os pioneiros mantiveram entusiasmo no trabalho porque acreditavam no que aconteceria no futuro. Tanto na extração do minério, quanto no beneficiamento, os equipamentos utilizados foram e são de grandes proporções: escavadeiras elétricas de 18 jardas cúbicas, caminhões de 154 toneladas, britadores, correias transportadoras e empilhadeiras com capacidade para 10 mil toneladas por hora.

Na memória de quem viveu em Carajás nesse período, as lembranças revelam a construção daquela realidade:

> *Cheguei em Carajás em março de 1971, a base de tudo era o acampamento de N 1, onde só se tinha acesso de avião. Nessa época tudo era transportado por aviões precários, desde os tratores até os gêneros alimentícios. A água era colocada em tambores com pequenos comprimidos e transportada em lombo de burro para as frentes de trabalho. Os trabalhadores chegaram a ficar três meses na mata, para depois sair de folga para ver a família. Eram verdadeiros pioneiros. Tudo o que era necessário o próprio trabalhador fazia. As dificuldades da época eram muitas: doenças, transporte, custo altíssimo, etc. O ponto culminante, no meu entendimento, foi ver como as pessoas se adaptavam às dificuldades.*[35]

Todos os que estiveram em Carajás naquela época assinalam um dado: os trabalhadores na CVRD eram uma força viva e dinâmica lutando no dia a dia, num vai e vem constante, dando sua contribuição para o desenvolvimento da companhia, da sociedade e da nação brasileira.

> *Houve tempo em que Carajás era um espaço apenas do trabalhador, um acampamento masculino que teve como cenário as barracas de lona e os barracões do Núcleo 1. Depois, na vila do "canteiro de obras", os trabalhadores e suas famílias passaram a morar na Vila Provisória do Núcleo 5. Foi um tempo de intensa movimentação na Serra dos Carajás. Um contingente de mais de 15 mil pessoas morou nas casas, repúblicas e alojamentos de madeira, trabalhando na construção das instalações da área industrial e do futuro núcleo habitacional definitivo; as condições materiais relativamente precárias da Vila se constituíram no cenário que a comunidade transformou em palco de acontecimentos marcantes em sua curta história e que teve na ocupação do Núcleo Urbano, o início de seu declínio. Os acampamentos e a vila provisória foram espaços transitórios e passageiros, mas fazem parte da história do projeto e da company-town, tenham eles ou não registros oficiais.*[36]

A cidade da floresta, a comunidade asséptica, não estava imune às ameaças de agentes (naturais ou não) do ambiente, que eram, como assinala Marina Barbedo, a mata e os perigos de incêndio na região e queda de árvores no inverno, a fumaça das queimadas, os animais silvestres atravessando as estradas locais, etc. (Houve até o caso de uma onça suçuarana que matou uma criança nas proximidades da rua Purus.) Os perigos eram reais, os acidentes esporádicos davam uma manifestação da realidade, porque nem tudo estava sob controle no mundo mágico da "ilha da fantasia".[37]

A cidade na floresta acabou se tornando uma ilha fechada e cercada no meio da floresta no sul do Pará, onde as riquezas naturais e minerais contrastam com a violência e a pobreza marcantes, materializadas nos recursos urbanos escassos e na crescente população de miseráveis. Na região ainda existe um clima social caracterizado pelas formas de trabalho escravo nas grandes propriedades agrícolas. Há diversas usinas de ferro-gusa usando carvão vegetal produzido pelo desmatamento ilegal. Assim, o isolamento, diz Marina Barbedo, era uma condição geográfica e um fator a ser mantido para evitar o contágio por agentes externos. Daí a necessidade das "muralhas" materiais e sociais.

Devido a isso a pesquisadora registra o panorama generalizado do sucedido fora dos limites de Carajás:

> *A violência típica de regiões onde o cotidiano é marcado pelos grandes conflitos de interesses – parcela da população na luta pela sobrevivência, diante das questões fundiárias e do garimpo predatório – passou a representar maior perigo do que a desconhecida floresta, fazendo com que o elemento humano (o aparentemente semelhante e familiar) fosse mais temido do que os elementos naturais.*[38]

A prioridade da rigidez vigente, em nome da segurança na *companytown*, acabou por restringir as alternativas encontradas no desenvolvimento comunitário, até porque elas inibiam iniciativas e formas de participação mais espontâneas para promover maior autonomia da comunidade.

> *A autonomia possível – mesmo considerando que a comunidade é uma cidade da floresta realmente, pois ocupa menos de cinco por cento da área de um parque ecológico, de jurisdição federal – coloca-se como um caminho a ser construído a partir de uma maior participação e integração dos residentes nas decisões comunitárias.*[39]

Resta a encarar a realidade da "ilha" da cidade dentro da evolução espontânea da vida brasileira. Essa é a questão que se apresenta hoje e será enfatizada no futuro com maior força. Eis a dúvida colocada texto do *Jornal Carajás Presente*, em junho de 1986, número 88:

> *O Núcleo Urbano de Carajás já completou 10 anos. Da época dos antigos alojamentos da Vila de N 5 às confortáveis casas de hoje, muitos solteiros e recém-casados vieram e foram em busca de crescimento*

pessoal e profissional. Os solteiros se casaram, e nascia uma criança por dia no Hospital Yutaka Takeda. Essas crianças cresceram e hoje temos nossa primeira geração de adolescentes. Segundo dados extra-oficiais, eles são mais de duzentos. Será que os pais e os próprios adolescentes estão se preparando, pessoalmente e financeiramente, para o dia que tiverem que enfrentar a faculdade e a vida lá fora?[40]

Na comunidade de Carajás para muitos pesa a situação de transitoriedade na *company-town*. Diz um deles: *"As pessoas que estão aqui sabem que vão ficar um tempo aqui e depois vão embora. Então, procuram não fixar muita raiz, muito vínculo no social. Estão com o coração lá na cidade onde nasceram e para aí é que pretendem voltar".*[41]

Parauapebas só passou a existir como município em 1988, quando ganhou autonomia para resolver suas questões básicas, enquanto Carajás ficou como uma realidade destoante do país. E quem trabalha ali vive uma realidade diferente do Brasil. Por isso não enfrenta e não acompanha os problemas como o brasileiro comum.

Esse contraste é assinalado por um empregado da Vale, ao dizer: *"O colégio, o clima, a tranqüilidade, que você pode dormir de porta aberta e ninguém mexe em nada... Aqui é um lugar bonito, tudo muito bem organizado, bem sinalizado, tem tudo. As casas são boas, mas não é da gente".*[42] Logo se estabelece o contraste com Parauapebas: *"Carajás é muito fechado, o pessoal parece que se fecha. Morei em Parauapebas, parece que é mais aberto. Por exemplo, você chega de manhã, tem gente circulando pelas ruas, vão comprar pão, padeiro passando. Como o pessoal trabalha em locais diferentes fica aquele movimento, e aqui é diferente".*[43]

Marina Barbedo registra bem o sentimento generalizado dos trabalhadores de apoio à Vale nas entrevistas com a pesquisadora. Nas falas, onde um aspecto qualquer era acompanhado de uma avaliação negativa, a Vale não era considerada como a responsável pelas falhas e equívocos. Ao contrário, criticaram o governo, a chefia ou o sindicato.[44] Um desses depoentes enfatiza um pensamento generalizado entre os empregados da mineradora: *"gosto de trabalhar para a Vale do Rio Doce. É uma empresa de nome, entendeu? (...) Quando você fala por aí: eu sou um funcionário da Vale... você fala com o peito erguido, né? Não é uma empresa qualquer, é uma Vale do Rio Doce".*[45] Essa realidade explica um dado surpreendente: até então, na Vale nunca houve uma greve em Minas Gerais e no Pará.

O trabalho foi realizado em Carajás com grande rapidez por milhares de pessoas, contratadas na região e em outras partes do país. As obras começaram em 1979 e seis anos depois a maior mina a céu aberto do mundo já estava em operação. No pico máximo das obras o projeto chegou a ter 27.500 pessoas empregadas, segundo Marta Zorzal. O ponto crítico era a transposição do Rio Tocantins, porque as cheias ampliam seu leito, chegando à largura de um quilômetro. Muitos duvidavam que seria possível vencer aquele obstáculo. Em 1984 foi concluída a ponte, com 2.310 metros de extensão, posicionada a 35 metros acima do nível do rio.

Em 24 de março de 1986 foi inaugurada a ferrovia com 890 quilômetros de extensão, de Carajás ao porto de Ponta da Madeira, na baía de São Luiz, no litoral do Maranhão. Diariamente a estrada de ferro transporta milhares de toneladas de minério de ferro, além de manganês e outros minerais, assim como diversos produtos, como brita, madeira, óleo diesel, etc. Prioritariamente destinada ao transporte de minério, é usada também por passageiros. O trem parte de Paraupebas com destino à estação de Anjo da Guarda, em São Luís-MA, em viagens com 16 ou 18 horas de duração e sempre superlotado. A estrada de ferro opera todos os dias dez composições com mais de 320 vagões, utilizando duas locomotivas, sendo que uma delas é colocada no meio do comboio.

No conjunto do projeto de Carajás houve um investimento de 4,3 bilhões de dólares, incluindo a infraestrutura operacional, habitacional e urbanística para alojar 7.500 pessoas. Desde o início de suas operações, de 1985 até 2007, da mina já saiu um bilhão de toneladas de minério de ferro.[46]

A implantação do projeto ocorreu numa fase difícil para o Brasil. Enfrentávamos a crise da dívida externa e sofríamos com a suspensão do financiamento internacional concedido pelos bancos privados. Na execução desse empreendimento o governo viu-se forçado a decidir sobre questões intrincadas, como a disputa entre Pará e Maranhão, a respeito da construção da ferrovia. No auge das obras houve mudança no governo federal, a substituição de Geisel por Figueiredo, gerando incerteza sobre o interesse dos novos dirigentes do país pelo projeto de Carajás.

Como no cenário político delineava-se o declínio do regime militar, Carajás recebeu o impacto de críticas abertas de diversos setores sociais e políticos. Vejamos, resumidamente, essas críticas. Em primeiro lugar, *era visível o caráter autoritário do projeto Carajás*. Em nome da racionalidade técnica, a iniciativa excluiu da arena decisória forças sociais beneficiadas pelos investimentos, ou seja, a população da área de influência direta do projeto – Pará e Maranhão –, não obstante suas lideranças políticas insistirem em interferir no plano, particularmente nas resoluções sobre os sistemas de transporte e portuário. Por isso Carajás não conseguiu ir muito além de um *enclave de mineração*, não se transformando num elemento para impulsionar o desenvolvimento social e econômico da região.

Paulo R. Haddad definiu com clareza as características que permitem se classificar como *enclave econômico* um projeto de atuação com interesses econômicos e sociais numa localidade ou numa região. Segundo ele, tal empreendimento

> *(...) se abastece de insumos e serviços importados de outras regiões e do exterior; os seus produtos são beneficiados fora da região em que se insere; incentivos fiscais anulam os impactos tributários sobre os níveis de governo estadual e municipal; os investimentos públicos federais ficam orientados, fundamentalmente, no sentido de garantir infra-estrutura econômica necessária para dar suporte à promoção do novo projeto; muitas vezes, o emprego gerado durante a fase de implantação do empreendimento se reduz de forma significativa durante a sua fase de operação, e as necessidades de capacitação da mão-de-obra podem diferir em ambos os momentos.*[47]

Em segundo lugar, atuando da mesma forma como foram implantados os outros grandiosos projetos impostos de fora à Amazônia – Jarí, Tucuruí, Suframa, Trombetas, etc. –, *em Carajás os resultados ficaram marcados pela falta de conhecimento dos problemas da realidade regional.*

Em terceiro lugar, considerando o montante dos investimentos estatais e a renúncia fiscal concedida pelo poder público, tem-se uma dimensão da lucratividade para a Vale e seus sócios. Em outras palavras, *o eldorado de Carajás entregou aos brasileiros somente resultados marginais da riqueza gerada pelo gigantesco empreendimento.*

Não levando em conta essas observações, o governo e a Vale deram total e absoluta prioridade ao atendimento das demandas mundiais de minério de ferro fino de alto teor, porque as reservas mais ricas de Minas Gerais estavam se exaurindo e esperava-se uma evolução positiva do mercado mundial de aço.

Em fins de 1980 foi lançado pelo governo o Programa Grande Carajás, sacramentado pelo ministro Delfim Netto e aprovado pelo presidente da República. Era um projeto de exploração, beneficiamento e industrialização de minérios, de uso do potencial florestal e de organização de unidades agropecuárias ao longo da ferrovia Carajás a São Luís. Inicialmente, os investimentos foram estimados em 26 bilhões de dólares e, quatro meses depois, documentos oficiais noticiaram um custo de 60 bilhões de dólares. A opinião pública ficou de pé atrás diante desse megaplano e reclamou a necessidade de ele ser amplamente discutido no país.

Como era absurdo esse Programa Grande Carajás, apesar da propaganda oficial, ele foi repudiado pelas mais importantes instituições da sociedade civil, particularmente por aquelas representativas dos meios científicos e técnicos. No Congresso Nacional, contra ele levantou-se uma crítica contundente, comandada pelo senador Henrique Santillo. Este conseguiu inclusive obter o apoio a suas afirmações de parlamentares pertencentes ao partido do governo. Por iniciativa desse senador, em agosto de 1981, houve no Congresso Nacional um simpósio sobre esse programa. Afora os representantes de órgãos oficiais, a maioria dos participantes no debate combateu a iniciativa sem pé nem cabeça.

Para o presidente da associação dos geólogos da Amazônia, Manoel Gabriel Guerreiro, o empreendimento jamais poderia ser aceito como um programa integrado de progresso e de desenvolvimento da Amazônia. Isso porque, na verdade, visava a transferir para empresas estrangeiras recursos minerais não renováveis. Em sua opinião,

> (...) o Estado do Pará, em cujo território se encontra a quase totalidade dos recursos naturais a serem explorados, não só está alijado do processo de decisões, como também está sem perspectivas de usufruir os benefícios reais, uma vez que as isenções generalizadas de impostos parecem não deixar qualquer participação significativa a nível de (sic) arrecadação.[48]

A Sociedade Brasileira para o Progresso da Ciência, em sua assembleia anual, realizada em Salvador, em agosto de 1981, rejeitou por unanimidade a política mineral do governo e especialmente o Programa Grande Carajás.[49]

De forma inglória, sem choro e sem vela, o plano foi engavetado. Decidido tão só no âmbito do Poder Executivo, longe do debate público quando se iniciava a redemocratização do regime político, serviu apenas para respaldar o projeto dedicado à exportação de minério de ferro.

No livro patrocinado pela Vale em que somente são enaltecidas as contribuições positivas de Eliezer Batista para os êxitos da empresa,[50] o ilustre engenheiro descarta sua responsabilidade e a da direção da companhia pelos absurdos do Projeto Grande Carajás, transferindo essa responsabilidade para o governo Sarney. O certo é que, se nas vitórias todos aparecem como seus autores, nas derrotas é difícil a revelação da fisionomia dos responsáveis pelos fracassos irremediáveis.

Mais de 30 anos se passaram desde quando começou a implantação do projeto Ferro de Carajás. Do ponto de vista de seus objetivos econômicos foi um extraordinário êxito. Todavia, são incertos os caminhos da comunidade ali instalada, pois a Vale é proprietária de tudo – jazidas, imóveis, benfeitorias, ferrovia, equipamentos, etc. –, mas não depende só dela a realidade da *company-town*.

Marina Barbedo trouxe à baila uma advertência de Italo Calvino:

> *As cidades, como os sonhos, são construídos por desejos e medos, ainda que o fio de seus discursos seja secreto, que as suas regras*

sejam absurdas, as suas perspectivas enganosas e que todas as coisas escondam uma outra coisa. (...) As cidades também acreditam ser obra da mente ou do acaso, mas nem um nem o outro bastam para sustentar as suas muralhas.[51]

Por isso, resta apenas repetir: *"Mais do que uma cidade, Carajás é a expressão da força da natureza e uma realidade social movida pela garra dos representantes da diversidade brasileira. Carajás é um cadinho do Brasil".*[52]

A polêmica privatização

A Vale foi privatizada num leilão realizado no dia 6 de maio de 1997 na cidade do Rio de Janeiro, numa transação realizada na Bolsa de Valores. Esta foi protegida por forte aparato policial porque dezenas de pessoas ameaçavam invadir o prédio a fim de impedir o leilão. Das 12h11 às 17h47, esse foi o tempo que durou o leilão, depois de resolvidas algumas disputas judiciais. Cada ação foi vendida por R$ 32 reais, quando o preço mínimo havia sido fixado em R$ 26,67 reais.

Para se entender as justificativas dessa privatização, é indispensável lembrar o quadro predominante no mundo e no Brasil com a derrocada do socialismo, com a crise nas correntes de esquerda e a ofensiva ideológica a pleno vapor das teses do neoliberalismo.

No Brasil chegamos ao fim da ditadura militar. Na administração pública, a partir do governo Sarney, houve uma campanha sistemática contra empresas estatais e pela sua privatização. A única exceção admitida nesse panorama, mesmo assim a duras penas, foi a Petrobras. A batalha pela privatização das empresas estatais teve prosseguimento no governo de Itamar Franco e nos oito anos do governo de seu sucessor.

Esse era o clima reinante naquele afã de acabar com as empresas pertencentes ao Estado brasileiro. Em consequência, o leilão desta empresa desencadeou a mais aguda polêmica no governo de FHC. No país houve dezenas de manifestações defendendo o caráter estatal da Vale, e muitas ações populares foram impetradas no Poder Judiciário para impedir a privatização.

Cumpre registrar o pensamento dos funcionários da Vale sobre a questão. Marina Fátima Barbedo realizou duas entrevistas entre os que trabalhavam no projeto Carajás. Uma, em 1996, antes do leilão. Todos aplaudiram a proposta governamental, indicando-a como o caminho melhor para a Vale. *"Em nenhum dos depoimentos, os funcionários-moradores foram contrários à medida."*[53] Devem ser levados em conta procedimentos adotados pela empresa para conquistar esse apoio, entre os quais a constituição de um fundo de investimento (Investvale) dando a cada empregado uma participação de 600 quotas. Na segunda entrevista, feita em 1999, depois do leilão, os empregados afirmaram não existir qualquer diferença entre trabalharem na Vale estatal ou na Vale privatizada.[54]

Passados 14 anos a privatização da mineradora continua sendo um tema candente e estamos certos de que ainda muita água passará por baixo dessa ponte. Não por acaso o jurista Fábio Konder Comparato encaminhou ao Congresso Nacional um projeto de lei estabelecendo que a alienação de qualquer empresa estatal será submetida a um plebiscito. Em 2007, o PT e organizações sindicais organizaram uma consulta popular sobre a questão e no congresso do Partido dos Trabalhadores, em 2008, foi aprovada uma proposta pleiteando a reestatização da Vale. Contudo, essa decisão até agora não gerou qualquer providência dos dirigentes desse partido. Foram palavras ao vento e não levadas em consideração pelos próprios responsáveis dessa organização partidária.

Depois de tantos anos daquele famoso leilão, é interessante recapitular os argumentos a favor e contra a privatização da Vale. Vejamos, em primeiro lugar, as justificativas dos que defendem o acerto dessa medida. Em 1997, ainda como empresa estatal, a Vale pagou à União 110 milhões de reais correspondentes a impostos e dividendos. Em 2006, depois de nove anos da privatização, ela entregou ao governo federal 2,6 bilhões de dólares. Nesse mesmo período, o número de seus empregados cresceu cinco vezes, de 11 mil para 56 mil. Entre 1943 e 1997, a Vale exportou por ano, em média, 35 milhões de toneladas de minério de ferro e depois da privatização o montante das exportações anuais atingiu 165 milhões de toneladas.[55]

A mineradora resolveu investir 11,7 bilhões de reais no maior projeto de logística na América Latina, tendo em vista a duplicação da capacidade do sistema norte de produção de minério – Carajás. Isto é, na mina, na ferrovia e no porto. Sendo assim, em 2014 os empreendimentos poderão aumentar o escoamento de minério de ferro para 230 milhões de toneladas por ano.

É importante conhecer também algumas opiniões. Uma delas:

> *Pode-se afirmar que a Vale não é uma estatal, mas é uma empresa pública, uma vez que grande parte do seu capital é público. Sua privatização foi um sucesso espetacular. Permitiu obter os financiamentos de que precisava para tornar-se a empresa global que é hoje a terceira mineradora do mundo, ao mesmo tempo que liberou o Tesouro para utilizar recursos escassos no investimento em serviços públicos essenciais.*[56]

O ex-ministro Paulo Renato de Souza trouxe à baila os seguintes argumentos, no mesmo jornal:

> Hoje, 84% dos empregos da companhia estão no Brasil e as compras de insumos e equipamentos no país cresceram 127% nos últimos quatro anos destacando-se o estímulo ao renascimento da indústria nacional de vagões. Apenas o Pará terá mais de 68 mil empregos. A Vale investiu 2,5 bilhões de dólares para comprar ativos estratégicos, nacionalizando empresas originárias de sete países estrangeiros, nas áreas de minério de ferro, cobre, níquel e alumínio. A Vale transformou-se na maior investidora privada em energia do País. (...) O aproveitamento para o país de todo o potencial da companhia dependia de uma gestão independente das amarras, com um foco claro no seu negócio, no crescimento das vendas, no controle de custos e na eficiência de gestão.[57]

Diariamente nos meios de comunicação são frequentes os elogios à Vale. Além disso, sua propaganda é farta e benfeita. Em contrapartida, no debate há críticas à conduta da mineradora e ao governo FHC. Vejamos algumas delas.

Desde a organização da empresa, seus diretores disseminavam a tese de ela ser uma autêntica agência de desenvolvimento. Citavam com frequência um dispositivo de seu Estatuto, em que foi estabelecida a obrigação de a empresa criar um *"fundo de melhoramento e desenvolvimento do Vale do Rio Doce, executado conforme projetos elaborados por acordo entre os governos dos estados de Minas Gerais e Espírito Santo"*.[58]

Como a empresa tornou-se bem lucrativa, na década de 1970, esperava-se o cumprimento desse papel de agente de desenvolvimento nas regiões de mineração, diversificando seu trabalho em Minas Gerais. Todavia, os mineiros comentam – "a Vale no Estado só deixa os buracos e o apito do trem".

Segundo Marta Zorzal,

> (...) a forma como cada geração de dirigentes da CVRD, ao longo de sua trajetória, interpretou e deu materialidade a esse dispositivo, variou muito no tempo. (...) Ora mais restrito a aspectos sociais, (...) ora mais abrangente, investindo e estimulando parcerias com empresas privadas visando a criar um adensamento econômico na região, como forma de gerar desenvolvimento.

Mas na reforma estatutária de 1997, resultante do processo de privatização da empresa, aquele fundo foi eliminado.[59]

Alguns analistas acusam a Vale de não colaborar, como deveria e poderia, para resolver alguns problemas do país. Essa crítica à mineradora foi veiculada repetidas vezes inclusive pelo presidente Lula. Por exemplo, manifestou seu descontentamento com o fato de a Vale encomendar cinco supercargueiros em estaleiros da China e da Coreia, pois o governo está patrocinando a ressurreição da indústria naval. Essas observações sobre as atividades da Vale certamente decorrem de queixas de entidades e setores da população que acompanham de perto os empreendimentos da empresa.

O caso da cidade de Itabira é emblemático. A Vale exportou milhões de toneladas de minério do pico do Cauê (1.370 metros de altitude) de pura hematita compacta. A empresa deixou um imenso vazio, quase nada fez pelos conterrâneos de Carlos Drummond de Andrade.

Que balanço a Vale pode apresentar sobre o que fez e faz pelo vale do rio Doce?

Dados sobre a situação atual podem ser resumidos nos seguintes pontos: diminuiu seu contingente populacional; é incontestável a decadência da agropecuária; não há providências para enfrentar problemas ambientais graves, como a poluição do grande rio e a desertificação de áreas de sua bacia hidrográfica.

José Carlos de Carvalho, ex-secretário do Meio Ambiente e do Desenvolvimento Sustentável de Minas Gerais, comenta: *"se excluirmos dos índices de desenvolvimento humano da região do rio Doce aqueles referentes aos poucos municípios beneficiados diretamente pela Vale, Usiminas e ArcelorMittal, ficará evidenciado um fato insofismável – o vale do Rio Doce é tão pobre e tão atrasado quanto o vale do Jequitinhonha".*

Em relação ao Espírito Santo, segundo Marta Zorzal, a Vale foi um importante vetor de mudanças econômicas, ambientais, sociais e políticas nas áreas capixabas em que a empresa tem uma destacada atuação. Assim,

> *(...) além das usinas de pelotização, foi implantado todo um complexo siderúrgico e paraquímico, constituído pelas seguintes empresas: Companhia Siderúrgica de Tubarão, Samarco Mineração S/A, Aracruz Celulose S/A, e também ampliado o complexo portuário com a construção dos portos de Barra do Riacho (Aracruz-ES), e de UBU (Anchieta-ES).*[60]

Mas, para essa cientista social, há uma apropriação muito desigual dos benefícios e das transformações econômicas no Espírito Santo, porque deles resultou uma série de impactos negativos. Esses aparecem na concentração populacional na região da Grande Vitória e na estrutura social e política dessa unidade estadual. As desigualdades sociais foram ampliadas e são visíveis no atendimento das demandas populares por saúde, educação, segurança, habitação, etc. Essas evoluíram exponencialmente, no entanto não encontram respostas suficientes, seja nos investimentos do poder público, seja nos resultantes da iniciativa privada.[61] Contudo, esse modelo de desenvolvimento não absorve mão de obra na forma e na velocidade da oferta existente nessa unidade da federação.

Das 23 mil pessoas trabalhando em Carajás, em outubro de 2007 – de conformidade com uma reportagem de Lúcio Flávio Pinto – apenas 10% são empregados diretamente pela CVRD. Mais de 20 mil trabalhadores foram contratados por 175 empreiteiros. Eles terceirizaram a maior parte dos serviços, sobretudo os menos qualificados, violando vários dispositivos da legislação trabalhista. *"Esse é o principal motivo de mais de 90% das oito mil reclamações terem sido protocoladas na primeira vara da justiça trabalhista de Paraupebas nos últimos 18 meses."*[62] Em razão desse fato, foi criada uma segunda vara no município.

Os problemas ocorridos com os trabalhadores no Espírito Santo sucedem com maior intensidade no Estado do Pará. Nesta unidade da federação a realidade é mais aflitiva porque envolve comunidades indígenas. É elucidativa uma entrevista de Roger Agnelli, ex-presidente da empresa, analisando a crítica de comunidades indígenas à execução de alguns planos da mineradora. Em poucas palavras, o ex-executivo da Vale sintetizou a atitude da empresa: *"A integração dos índios é inevitável. O custo de mantê-los à parte é muito grande, tanto para eles quanto para o restante da sociedade brasileira"*.[63]

Ou seja, Roger Agnelli pensa como aqueles que impulsionaram desde o século XVI o extermínio das comunidades indígenas, por considerá-las como um obstáculo ao progresso do Brasil. E a forma de continuar praticando o genocídio dos índios se dá implantando essa "integração", como defende o ex-presidente da Vale, quando a opinião progressista levanta a bandeira do apoio aberto às comunidades indígenas em nosso país e à defesa de suas tradições e, principalmente, de seus direitos às terras em que vivem.

Na crítica à privatização da mineradora surge com ênfase um argumento: o preço da Vale foi ridiculamente baixo – "um preço de banana". Desejoso de efetivar a privatização, sem dúvida o governo federal jogou todas as fichas para efetivar o negócio. Em outras palavras, tornou mais atrativa a privatização da mineradora.

Fernando Henrique Cardoso, no livro *A arte da política – A história que vivi* – defende a privatização das empresas estatais em referência ao tema aqui examinado.[64] A defesa desse processo também é feita por jornalistas ligados ao PSDB. Porém, esses textos não apresentam uma análise abrangente, talvez porque na opinião de seus autores diversos fatos comprovam o acerto das mudanças empreendidas pelo governo de FHC. Não há, portanto, à disposição do público, um conjunto de trabalhos endossando essa política, quando o tema é visto por setores influentes da opinião pública como um erro clamoroso.

Comprova esse dado a repercussão de dois livros do jornalista Aloysio Biondi. O primeiro, *O Brasil privatizado*, lançado em abril de 1999, tornou-se um autêntico *best-seller*. Segundo informações da Editora Perseu Abramo, até a 12ª reimpressão, divulgada em 2006, foram vendidos 130 mil exemplares desse livro. O outro livro do mesmo autor, intitulado *O Brasil privatizado II - o assalto das privatizações continua*, publicado em setembro de 2000, alguns anos atrás encontrava-se em sua terceira reimpressão.

A repercussão desses trabalhos em certa medida resulta das qualificações de Aloysio Biondi, mas também das teses neles defendidas. Falecido em julho de 2000, Biondi destacou-se na imprensa brasileira por ser um jornalista respeitado. Estudava seriamente os temas enfrentados e jamais vestiu a camisa do denuncismo não baseado nos dados da realidade.

O sucesso dos livros de Biondi demonstra como, nos meios acadêmicos e de formadores de opinião, generalizou-se o combate à privatização da Vale, embora sejam inegáveis os êxitos dessa empresa.

Esse quadro contraditório é intrigante e demanda ser deslindado.

Em primeiro lugar, opiniões a esse respeito ainda estão presas a preconceitos, pois até agora não foi feito um exame aprofundado do desempenho das empresas estatais no Brasil. Na verdade, sempre houve uma crítica generalizada a elas e durante décadas, na grande maioria dos casos, sua derrocada foi inevitável porque corroídas por males crônicos, como a não qualificação dos responsáveis pela sua gestão; sua incapacidade em acompanhar a evolução tecnológica; a carência de recursos financeiros, quando cronicamente a crise fiscal dificulta o investimento nas empresas públicas; os problemas derivados de normas burocráticas impedindo uma atuação mais dinâmica das empresas estatais; a falta de continuidade no seu desempenho, em consequência do natural rodízio dos ocupantes nas chefias da administração pública; o uso partidário dessas empresas; o empreguismo e escandalosos casos de corrupção, etc.

Devido à conjugação desses males houve um acúmulo de fracassos de empresas estatais, no plano federal, assim como nos estados e municípios. O resultado foi o surgimento no país de amplo apoio à privatização das empresas estatais, chegando a ser uma das razões do sucesso da candidatura de Fernando Collor na eleição presidencial de 1989.

Em contraponto, porém, não podemos esquecer o predomínio nas correntes progressistas no Brasil, desde a revolução de 1930, da tese da interferência estatal nas atividades econômicas essenciais. Veja-se o sucedido com a Petrobras. Depois de um longo debate no país, o monopólio estatal do petróleo foi instituído pelo Congresso, em consequência de uma emenda apresentada por um prócer da UDN, Bilac Pinto. Outro exemplo é a batalha contra o projeto da Itabira Iron, conforme vimos neste livro, pois a solução encontrada foi a criação de uma empresa estatal – exatamente a Vale. Fato semelhante sucedeu quando da organização da Companhia Siderúrgica Nacional.

Ou seja, para enfrentar poderosas empresas estrangeiras as correntes progressistas, talvez por sentirem a fragilidade da burguesia brasileira, compreenderam a necessidade da interferência direta do poder do Estado na economia, através de empresas estatais ou de empresas mistas, com a participação de capitais privados. Esse pensamento influenciou gerações de brasileiros, impregnando profundamente a administração de Vargas.

Um dado curioso é o fato de que no ideário das correntes de esquerda jamais foi impulsionada a tese do estabelecimento de cooperativas de produção para resolver problemas econômicos. Sente-se a reserva no próprio governo Lula em recorrer ao cooperativismo, como se vê no precário apoio dado ao programa da economia solidária articulado pelo economista Paul Singer.

Quando fui deputado federal, representando o PCB, nos idos de 1963, até a cassação de meu mandato, em abril de 1964 com a vitória do golpe de Estado, apresentei projetos de lei e fiz incisivos pronunciamentos propondo a estatização de várias atividades, como na aviação comercial, nos negócios cambiais, na criação de hidrelétricas, na importação de combustíveis, na exportação de café, etc. Por isso considero normal o espanto e o horror de tantas pessoas diante de iniciativas como a da privatização da Vale, ainda mais porque nesta empresa nunca houve fracassos monumentais e nem gritantes escândalos de corrupção.

Depois de tantos anos do auge da privatização das empresas estatais, ocorrido nos dois mandatos de FHC, houve modificações profundas na vida nacional, em consequência do desenvolvimento capitalista no país. Diversos dados comprovam essa realidade, embora em questões essenciais pouco tenhamos avançado, como na superação das desigualdades na distribuição de renda na sociedade.

Contudo, o país de hoje é bem outro e esse panorama é visível em diversos aspectos da realidade social, econômica e cultural. O Brasil não ficou estagnado e surgiram novos problemas a desafiar nosso povo. Atente-se, por exemplo, ao fato de hoje existirem multinacionais brasileiras. Por isso o desenvolvimento econômico do país, embora precário, leva analistas brasileiros e estrangeiros a apresentarem nosso país como um ator importante no cenário internacional.

Essa trajetória decorreu em grande medida da orientação do governo de FHC, no qual foi relevante a privatização das empresas estatais. Então, do ponto de vista do desenvolvimento do capitalismo, esse processo foi um sucesso, não obstante os graves erros assinalados por Biondi. Portanto, pode-se concluir ser improcedente a condenação a todas privatizações realizadas pelos governantes. Algumas foram acertadas e inevitáveis, mas não podemos justificar todas elas. Em outras palavras, cada uma deve ser examinada caso a caso. Essa é a conclusão a ser retirada da polêmica.

Resta acrescentar um dado. Contribuiu para aumentar as divergências em torno da política de privatização, empreendida pelo governo FHC, a criação de agências dentro da estrutura governamental, classificadas pelo ex-presidente como "*os órgãos mais inovadores no conjunto de organizações públicas que pusemos em pé*".[65]

Essa novidade, segundo FHC, não partiu da tradição jurídica, herdada "*do mundo ibérico, baseado no Direito romano,*" pois "*nasceram na tradição anglo-saxã que não se arrepia quando o Executivo transfere, sob condições previstas em lei, funções reguladoras para um órgão autônomo*".[66] Órgãos dispondo da prerrogativa de regular, fiscalizar e punir infrações e atender a pleitos dos usuários de serviços públicos.

Quais são os atuais donos da Vale?

No debate sobre a privatização da Vale é essencial responder às seguintes questões: *a nação brasileira não mais controla a mineradora? Quais são os atuais donos da Vale?* No leilão de 1997 houve uma disputa entre dois líderes empresariais, cada um encabeçando um grupo financeiro poderoso: Antônio Ermírio de Morais (consórcio Valecom) e Benjamim Steinbruch (consórcio Brasil).

O consórcio Brasil, liderado pela Companhia Siderúrgica Nacional, arrematou 41,73% das ações ordinárias da Vale, pertencentes ao governo federal, por 3,338 bilhões de dólares. Esse consórcio era integrado também pelos fundos de pensão – dos funcionários do Banco do Brasil (Previ), da Petrobras (Petros), da CESP (Fundação Cesp), da Caixa Econômica Federal (Funcef) – além da participação do Opportunity e do Nations Bank, e conseguiu empréstimos de outras instituições.[67]

Contudo, o governo FHC não concordou com o fato de Benjamim Steinbruch controlar simultaneamente a CSN e a Vale. Por isso, depois do leilão, esse empresário vendeu as ações da Vale para acertar as contas da empresa de Volta Redonda.

A atuação do Bradesco foi decisiva nessa gigantesca operação financeira, embora tenha sido irregular do ponto de vista legal, porque, havendo atuado no processo de avaliação da Vale, esse banco estava impedido de participar do leilão. Contornando essa questão, a BRADESPAR, subsidiária dele, adquiriu um expressivo lote de ações da Vale e indicou Roger Agnelli (ex-diretor executivo do Bradesco) para a presidência da mineradora.[68]

Entretanto, foi estabelecido um acordo entre os fundos de pensão e os outros sócios, sendo criada uma nova empresa – VAPEPAR, para ficar com 53% das ações da CVRD. Por sua vez, o controle da VALEPAR está nas mãos dos seguintes sócios: LITEL, com 49% das ações, BRADESPAR (do Bradesco), com 21,21% das ações, BNDES, com 11,51%, e a Mitsui, com 18,54%. Por sua vez, a LITEL pertence aos fundos Previ, Funcef, Petros e à Fundação CESP.

Todavia um acordo de acionistas prevê que, para mudar a diretoria da empresa são indispensáveis os votos de 67% do total das ações ordinárias da VALEPAR. Mas os fundos de pensão e o BNDES possuem somente 60,5% no bloco de controle da VALEPAR, ou seja, no controle da Vale. Em conclusão, para remover qualquer diretor da Vale, é indispensável também a anuência do Bradesco e do grupo japonês Mitsui.[69] Em consequência desse arranjo complicado, os fundos de pensão, o BNDES e o Bradesco dividem o controle da VALEPAR. Portanto, *são os atuais proprietários da Vale*, mas o governo necessita da concordância do Bradesco e/ou da Mitsui para modificar a diretoria da Vale.

Pelas informações de *O Estado de S. Paulo*, dos 4,8 bilhões de ações da Vale, 2,9 bilhões são ordinárias e 1,9 bilhão são preferenciais. Um percentual de 30,1% do capital total da Vale é de propriedade de estrangeiros e 50,6% das ações preferenciais pertencem a investidores com domicílio legal fora do país.[70] De conformidade com a legislação, proprietários de ações preferenciais não têm direito de voto nas assembleias de acionistas, mas têm prioridade na distribuição de lucros.

Do ponto de vista jurídico, a Vale é uma empresa privada e possui todos os direitos de uma empresa privada. No entanto, parcialmente é controlada pelas autoridades federais, mas estas somente interferem quando há problemas fundamentais. Ou seja, a Vale é obrigada a curvar-se diante de imposições do Palácio do Planalto.

Parece-me que num dos editoriais de *O Estado de S. Paulo* (10/10/2007) resumidamente foi definida de forma precisa a situação jurídica da Vale, quando afirma: "*Pode-se dizer que a Vale não é uma estatal, mas é uma empresa pública, uma vez que grande parte do seu capital é público*".

Desempenhou papel destacado nesse episódio o senador Aloysio Mercadante. Segundo esse parlamentar, não havia sentido privatizar uma empresa estratégica rentável, como a Vale. Contudo, ao compreender ser inevitável o leilão da mineradora, ele incentivou a participação dos trabalhadores naquela privatização. Em sua opinião, os maiores beneficiados foram os empregados do Banco do Brasil porque a compra de ações da Vale foi um excelente negócio para o Fundo Previ.

Para Mercadante, no quadro atual da economia brasileira *"sobram poucas empresas de capital nacional no País, mas as que sobraram têm a participação dos fundos de pensão de trabalhadores"*. E acrescentou: *"hoje, os maiores capitalistas brasileiros são os trabalhadores organizados nos fundos de pensão"*.[71] Essa é a versão de Mercadante sobre o leilão da Vale, em 1997, e de suas consequências.

No meio dessa confusão, o empresário Eike Batista decidiu aproveitar a oportunidade para pescar em águas turvas, a fim de tentar ganhar posições na Vale. Por isso encaminhou proposta de compra de ações pertencentes ao Bradesco, ou aos fundos de pensão, ou ao BNDES, aproveitando a celeuma lançada pelo presidente Lula. No entanto, essas jogadas foram infrutíferas, e o Bradesco decidiu não abrir mão de sua influência na direção da Vale e na participação nos lucros da segunda grande empresa brasileira.

Levando em consideração a audaciosa trajetória de Eike Batista, em que vão sucedendo controvertidas transações com investidores estrangeiros e nacionais, no setor mineral, devemos seguir uma velha advertência do progenitor desse empresário (Eliezer Batista) a seu filho – "fique longe da Vale!". Recomendação dada exatamente por alguém que foi um dos fundadores da CVRD e por duas vezes ocupou sua presidência.

Mudanças na direção da empresa

No segundo semestre de 2008, diante da crise econômica internacional, a diretoria da mineradora alterou a expansão de seus negócios. Suspendeu ou adiou os planos para a construção de duas indústrias de aço no Pará (Aços Laminados do Pará – ALPA) e no Espírito Santo (Companhia Siderúrgica de UBU). Reduziu em 1,2 bilhão de reais os investimentos em logística até 2013, além de esticar o prazo de conclusão de algumas obras.

Também anunciou a demissão de operários na empresa, a adoção de férias prolongadas e um acordo de licença remunerada com cerca de 18 mil de seus empregados. Ao mesmo tempo, sondou o presidente da República a respeito da possibilidade de alterações na legislação trabalhista de modo a diminuir os encargos sociais da companhia.

Tais propostas repercutiram negativamente no Palácio do Planalto, inclusive porque o BNDES emprestou mais de três bilhões de reais à Vale precisamente para ser iniciada a construção das siderurgias no Pará e no Espírito Santo. Lula repudiou a tese de modificações nas leis trabalhistas e partiu para uma crítica pública, reiterada várias vezes, à política da Vale de desempregar um vasto contingente de seus empregados e de suspender os investimentos que havia planejado em nosso país.

Face ao repúdio causado por esse conjunto de planos, sua diretoria tentou contrabalançar a repercussão negativa com uma farta publicidade nos meios de comunicação, batendo na tecla de que a Vale é a empresa privada que mais investe no Brasil. Contestava, portanto, de forma direta e clara, as declarações de Lula. O gasto absurdo com essa campanha publicitária foi comentado por diversos articulistas, despertando críticas generalizadas, e gerou até uma recriminação do então responsável pelo Fundo Previ, Sérgio Rosa.

Mas com as declarações incisivas de Lula condenando a Vale e fazendo circular a versão de que pleiteava alterações na sua direção, a empresa teve de rever seus desejos deixando o dito pelo não dito. Assim, em 19 de outubro de 2009, a Vale anunciou um plano de investimento de quase 13 bilhões de dólares em 2010, o que representa o maior valor já investido por uma empresa no país em um ano. A diretoria da Vale recordou também que está ampliando seu investimento na Companhia Siderúrgica do Atlântico (CSA), em Santa Cruz, na zona oeste do Rio, em parceria com o grupo Thyssen Krupp, apresentando essa obra como a primeira usina de grande porte a ser construída no Brasil desde meados da década de 1980.

Para demonstrar seu propósito de ampliar suas atividades no Brasil, a empresa igualmente anunciou o início de diversas iniciativas em Minas Gerais, como o Projeto Apolo, localizado nos municípios de Santa Bárbara e Caeté, com a capacidade de produzir 24 milhões de toneladas de ferro; inaugurou o projeto Itabiritos, uma pelotizadora com capacidade para produzir sete milhões de pelotas por ano. Porém, tudo isso não alterou o que já fora resolvido por Lula. Em conclusão, depois de muitas gestões nos bastidores, prevaleceram as exigências do governo.

Nos jornais houve várias notícias especulando sobre os motivos que levaram o Palácio do Planalto a reclamar essa mudança na administração da segunda maior empresa brasileira. São várias as hipóteses, mas é claro que influiu a controvérsia a respeito da necessidade de a empresa investir maiores recursos no Brasil. Outros analistas consideram que tudo não passou de uma disputa pelo poder, pois, afinal, a Vale é hoje a joia da Coroa. Por isso consideram que tudo ocorreu em razão do interesse do PT em colocar nas posições básicas da administração pessoas inteiramente afinadas com esse partido.

Enfim, para desnovelar esse imbróglio é indispensável relembrar o processo de privatização da Vale, em maio de 1997, quando houve o famoso leilão de uma parcela substancial das ações da empresa e foram adotadas decisões a fim de possibilitar a polêmica privatização. Por isso, somente depois de algum tempo é que será desvendado o significado e a importância dessa mudança recente no controle da empresa.

Essa batalha indica a necessidade de se dar uma resposta a outra pergunta – *uma transação, ou um acordo, no mercado internacional poderá transferir o controle da Vale para investidores estrangeiros?* A resposta é afirmativa, pois tal possibilidade não pode ser descartada.

Comprova tal eventualidade um fato lembrado pelo economista Carlos Lessa:

> *(...) em 2003, quando ele ocupava a presidência do BNDES, os funcionários da Vale desejaram vender as ações que possuíam dessa empresa. Originalmente, elas pertenciam ao BNDES, mas foram vendidas a esses funcionários pelo governo FHC. (8,5% de ações ordinárias da Vale.) Todavia, como o BNDES possuía o direito de preferência na venda dessas ações, elas foram adquiridas pelo estabelecimento oficial por determinação de Lessa. Devido a isso, o governo brasileiro assegurou o controle da CVRD.*

Sendo assim, é indispensável termos presentes as ameaças de desnacionalização da Vale. Afinal, só os ingênuos não conhecem a voracidade dos que atuam no mercado financeiro mundial.

Seria o caso, então, de se pleitear a reestatização da Vale, como defendem algumas correntes? No quadro da presente realidade política é infrutífero esse pleito, porque não há um movimento expressivo na opinião pública em favor de reviravolta tão grande e porque forças poderosas estão de acordo com a situação atual da empresa. Ademais, argumenta-se que nos oito anos do governo Lula não foi alterada a política de FHC.

Para se entender esse quadro complexo na alta direção da Vale, é útil acompanhar a polêmica entre Lula e a presidência da Vale. Ele deixou vazar seu propósito de promover substituições na diretoria da empresa. Mas, inicialmente, o Bradesco não se curvou ante as pressões do Palácio do Planalto, desde que o banco estava alicerçado no famoso acordo assinado em 1997. Isso porque para Haroldo Mota, professor da Fundação Dom Cabral, o acordo de acionistas "*é inviolável. Burlar esse acordo pode ser facilmente questionável pelos acionistas minoritários*".

Os que defendem uma modificação da estrutura jurídica da Vale, restabelecendo a característica de empresa estatal, não avaliam como uma medida desse vulto causaria o maior impacto na economia e larga repercussão internacional. De saída tornaria indispensável vultosos recursos, para remunerar acionistas privados e para não haver um verdadeiro "calote". Portanto, uma alteração radical desse tipo somente seria possível no quadro de um processo revolucionário, ainda mais porque o sistema financeiro internacional adotaria medidas que poderiam trazer sérios problemas para o Brasil.

Entretanto, algumas medidas parciais podem e devem ser tomadas a fim de usar mais a Vale para resolver problemas aflitivos do Brasil, tais como o efetivo apoio ao desenvolvimento de regiões brasileiras, principalmente para encontrar solução para questões ambientais, como apresento no próximo capítulo.

Que iniciativas, portanto, poderiam ser adotadas agora desde que fique descartada a reestatização? Nesse quadro, o presidente Lula lançou uma tese que merece apoio – *a Vale deve investir em siderurgia e outros ramos industriais*. Essa proposta fundamenta-se na prioridade de ampliar a criação de empregos no Brasil e de valorizar nossas exportações. Inúmeros fatores permitem esse salto de qualidade.

Essa opinião de Lula é acertada como uma solução geral para o problema, mas equivocada foi a sugestão de a Vale dedicar-se à siderurgia, quando há dificuldades nesse setor da economia. Por isso uma solução mais acertada foi a seguida pela empresa, investir em fertilizantes, quando o Brasil está importando tais produtos, sendo uma prioridade internacional e nacional a produção de alimentos.

Segundo informações do novo presidente da Vale, Murilo Ferreira, a empresa em breve estará entre as três maiores produtoras mundiais de fertilizantes. Citou alguns dados significativos: acordo com a Petrobras para o arrendamento ou a cessão da área de um megaprojeto de exploração de potássio em Sergipe, com o objetivo de extrair anualmente 2,2 milhões de toneladas; está sendo fechado com a Argentina o projeto do Rio Colorado, estimado em seis bilhões de dólares, centralizado na produção de fertilizantes. O governo enfatiza a necessidade de a mineradora priorizar o estabelecimento de parcerias para a exploração de fosfato e de cloreto de potássio. Devido a isso a empresa está investindo 850 milhões de dólares na compra de jazidas de potássio, na Argentina e no Canadá.[72]

Murilo Ferreira, nessa entrevista, informou que a Vale não está atravessando uma fase de dificuldades nas suas transações com a China, mas vem diminuindo a participação da venda de minério de ferro no Brasil. (Em 2005 a Vale tinha 70% no mercado brasileiro e hoje possui tão somente 50%.) Atribui essa diminuição ao fato de as empresas siderúrgicas nacionais estarem se dedicando à produção de minério de ferro, pois sentem que aumenta o consumo de aço no Brasil. Por tais razões, depreende-se que ele considera complicado a Vale ingressar em novos projetos de siderurgia e que deve empenhar-se de preferência na produção de fertilizantes.

Essas divergências demonstram a urgência de uma medida concreta e imediata: unificar a atuação dos diversos órgãos do poder público relacionados com a Vale, como os bancos estatais e os fundos que nela investiram recursos. Assim, impõe-se uma melhor atuação de setores governamentais no desempenho de uma empresa da importância da Vale.

Essa sugestão coincide com uma opinião do competente jornalista de economia Marco Antônio Rocha. Para ele, a Vale é uma empresa privada, mas o governo tem possibilidade de pressioná-la em função de algumas questões estratégicas. Para tanto se deveria organizar um órgão do Estado (não do governo) para opinar a respeito de problemas relevantes em empresas estatais, notadamente naquelas onde há investimentos do poder público.

Porém, o essencial é a compreensão da luta política ativa, permanente, em defesa da Vale como empresa criada pelos brasileiros, com o objetivo de servir ao país, deixando de forma clara e insofismável o repúdio a sua desnacionalização.

Qual o futuro da Vale?

A crise internacional, deflagrada em setembro de 2008, teve largas consequências na economia de nosso país, influindo negativamente nas atividades da Vale. Segundo a mineradora, dois fatores determinaram suas dificuldades – a valorização do real e a queda dos preços do minério de ferro. Apesar da expectativa de que a valorização do real reduzisse as despesas da Vale com encargos, seu endividamento cresceu em mais de dois bilhões de reais no segundo trimestre de 2009.

Para os analistas, a questão básica é a seguinte – por que a Vale em determinadas conjunturas enfrenta dificuldades de extraordinária magnitude? A resposta é simples: é uma contingência que afeta todas as empresas que atuam no mercado internacional.

Quando teve início essa crise a Vale estava diante de uma ameaça assustadora, podendo prever-se que soçobraria no mercado internacional. Por que razões esses problemas são decisivos ? Seu desempenho está na dependência dos preços pagos pelos seus produtos. No caso do minério de ferro os preços têm oscilado de 65 a 200 dólares a tonelada.[73] (A crise em 2008, pela sua magnitude, assemelha-se àquela vivida pela empresa em 1945, quando foi suspensa a elevada produção de equipamento militar.)

Um fato novo, porém, determinou uma radical alteração nesse panorama – o comportamento da China, que levou o mais populoso país do mundo a intervir fortemente no mercado, passando a importar *commodities* em grande escala, a fim de garantir seu crescimento econômico. Daí o empenho em assegurar imensas toneladas de minério de ferro para sua indústria de aço. Portanto, o que salvou a Vale nessa conjuntura desfavorável do mercado foi essa atuação da China. Ou seja, as aquisições chinesas alteraram completamente o mercado mundial de minério de ferro.

Essa situação levou a mineradora a compreender que está diante de um desafio – não pode depender sempre da enorme demanda chinesa. Necessita enveredar por um *novo caminho*, partindo do fato de poder disputar em *outras áreas* com grandes grupos internacionais.

Como já dissemos, a diretoria da Vale está procurando encontrar meios de atenuar essa dependência das aquisições chinesas e adotou várias medidas. Como o Brasil necessita ampliar a produção de alimentos, tornou-se essencial comprar de produtores estrangeiros 70% da demanda nacional desse insumo. Assim, os altos escalões de Brasília defendem uma aliança estreita da Petrobras com a Vale, cimentando uma atividade conjunta, no Brasil e no exterior, dedicada à produção de fertilizantes.

Sabe-se também que a Vale está empenhada em diminuir seus custos de produção. Por exemplo, espera economizar 150 milhões de dólares por ano com a utilização de biodiesel em suas locomotivas no Sistema Norte e nos equipamentos da mina de Carajás. Um executivo da empresa, Fábio Barbosa, enfatizou o interesse da empresa nos investimentos em energia, para reduzir os custos, mesmo porque ela absorve 4,5% de toda a energia produzida no Brasil. Daí o seu interesse em investir na pesquisa de gás, numa associação com a Petrobras.

A empresa também rendeu-se às imposições do mercado asiático concordando com a comercialização à vista do minério de ferro, quando anteriormente impunha aos compradores a realização de contratos a prazos longos. Organizou centros de distribuição de minério na Ásia. Simultaneamente, resolveu aumentar sua frota de navios comprando ou alugando 12 graneleiros gigantescos, retificando a decisão tomada anos atrás de desativar a Docenave. (Essa subsidiária da Vale chegou a ser a terceira maior empresa de navegação graneleira do mundo.)

Anote-se a seguinte informação de um diretor da empresa:

> *Um navio da Vale leva 45 dias para chegar à China. O australiano leva de 10 a 15 dias, no máximo. Há uma situação criada pelo encolhimento do crescimento e da geografia. Temos uma estrutura de venda muito bem distribuída, mas boa parte do mundo deixou de crescer. Então, houve um desequilíbrio em relação à situação anterior.*[74]

Examinando o fornecimento de minério de ferro no mundo, um dado básico reside no fato de que nele dá as cartas um restrito número de exportadores. Além da Vale, são poderosas duas empresas australianas. Por sua vez, no que diz respeito aos consumidores, os compradores são os grandes grupos que controlam a produção de aço. Portanto, possuem poderio para forçar a diminuição do preço do minério de ferro.

Essa pendência vem marcando o relacionamento entre a Vale e os compradores chineses. O chefe da área de análise da Modal Asset Management, Eduardo Roche, acredita que a estratégia de jogar todas as fichas no mercado chinês é arriscada para a mineradora. "*A dúvida agora é saber se essa demanda da China é sustentável ou irá diminuir assim que os estoques voltarem ao patamar considerado ideal*", questionou.

Nesse quadro, a Vale deve investir em outros ramos industriais. Essa proposta fundamenta-se na prioridade de criar empregos no Brasil e valorizar nossa pauta de exportações.

Enfim, a Vale pode e deve romper o círculo de giz de praticamente limitar-se à exportação de minério de ferro. Naturalmente, enfrentará dificuldades. Mas alguns dados permitem prever que terá êxito. Inúmeros fatores permitem esse salto de qualidade da empresa: o potencial que possui, em termos de recursos humanos, competência tecnológica, conhecimento aprofundado das riquezas minerais no Brasil e no exterior, experiência comprovada no mercado internacional e sua possibilidade de recorrer a financiamento.

Contudo, o mais importante é a urgência de o governo federal traçar uma política para o comércio internacional brasileiro. Contamos hoje com um grupo de empresas que atuam no exterior, sendo necessária uma coordenação delas, levando em conta não apenas as questões particulares de cada uma, mas os interesses nacionais estratégicos. Ou seja, impõe-se o entrosamento do BNDES, do Banco do Brasil, do Itamaraty e de outras instituições com a política traçada por esse novo órgão governamental.

Notas

[1] CVRD, 1992.
[2] Idem. *Estado Capitalista e Burocracia no Brasil*, p. 59
[3] Silva. *A Cia. Vale do Rio Doce no contexto do Estado desenvolvimentista*, p. 113, grifos da autora
[4] *Idem*, p. 310.
[5] CVRD, *50 anos de História*, p. 24-25.
[6] *A Vale do Rio Doce & sua história*, p. 28.
[7] Soares. *O ferro na história e na economia do Brasil*, p. 114-122.
[8] Almeida. Obra citada, p. 207 *et seq.*
[9] Silva. Obra citada, p. 152.
[10] *Revista Brasil Mineral*, 1985, p. 35-36.
[11] Silva. Obra citada, p. 104.
[12] *Idem*, p. 127.
[13] Relatório da CVRD, 1951.
[14] Silva. Obra citada, p. 162.
[15] *Idem*.
[16] *Idem*, p. 161.
[17] *Apud Retrato do Brasil*, n. 9.
[18] Silva. Obra citada, p. 167.
[19] Mayrink, *Histórias da Vale*, p. 73.
[20] Batista. Obra citada, p. 85.
[21] *Idem*, p. 82.
[22] Faro *et al.*, *Conversas com Eliezer Batista*, p. 61.
[23] *Revista Brasil Mineral*, n. 110, p. 19.
[24] *Revista da CVRD*, v. 5, n. 16, jun. 1984.
[25] Silva. Obra citada, p. 210-211.
[26] *Idem*, p. 335.
[27] Morandi. *Reestruturação industrial e siderurgia*, p. 33.
[28] Um relato minucioso da batalha travada por esse empresário está no livro de Clélio Campolina Diniz, intitulado *Estado e capital estrangeiro na industrialização mineira*, p. 58 *et seq.*
[29] Mayrink. Obra citada, p. 234.
[30] *Apud* Simpósio Alternativas para Carajás, p. 136, 148, 163, 169 *et seq.*
[31] Faro *et al.*. Obra citada, p. 95.
[32] Mayrink. Obra citada, p. 120.

33 Silva. Obra citada, p. 274.
34 *Revista Brasil Mineral*, n. 24, nov. 1985.
35 Depoimento de José Raimundo Barros, Jornal da Serra, jul. 1987.
36 Barbedo. *Carajás: trabalho e vida na cidade da floresta*, p. 123.
37 *Idem*, p. 176 e 182.
38 *Idem*, p. 148.
39 *Idem*, p. 188.
40 Grifo nosso.
41 Barbedo. Obra citada, p. 226.
42 *Idem*, p. 223.
43 *Idem*, p. 225.
44 *Idem*, p. 229.
45 *Idem*, p. 234.
46 *O Estado de S.Paulo*, 16 fev. 2008.
47 *O Estado de S.Paulo*, 26 jul. 2008.
48 Simpósio Alternativas para Carajás, 1981, p. 56.
49 *Diário do Congresso Nacional*, 5 ago. 1981.
50 Faro *et al.*. Obra citada, p. 145.
51 Calvino, *As cidades invisíveis*, p. 94.
52 Barbedo. Obra citada, p. 261.
53 *Idem*, p. 214.
54 *Idem*, p. 218.
55 Esses dados aparecem em artigos de Suely Caldas e Paulo Renato de Souza, publicados no jornal *O Estado de S.Paulo*, respectivamente, nos dias 9 e 23 de setembro de 2007.
56 *O Estado de S.Paulo*, 10 out. 2007.
57 *O Estado de S.Paulo*, 25 nov. 2007.
58 Transcrição do artigo 5º do Decreto-Lei n. 4.352 do governo federal.
59 Silva. Obra citada, p. 327 *et seq.*
60 Texto mimeografado, 2006, p. 17.
61 *Idem*, p. 19.
62 Vide "Fórum Carajás", na internet, em 26 out. 2007.
63 *O Estado de S. Paulo*, 11 maio 2008.
64 Cardoso. Obra citada, p. 157 *et seq.*
65 *Idem*, p. 157 *et seq.*
66 *Idem*, p. 576.
67 Mayrink. Obra citada, p. 266.
68 Vide *Retrato do Brasil*, n. 9, p. 27.
69 *O Estado de S.Paulo*, 10 out. 2009.
70 *Retrato do Brasil*, n. 9.
71 *O Estado de S.Paulo*, 21 ago. 2011.
72 *Retrato do Brasil*, n. 9, p. 27.
73 *Folha de S.Paulo*, 30 jul. 2009
74 *O Estado de S.Paulo*, 8 maio 2009.

Homens à beira do penhasco do Pico do Cauê – Arquivo Público Mineiro, Coleção Dermeval Pimenta

Vista do Pico do Cauê – Arquivo Público Mineiro, Coleção Dermeval Pimenta

Vista de área de mineração do Pico do Cauê – Arquivo Público Mineiro, Coleção Dermeval Pimenta

Vista do cais de minério do Pico do Cauê – Arquivo Público Mineiro, Coleção Dermeval Pimenta

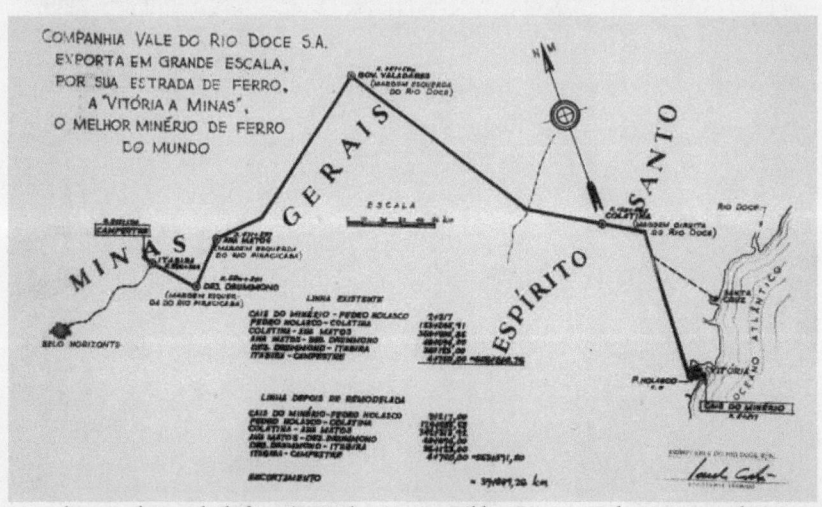

Mapa do curso da estrada de ferro (EFVM) – Arquivo Público Mineiro, Coleção Dermeval Pimenta

Construção de túnel da estrada de ferro Vitória-Minas – Arquivo Público Mineiro, Coleção Dermeval Pimenta

Deslizamento de terra sobre uma linha férrea (VM) – Arquivo Público Mineiro, Coleção Dermeval Pimenta

E.F.V.M. – Foto: Movimento Pró Rio Doce

USIMINAS – Usina de Ipatinga – Arquivo Público Mineiro, Coleção Dermeval Pimenta

USIMINAS – Usina de Ipatinga, vista aerea – Arquivo Público Mineiro, Coleção Dermeval Pimenta

Ipatinga e a Usiminas – Foto Sérgio Roberto (Agência Cobertura)

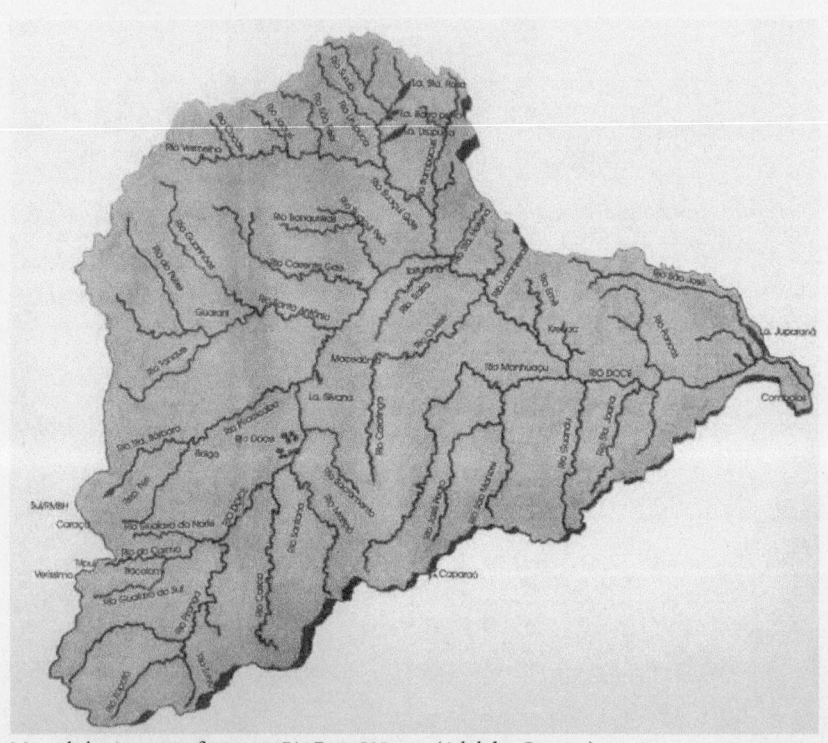

Mapa da bacia e seus afluentes – *Rio Doce 500 anos* (Adolpho Campos)

Cidade de Rio Doce no Alto Rio Doce próximo à nascente – Foto: Mov. Pró Rio Doce

Foz do Rio Doce no município de Linhares – Foto: Jolimar Salarolli

Médio Rio Doce – Foto: Jefferson Marques

Médio Rio Doce – Foto: Jefferson Marques

Rio Doce ao entardecer - Foto: Leonardo Morais

Lagoa Juparanã (Linhares/ES) – Foto: JR Cine Foto Som

Mata Atlântica – Foto: Leonardo Morais e Sérgio Roberto (Agência Cobertura)

Parque Estadual do Rio Doce, Ponte Reves de Belém, Rio Doce – Vista aérea – Arquivo Público Mineiro, Coleção Dermeval Pimenta

Parque Estadual do Rio Doce – Vista aérea – Arquivo Público Mineiro, Coleção Dermeval Pimenta

Farol em Regência - Distrito de Linhares – Foto: JR Cine Foto Som

Cidade de Itabira – Sub-Bacia Rio Santo Antônio – Foto: Ronei Jober Andrade

Pico do Ibituruna em Governador Valadares – Foto: Pedro André

Enchentes em município da Bacia do Rio Doce – Foto: Dilson Rocha

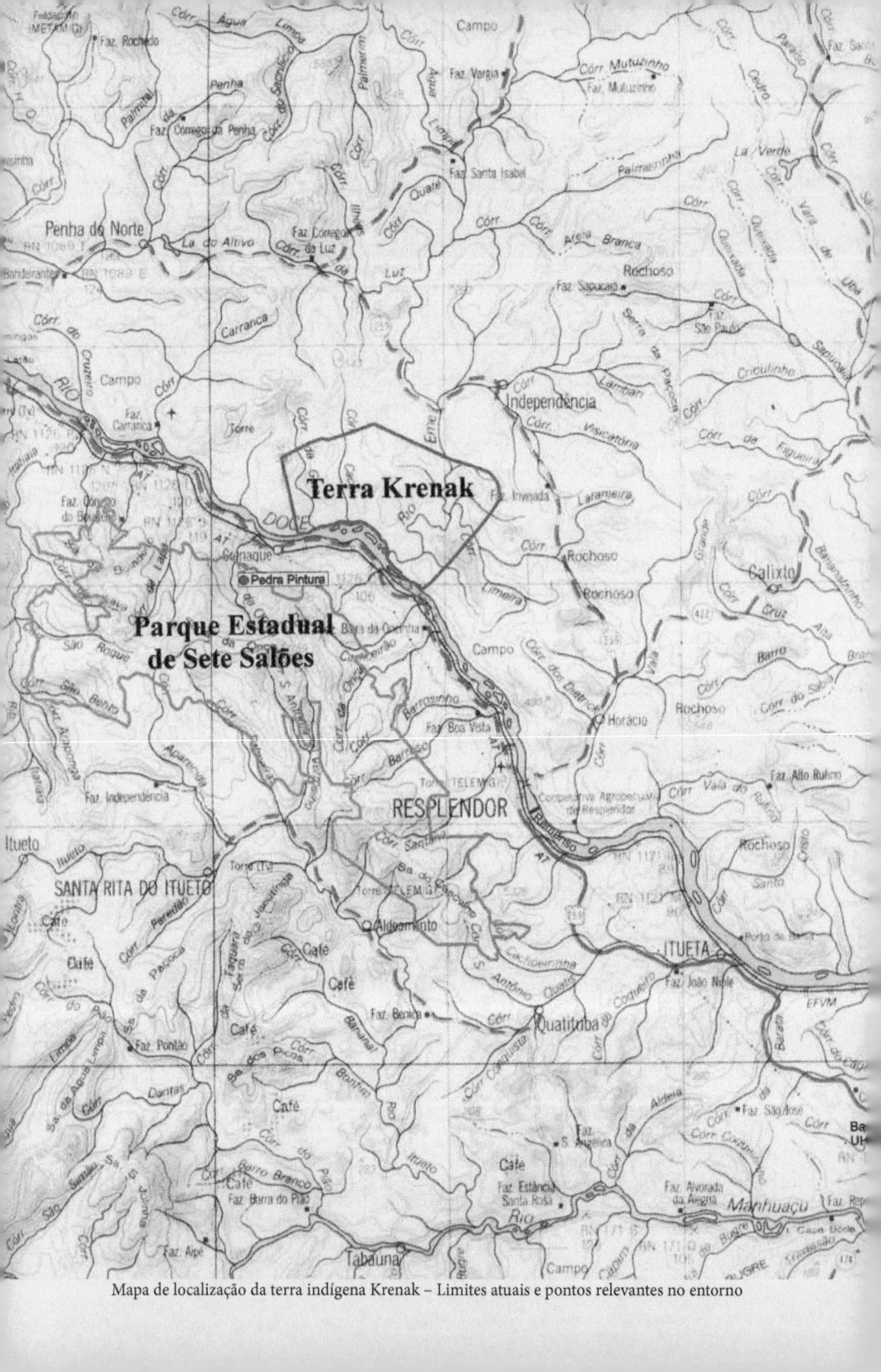

Mapa de localização da terra indígena Krenak – Limites atuais e pontos relevantes no entorno

Visão geral do Posto Indígena Guido Marlière (Krenak), tendo ao fundo o Rio Doce e a pedra Krenak – Acervo do Museu do Índio – Setor de Antropologia Visual

Botoques labiais e auriculares dos Gut Krak (Krenak) – Foto de Walter Garke (1909). Fonte: Arquivo Público do Estado do Espírito Santo.

Índios Krenak – Fotos: Judson Brasil

Capítulo 6
Questões ambientais ■

A causa do meio ambiente é vital para a humanidade. Por isso, examinando a realidade do que sucede no vale do Rio Doce, apresentamos em cada capítulo deste livro como os problemas ambientais nele se mostram, tais como a destruição quase total da Mata Atlântica, os impactos da opção pelo carvão vegetal pela siderurgia, os dilemas relacionados com o reflorestamento, a abusiva utilização das águas na produção de energia e outros exemplos.

Os problemas essenciais no vale do Rio Doce devem ser aprofundados, notadamente a poluição em suas águas. Sobretudo, é indispensável apontar as razões e as causas da atenção insuficiente para com a gravidade da questão ambiental, falha que começa a ser vista na imprensa. Veja-se a afirmação recente, num editorial da *Folha de S. Paulo*[1] de que *"até agora não se encontrou em nosso país uma fórmula capaz de conciliar a preservação da floresta amazônica com a agricultura e a pecuária"*, desastre que demonstra como a sociedade brasileira está seguindo na Amazônia o mesmo caminho que destruiu a Mata Atlântica!

Portanto, é indispensável uma reflexão teórica sobre o entrelaçamento da dimensão ambiental com a temática do desenvolvimento econômico em geral, explicitando os fundamentos do ecodesenvolvimento. Essa reflexão foi bem apresentada por Maurício Andrés, ao dizer que o ecodesenvolvimento situa-se *"como um esboço de normas em que a dimensão ambiental é trazida para dentro da própria teoria econômica que fundamenta os planos de desenvolvimento territorial"*.[2]

O conceito ganhou força e atualidade em razão da necessidade da crítica às teses do neoliberalismo que impuseram em nosso país seu modelo de desenvolvimento, apoiado nos objetivos da rentabilidade e do lucro dos capitais, provocando inevitáveis efeitos negativos sobre o meio ambiente e a qualidade de vida da população.

Por várias razões defendemos como meta o modelo do ecodesenvolvimento (ou desenvolvimento sustentável), com as características formuladas por Ignacy Sachs, assim resumidas:

> *(...) ênfase no aproveitamento dos recursos de cada região e no uso social destes recursos de cada região para as populações locais; identificação, valorização e uso dos recursos naturais, levando-se em consideração as futuras gerações; redução da poluição através da reciclagem dos materiais rejeitados; aproveitamento da energia solar através da fotossíntese, principalmente nos trópicos; desenvolvimento de ecotécnicas apropriadas para cada contexto ecológico e social; consolidação de instituições que permitam participação das populações que as defendam contra a espoliação por intermediários e aproveitem as complementaridades setoriais; ênfase na educação para a participação.*[3]

Daí o entendimento de Sachs de que o meio ambiente deve ser equacionado de conformidade com três conjuntos – *meio ambiente natural*, pelos recursos naturais, como o ar, a água, o solo, os minerais, a flora, a fauna e os recursos energéticos inexplorados; *meio ambiente cultural* (ou criado pelo homem), pelos recursos como obras e objetos artísticos, cidades, edificações históricas, monumentos, recursos técnicos de saúde, habitação, saneamento, produção de energia, alimentos, etc.; e *meio ambiente social*, pelos recursos humanos, como a população com sua história, organização social, instituições, normas e leis.

Na análise das questões ambientais no vale do Rio Doce estão à disposição dos pesquisadores dois trabalhos da maior relevância. Um deles é o texto de Maurício Andrés, intitulado "Notas sobre o meio ambiente e desenvolvimento regional no Vale do Rio Doce",[4] um estudo pioneiro que abriu o debate sobre essa temática em Minas Gerais.

O segundo é um relatório de pesquisas, coordenadas pelo professor João Antônio de Paula, feitas durante seis anos, a partir de 1960, por um consórcio de instituições acadêmicas e órgãos públicos, sob a liderança do CEDEPLAR, da Universidade Federal de Minas Gerais, com a participação da Fundep, do Padct e com o financiamento de entidades e empresas privadas.

Essa pesquisa girou em torno do programa "Biodiversidade, População e Economia". Foram seus pontos de partida: a constatação da gravidade e importância da questão ambiental, sua centralidade e complexidade, e suas amplas repercussões sobre a globalidade da vida no planeta. Constata-se que o enfrentamento crítico-prático da questão terá, necessariamente, que transcender as perspectivas unilaterais e buscar efetiva interdisciplinaridade.

Esse panorama decorre do modelo de desenvolvimento adotado no Brasil, acentuado principalmente pela atuação das grandes empresas situadas no vale e a enorme contribuição das águas poluídas drenadas de cidades populosas como Governador Valadares, Ipatinga e Coronel Fabriciano.

O maior adensamento populacional na bacia ocorre no Vale do Aço e o fluxo migratório dirige-se sobretudo para as maiores cidades, como Governador Valadares e Ipatinga. Na zona rural existem inúmeras áreas em estado avançado de desertificação, lagoas eutrofizadas, nascentes desprotegidas e processos erosivos. Mais de 90% da cobertura vegetal foi retirada, o que levou a uma redução drástica da biodiversidade regional, que era uma das mais ricas de nosso país. *(Eutrofização é o enriquecimento natural ou artificial com matérias nutritivas.)*

No vale,

> (...) outros efeitos danosos da ocupação humana e das atividades econômicas são a poluição hídrica, provocada pela descarga de rejeitos industriais e domésticos e o uso descontrolado de agrotóxicos; os desequilíbrios causados pela construção de barragens de médio e grande porte; as inundações periódicas, especialmente nos rios Piranga, Piracicaba, Caratinga e Doce; e a escassez de água em alguns municípios, especialmente no médio Rio Doce.[5]

Por isso a situação da bacia é preocupante, porque além de ser visível o quadro de degradação ambiental, é baixo o desenvolvimento social. Em 2000, seu IDH médio era de 0,695, menor que o IDH do país – de 0,766,

Um exame procedido pelo Instituto Mineiro de Gestão das Águas (IGAM), sobre a qualidade das águas superficiais em Minas Gerais, em 2007, fez uma análise minuciosa do Doce. Essa apreciação toma por base as normas oficiais que registram a qualidade das águas utilizadas pela população. Esses limites legais foram estabelecidos pela Deliberação Normativa 10/86 do COPAM, de 1997 até 2004, e pela Resolução do CONAMA 357/05, de 2005 a 2007.

Considerando a série dos resultados, no período de 1997 a 2007, para 32 estações de amostragem na bacia, foram avaliados os parâmetros monitorados com relação ao percentual de amostras cujos valores ultrapassam em mais de 20% os limites das disposições legais.

Em ordem decrescente, no período citado, as maiores violações desses limites legais, em decorrência da presença de diversos fatores nas águas no vale do Rio Doce, foram as seguintes: alumínio total, 97,3%; coliformes termotolerantes, 60,3%; fósforo total, 55,7%; coliformes totais, 53,7%; manganês total, 36,3%; fenóis totais, 21,2%; cor verdadeira, 19,8%; óleos e graxas, 18%; ferro dissolvido, 15,4%; turbidez, 13,8%; cobre dissolvido, 12,8%.

O parâmetro alumínio total apresentou o maior percentual de violações, em toda a bacia, devido à grande disponibilidade de alumínio em rochas e solos associada às atividades antrópicas insustentáveis e predatórias. *(Atividades antrópicas são as ações humanas sobre a vegetação natural.)* Parâmetros termotolerantes, fósforo total, coliformes totais, fenóis totais e óleos e graxas indicam lançamentos de esgoto sanitário sem tratamento nos corpos d'água.

Ressalta-se que o reflorestamento na bacia, substituindo os cultivos agrícolas e pastagens pela monocultura de eucalipto, geralmente exige a adubação fosfatada. Consequentemente, as chuvas e os processos de lixiviação e erosão, bem como o mau uso do solo, também contribuem para o aumento dos níveis de fósforo total, manganês, ferro e alumínio nas águas dessa bacia.

Em Minas Gerais, de conformidade com este documento do IGAM, nos dez anos assinalados, houve diversas ocorrências de metais tóxicos nas águas da bacia do Doce, violando as normas legais. Por isso, em 2007 o IGAM caracterizou a situação nessas águas como de *alta contaminação por tóxicos*.

O alumínio dissolvido apresentou expressivas violações registradas nos seguintes pontos: no Rio Doce, na jusante da Cachoeira Escura, a montante da cidade de Governador Valadares, na cidade de Conselheiro Pena e em Baixo Guandu; no Rio Piranga, no município de Porto Firme; no Rio Xopotó, próximo à sua foz; no Caratinga, na jusante da cidade de Caratinga e no distrito de Cuité e, finalmente, no Rio Manhuaçu, em Santana do Manhuaçu, todos com forte poluição difusa.

Apurou-se a existência de arsênio total nas águas do ribeirão do Carmo, no distrito de Monsenhor Horta, devido a garimpo e às atividades minerárias praticadas na região há vários anos.

> *Vale lembrar que no distrito de Passagem de Mariana funcionaram, por muitas décadas, fábricas de óxido de arsênio, aproveitado como subproduto do minério. Os rejeitos de minério ricos em arsênio foram estocados às margens de riachos ou lançados diretamente nas drenagens, provocando grande comprometimento ambiental do solo e da água.*[6]

No Rio Piracicaba, em ponto situado na cidade do mesmo nome, foi localizada uma elevada ocorrência de arsênio e cromo totais. Sabendo que no mesmo município

> *(...) existem inúmeras mineradoras, inclusive com pesquisa e beneficiamento de minério, o cromo e o semi-metal arsênio, advindos destas atividades, provavelmente vêm acumulando-se no sedimento deste rio ao longo dos anos e, em ocasiões propícias, como na época chuvosa de 2007, são ressuspensos para a coluna de água apresentando altas concentrações.*[7]

A jusante da cidade de Governador Valadares o documento do IGAM constatou uma situação grave no Doce, pelo fato de terem se acumulado durante muitos anos ocorrências de chumbo, resultantes de atividades industriais. Isso porque como *"este metal geralmente é depositado no sedimento, mas pode encontrar-se também adsorvido em sólidos em suspensão, possivelmente é ressuspenso na época de chuvas"*.[8]

Entre os dados que indicam a degradação dessas águas em Minas Gerais, em virtude do lançamento de *esgoto sanitário*, os parâmetros que apresentam maior número de violações, acima dos limites legais, entre 1997 e 2007, foram a ocorrência de fósforo total, coliformes termotolerantes e totais, sendo uma *"condição que vem sendo observada ao longo dos anos"*.[9]

Em vista disso foi realizado um levantamento dos municípios da bacia com população superior a 50 mil habitantes e que possuem nos rios estações de amostragem a montante e/ou a jusante dos núcleos urbanos. Para cada estação avaliou-se a evolução do Índice de Qualidade das Águas (IQA), pois é uma síntese da ocorrência de sólidos, nutrientes e principalmente matéria orgânica e fecal.

Esse estudo do IGAM revela os municípios em que houve maiores ocorrências de matéria orgânica nessas águas, em Minas Gerais. Eles foram: Governador Valadares, Ipatinga, Coronel Fabriciano, João Monlevade, Caratinga, Manhuaçu e Ouro Preto. As águas que drenam a área urbana desses municípios apresentam uma vazão que não permite a depuração de matéria orgânica proveniente de esgotos sanitários municipais. O Rio Caratinga foi o corpo d'água que apresentou as piores condições, tendo violado todos os parâmetros estabelecidos. Por isso, ao longo dos anos o índice de qualidade ruim vem caracterizando a situação desse rio.

O IGAM adverte sobre a contaminação decorrente do *mau uso do solo* em Minas Gerais, que determina a ocorrência nas águas da bacia de alumínio total e dissolvido, de manganês e a turbidez em desconformidade com os padrões legais. Um exemplo disso foi a constatação, no distrito de Barra do Cuité, da presença de chumbo total, possivelmente acumulado por muito tempo nos sedimentos do Rio Caratinga, mas que surgiram em consequência de fortes chuvas.

Nas últimas décadas os problemas ambientais no vale ganharam uma atenção especial. Naturalmente esse dado decorre do fato de ele se tornar o centro da pujança econômica das alterosas. O alto grau de degradação da cobertura vegetal na bacia, especialmente no médio Rio Doce, é evidente. Essa situação é comprovada pela extinção de grande quantidade de nascentes e pequenos cursos de água. A erosão é um reflexo de um uso inadequado do solo.

É indiscutível, dentro de outros parâmetros, a baixa capacidade tecnológica de algumas atividades econômicas dominantes tendo em vista o equilíbrio ambiental. Destaca-se nisso o manejo do solo-água na agricultura e na pecuária, na extração de minérios e materiais para a construção civil.

Em relação com os conflitos de uso da água um ponto muito controvertido é o uso da água para a geração de energia. Nesse problema, que sobremaneira é debatido agora no Brasil, a construção e operação deve ser analisada considerando-se os usos múltiplos das águas.

Na verdade essa questão tem ficado unicamente nas mãos das empresas encarregadas de grandes construções, o que não é mais aceitável. Nos últimos tempos foram estabelecidas as exigências de licenças do IBAMA. Porém, visivelmente, nos altos centros do poder os construtores de grandes represas dominam amplamente, quando deixam de lado a possibilidade da utilização de outras fontes de energia e por não batalharem pelo seu uso mais racional, tese defendida com força pelo prof. José Goldemberg. E como Minas Gerais é a "caixa de água" da nação, além da Amazônia, no estado das montanhas a controvérsia é constante.

Resta acrescentar as irresponsabilidades no uso das águas subterrâneas particularmente nas metrópoles e nas áreas agrícolas onde ocorre relativa escassez de água. Há um afã de se recorrer a essas águas sem um estudo prévio de sua potencialidade e sem o menor cuidado com a contaminação delas. Essa questão daqui para frente se agravara tendo em vista a riqueza do chamado Aquífero Guarani, localizado em território brasileiro, mas sua extensão atinge igualmente países vizinhos. Por isso se não houver uma vontade de levar em conta esses problemas teremos pela frente desavenças com nossos vizinhos.

Preservação dos valores naturais e culturais

Na velha província mineira o vale do Rio Doce possui algumas características singulares. Nos contrafortes do Espinhaço, nos séculos XVII e XVIII, existiram núcleos demográficos dedicados à mineração de ouro e pedras preciosas. Desenvolveu-se a pecuária, com suas pastagens e currais, porque era indispensável alimentar o impressionante fluxo de pessoas dominadas pela ânsia desesperada do enriquecimento fácil.

Essa gente criou modos de vida que se destacaram pelos seus valores culturais no meio daquela estagnação do restante do Brasil colonial. As gerações de hoje têm o dever e a responsabilidade de preservar esse patrimônio, como Maurício Andrés destaca com sensibilidade e vigor.[10] Dele são as advertências contra a *"desproteção do patrimônio histórico e cultural, principalmente nos núcleos urbanos coloniais cercados por atividades industriais e mineradoras"*. A isso devemos somar o *"desaparecimento de técnicas de habitação, saúde, alimentação, desenvolvidas durante a história da ocupação regional e ecologicamente integradas às suas condições climáticas e aos recursos disponíveis"*.

Maurício Andrés também indicou que a concepção ecodesenvolvimentista pressupõe uma política tecnológica apropriada aos recursos naturais e às tradições culturais de cada região. Segundo ele,

> (...) ainda hoje as populações rurais utilizam numerosas práticas tradicionais de preservação e produção de alimentos, construção, tratamento de saúde, exploração de recursos vegetais e produção de energia. Tais técnicas tendem a desaparecer devido à invasão das práticas da cultura urbano-industrial que se expandiram em anos recentes. As inovações trazidas por tais práticas, inacessíveis para grande parcela da população, contribuem para destruir conhecimentos tradicionais que constituem a "ciência da sobrevivência" ou tática da vida dessa população.[11]

No que diz respeito à necessidade de uma reformulação do comportamento diante das riquezas naturais e culturais localizadas no vale do Rio Doce, evidencia-se a relevância dos cuidados indispensáveis às grutas e aos excepcionais acidentes geográficos, nos municípios de Itabira, Ouro Preto, Antônio Dias, Santa Bárbara e Ponte Nova, entre outros. Muitas dessas grutas guardam inscrições que registram dados da vida de seres que viveram por aqui em tempos imemoriais, além de permitir um melhor estudo da evolução geológica deste território.

No vale há também diversos parques, reservas florestais e museus que constituem uma preciosidade do ponto de vista ambiental, sendo um importante fator para o estudo da biodiversidade e da sobrevivência de espécies da fauna e da flora ameaçadas de extinção. A preservação de formas de vida e de lazer da população exige a manutenção desse patrimônio, inclusive porque são instrumentos valiosos para a educação ambiental das novas gerações.

Entre esses bens destaca-se o Parque do Rio Doce, localizado na confluência dos rios Doce e Piracicaba. Ele abriga a maior floresta tropical em Minas Gerais em área contínua, em seus quase 36 mil hectares. Foi criado em 1944, por um decreto-lei do governo estadual, graças ao empenho do "bispo das terras virgens", Dom Helvécio Gomes de Oliveira, arcebispo de Mariana.

Possui um notável sistema lacustre, composto de 40 lagos naturais, entre os quais se destaca o Lago Dom Helvécio, com 6,7 Km^2 e a profundidade de mais de 32 metros. Nos lagos há uma diversidade de peixes valiosos para os estudos da fauna aquática nativa. Também nesse santuário é possível encontrar raros exemplares da avifauna, assim como outras espécies de animais ameaçados de extinção, como a onça pintada e o monocarvoeiro, maior primata das Américas.

Valorizando a riqueza dessa biodiversidade, no Parque são desenvolvidas pesquisas, como a realização do Projeto de Proteção da Mata Atlântica de Minas Gerais/Promata-MG, com o apoio da Cooperação Financeira Alemanha-Brasil, que está implantando atividades de proteção, recuperação, fiscalização, monitoramento e prevenção de incêndios em áreas florestais remanescentes desse bioma. Junto com o pantanal do Mato Grosso, o Parque participa igualmente do Programa Integrado de Pesquisa UFV-UFMS de Estudos da Biodiversidade associada a macrófitas.

A atuação dos que vivem no vale

A cada dia cresce o interesse dos que vivem e se interessam pelas questões ambientais que diretamente afetam a qualidade de vida no vale, hoje e no futuro. Vários são os fatos que comprovam esse sentimento. Um deles é a estruturação do Comitê dessa bacia hidrográfica e a formação de comitês em alguns afluentes. São muito atuantes oito comitês de afluentes do Doce: em Piranga, Piracicaba, Santo Antônio, Suaçuí Grande, Caratinga, Manhuaçu, Guandu e Santa Maria do Doce.

Inúmeras atividades são desenvolvidas permanentemente em defesa do meio ambiente na bacia. Entre elas destaca-se o Fórum das Águas do Rio Doce, que é um dos maiores eventos no Brasil sobre o relacionamento da água com o desenvolvimento. Assim, com um conjunto de iniciativas, o fórum está incorporando novas parcelas da população mineira e capixaba a essa causa. O objetivo é fortalecer o sistema de gerenciamento dos recursos hídricos e as iniciativas das ONGs e das instituições públicas e privadas que se empenham no desenvolvimento sustentável da região.

O primeiro fórum aconteceu em Governador Valadares e teve como tema central "Unidade e Maturidade". A segunda edição foi em Colatina, e explorou a identidade da bacia através do lema "Eu sou do Doce!". Em 2007 o fórum reuniu-se em Ipatinga a fim de discutir o tema "Integração e Sustentabilidade". No ano seguinte, em Linhares, houve o quarto evento, debatendo a questão – "Do Doce para o Mundo".

O fórum, atuando desde 2004, não se propõe a exercer o papel de outras instituições e não visa a se sobrepor às outras ações realizadas com o mesmo propósito. Seu trabalho enfatiza três iniciativas: a publicação da revista *Águas do Rio Doce*, a manutenção de um portal na internet e a edição de um boletim eletrônico que já conta com cerca de 20 mil assinantes.

O Comitê da Bacia Hidrográfica elaborou o Plano de Esgotos Sanitários para a despoluição dessa bacia, conhecido como *Rio Doce Limpo*, com o objetivo de retirar, até 2020, cerca de 90% de esgoto que atualmente é despejado no rio e em seus afluentes. Isso porque, das 210 cidades localizadas na bacia, a quase totalidade não consegue reduzir sua carga poluente antes de lançá-la nas águas. Os técnicos estimaram que a execução desse programa terá um custo aproximado de 570 milhões de reais.

Quando da elaboração desse plano, em 2004, somente as cidades de Aimorés (MG), Ipatinga (MG), Malacacheta (MG), São Gabriel da Palha (ES) e Sooretama (ES) possuíam soluções globais para o tratamento de esgotos; em Baixo Guandu (ES), estava sendo construída uma Estação de Tratamento de Esgotos (ETE). As cidades de Colatina (ES), Itabira (MG), Linhares (ES), Nova Era (MG), Raul Soares (MG) e Viçosa (MG) contavam apenas com soluções para bairros isolados. Ipatinga (MG) já havia executado as obras de coleta, transporte e tratamento de esgotos previstas em projeto.

De acordo com o documento "Agenda Rio Doce", Minas Gerais iniciou a partir de 1999 um programa de fortalecimento do seu Sistema de Gerenciamento de Recursos hídricos. A mesma iniciativa foi tomada pelo Espírito Santo. Assim foi instituído o comitê de Santa Maria do Doce e estão sendo criados o Comitê de Guandu/Lages/Santa Joana e Mutum, e comissões nos rios São José e Pancas.

A cobrança pela utilização da água é um instrumento previsto na Política Nacional de Recursos Hídricos e tem o objetivo de estimular o gasto racional da água, comprovando que ela é finita e dotada de valor econômico. Sendo assim, pode gerar recursos para investimentos na recuperação e preservação dos mananciais.

Desde 2002, o CBH-Doce discute a implantação dessa medida. Após a conclusão de estudos técnicos e de consultas públicas à comunidade, avança o processo de implantação de cobrança. Para tanto, serve como lição o sucedido na bacia do Rio Paraíba do Sul, sendo que os recursos obtidos foram integralmente repassados, pela Agência Nacional de Água, para as agências da bacia onde há essa cobrança.

A luz de uma esperança

Ao chegarmos ao fim desse levantamento sumário de problemas, o que se observa é o crescimento da mobilização em defesa do meio ambiente no Brasil e no mundo. Militando na luta política desde a metade da década de 1930, avalio bem essa mudança na compreensão dessas teses. E a cada dia aparecem novas informações sobre organizações e personalidades que aderem de corpo e alma a essa causa.

No vale surgiram e surgem inúmeras iniciativas voltadas para modificar o panorama de atentados contra o meio ambiente. Entre elas tem relevância a iniciativa do Instituto Terra, associação civil sem fins lucrativos, fundada por Lélia Wanick Salgado e Sebastião Salgado – o renomado fotógrafo.

Essa entidade tem o objetivo de reconstituir o sistema florestal da região, recuperando os processos ecológicos e contribuindo para a manutenção da biodiversidade local. Reconhecido como Reserva Particular de Patrimônio Natural, está situado na Fazenda Bulcão, em Aimorés, numa região do vale do Rio Doce que se encontra em estágio avançado de degradação.

O Instituto tem várias metas, como plantar 600 hectares de plantas nativas de Mata Atlântica e recuperar a água dos córregos Bulcão e Constância e de outras nascentes. Também visa a monitorar outras atividades e criar corredores ecológicos para facilitar o trânsito da fauna e realiza pesquisa científica para avaliar técnicas para a recuperação florestal. Ademais, além disso destaca-se também no trabalho de educação ambiental e da promoção do desenvolvimento sustentável do município de Aimorés.

Esse é apenas um exemplo do que já é feito e o que deve ser multiplicado, a fim de transmitirmos um futuro melhor para as novas gerações.

Notas

[1] *Folha de S.Paulo*, 1 nov. 2009.
[2] Fundação João Pinheiro, 7 jun. 1977.
[3] *Apud* Andrés, p. 23.
[4] Fundação João Pinheiro, out. 1976.
[5] Relatório Técnico Rio Doce Limpo, plano de esgotos sanitários para a despoluição da Bacia Hidrográfica do Rio Doce, p. 20.
[6] Documento do Instituto Mineiro de Águas, intitulado Qualidade das Águas Superficiais no Estado de Minas Gerais em 2007, Belo Horizonte, via internet.
[7] *Idem*
[8] *Idem*.
[9] *Idem*.
[10] Obra citada, out. 1977.
[11] Andrés. Obra citada, p. 25.

Bibliografia

ABREU, Sílvio Fróis. Fundamentos geográficos da mineração brasileira. *Revista Brasileira de Geografia*, ano VII, n. 1, 1945.

ALMEIDA, Ceciliano Abel de. *O desbravamento das selvas do Rio Doce*. 2. ed. Rio de Janeiro: José Olympio, 1978.

ANDRADE, M. L. A.; CUNHA, L. M. S.; GANDRA, G. T. Reestruturação na Siderurgia Brasileira. *Boletim BNDES*, Rio de Janeiro, 24 jan. 2002.

ANDRÉS, Maurício; OLIVEIRA FILHO, Delly. *Florestas sociais: problemas, perspectivas e tarefas*. Fundação João Pinheiro, 10, jan. 1980.

ANDRÉS, Maurício. Notas sobre o meio ambiente e desenvolvimento regional no Vale do Rio Doce. *Revista da Fundação João Pinheiro*, out. 1976.

ANDRÉS, Maurício. Notas sobre meio ambiente, tecnologia e planos territoriais. *Revista da Fundação João Pinheiro*, jun. 1977.

ARARIPE, Alencar. *História da estrada de ferro Vitória a Minas*. Rio de Janeiro, 1954.

ATLAS ESCOLAR DA BACIA DO RIO DOCE. Projeto Águas do Rio Doce, 2007. v. I – Regiões Hidrográficas.

BAETA, Alenice Motta; MATTOS, Izabel Missagia de. A Serra da Onça e os índios do Rio Doce: uma perspectiva etnoarqueológica e patrimonial. *Habitus*, Goiânia, v. 5, n. 1, p. 39-62, jan.-jun. 2007.

BAETA, Nilton. *A indústria siderúrgica em Minas Gerais*. Belo Horizonte: Imprensa Oficial, 1973. p.78-79.

BARBOSA, Waldemar de Almeida. Negros e quilombos em Minas Gerais [1905]. *Revista do Arquivo Público Mineiro*, Belo Horizonte, 10, 1972.

BARBOSA, Waldemar de Almeida. *Dicionário histórico-geográfico de Minas Gerais*. Belo Horizonte, 1971.

BARBOSA, Waldemar de Almeida. *A decadência das Minas e a fuga da mineração*. Belo Horizonte: UFMG, 1971.

BARBEDO, Marina Fátima. *Carajás – trabalho e vida na cidade da floresta*. Dissertação (Mestrado) – Instituto de Psicologia, Universidade de São Paulo, São Paulo, 2000.

BAY. A educação escolar indígena em Minas Gerais, abr. 1998.

BIONDI, Aloysio. *O Brasil privatizado*. São Paulo: Fundação Perseu Abramo, 2006.

BIONDI, Aloysio. *O Brasil privatizado II*. São Paulo: Fundação Perseu Abramo, 2003.

BORGES, Maria Elisa Linhares. A recriação de uma fronteira: a luta pela terra no leste de Minas Gerais. *Revista Brasileira de Estudos Políticos*, n. 73, jul. 1991.

BORGO, Ivan; BRÍGIDA, Lea; PACHECO, Renato. *Norte do Espírito Santo: ciclo madeireiro e povoamento*. Espírito Santo: Editora da Universidade Federal do Espírito Santo.

BOTELHO, Teresa Maria Baker. Tecnologia popular e energia no setor residencial rural. Um estudo sobre o fogão a lenha. In: ROSA, Luiz Pinguelli. *Relatório de pesquisa: o uso da lenha no setor doméstico rural do Estado do Rio de Janeiro*. Rio de Janeiro, 1987.

BRASIL. Senado Federal/Câmara dos Deputados. *Alternativas para Carajás*. Brasília, ago. 1981.

BURMEISTER, Hermann von. *Viagem ao Brasil através das províncias do Rio de Janeiro e Minas Gerais*. São Paulo, 1952.

CALÓGERAS, Pandiá. *As Minas do Brasil e sua legislação*. Rio de Janeiro: Cia. Editora Nacional/Brasiliana, 1938.

CAMPOS, Luiz Filipe Gonzaga de. Estudos geológicos e mineralógicos feitos na bacia do Rio Doce para o fim de localizar usinas siderúrgicas. *Boletim*, Serviço Geológico e Mineralógico do Brasil, n. 19, 1926.

CARDOSO, Fernando Henrique. *A arte da política: a história que vivi*. Rio de Janeiro: Civilização Brasileira, 2006.

CHAGAS, Paulo Pinheiro. *Teófilo Otoni: ministro do povo*. Rio de Janeiro: Livraria Editora Zelio Valverde, 1943.

CARVALHO, Teófilo de. *Caminhos e roteiros nas capitanias do Rio de Janeiro, São Paulo e Minas Gerais*. São Paulo, 1931.

CARVALHO, Daniel de. *A Formação Histórica de Minas Gerais – Estudos e Depoimentos*.

CIA. BRASILEIRA DE ENGENHARIA. *Plano de Eletrificação de Minas Gerais*. 1950. v. II.

COELHO, Marco Antônio Tavares. Rio das Velhas – memória e desafios. São Paulo: Paz e Terra, 2002.

COSTA, Iraci del Nero da. Fundamentos econômicos da ocupação e povoamento de Minas Gerais. apud *Revista do Instituto de Estudos Brasileiros*, n. 24, p. 41-52, 1982.

COSTA, Roberto. *A cortina de ouro*. Belo Horizonte: Edição do autor, 1956.

COUTO, José Vieira. Memória sobre a Capitania de Minas Gerais. *RIHGB*, 11, 1848. (Republicado pela Fundação João Pinheiro, 1996, Coleção Mineiriana)

CUNHA, L. M. S.; ANDRADE, M. L. A.; GANDRA, G. T. Reestruturação na siderurgia brasileira. *Boletim BNDES*, 24 jan. 2002.

CUNHA, Manuela Carneiro da. *História dos índios no Brasil*. São Paulo: Companhia das Letras/Fapesp, 1992.

CUNHA, Manuela Carneiro da. *Legislação indigenista no século XIX*. São Paulo: Edusp, 1992.

CVRD – Companhia Vale do Rio Doce. *50 anos de história*. Rio de Janeiro: CVRD, 1992.

DEAN, Warren. *A ferro e fogo – a história e a devastação da Mata Atlântica brasileira*. São Paulo: Cia das Letras, 2004.

DE PAULA, Germano M. *Competitividade da indústria siderúrgica*. Campinas, 1993.

DE PAULA, Germano M. *Estudo da competitividade da indústria brasileira*.

DE PAULA, Germano M. *Competitividade da indústria de extração e beneficiamento de minério de ferro*. Campinas, 1993.

DE PAULA, Germano M. *Dimensões da estratégia de internacionalização: o caso de quatro grupos siderúrgicos (Minimills), Dedalus, Oxford*. Nov. 1999.

DIAS, Fernando Correia. *Universidade Federal de Minas Gerais – projeto intelectual e político*. Belo Horizonte: Editora UFMG, 1997.

DINIZ, Clélio Campolina. *Estado e capital estrangeiro na industrialização mineira*. Belo Horizonte: Universidade Federal de Minas Gerais, 1981.

DORNAS FILHO, João. *O ouro das Gerais e a civilização da capitania*. São Paulo: Brasiliana/Cia. Editora Nacional, 1957.

DULCI, Otávio Soares. *Política e recuperação econômica em Minas Gerais*. Belo Horizonte: Ed. UFMG, 1999.

DUQUE, José Guimarães. *Silvicultura: os problemas das florestas mineiras*. Belo Horizonte, 1932.

ENGLER, W. A. A zona pioneira ao norte do Rio Doce. *Revista Brasileira de Economia*, 13, p. 233-234, abr.-jun. 1951.

ESCHWEGE. *Diário de uma viagem do Rio de Janeiro a Vila Rica na Capitania de Minas Gerais no ano de 1811*.

ESCHWEGE. *Jornal do Brasil*. Fundação João Pinheiro (Coleção Mineiriana)

ESPINDOLA, Haruf S. Práticas econômicas e meio ambiente na ocupação do Sertão do Rio Doce. *Cadernos de Filosofia e Ciências Humanas*, Belo Horizonte, v. 8, n. 14, 2000.

ESPINDOLA, Haruf S. *Associação Comercial de Governador Valadares – Sessenta anos de história*. Governador Valadares: Centro de Ciências Humanas/Universidade Vale do Rio Doce, 1999.

ESPINDOLA, Haruf S. O genocídio das populações nativas do Rio Doce. *Alétheia*.

ESPINDOLA, Haruf S. *Sertão do Rio Doce*. Editora Univale, 2005.

FARO, Luiz César *et al*. Conversas com Eliezer. 2. ed. Companhia Vale do Rio Doce.

FONSECA, Geraldo. *Amynthas Jacques de Moraes – o contemporâneo do amanhã*. Belo Horizonte: Edição da Família, 2004. v. 2, 3 e 4.

FUNDAÇÃO JOÃO PINHEIRO. *Plano de Desenvolvimento Regional da Área de Influência da CVRD*. Belo Horizonte, 1978.

GARDNER, Georges. *Viagem ao Brasil.*

GAULD, Charles A. *Farquhar, o último titã.* São Paulo: Editora de Cultura, 2006.

GOMES, Francisco Magalhães. *História da siderurgia no Brasil.* São Paulo: Editora Itatiaia/Edusp, 1983.

GUIMARÃES, Joaquim Caetano da Silva. *A agricultura em Minas Gerais.* Rio de Janeiro, 1865.

IGLÉSIAS, Francisco. *Política econômica do governo provincial mineiro (1835-1889).* Rio de Janeiro: INL, 1958.

IHERING, Hermann von. Os botocudos do Rio Doce. *Revista do Museu Paulista,* v. VIII, 1911.

INSTITUTO MINEIRO DE GESTÃO DAS ÁGUAS. Qualidade das Águas Superficiais no Estado de Minas Gerais em 2007. Pela internet.

JACOB, Rodolfo. *Minas Gerais no século XX.* Rio de Janeiro, 1911.

JARDIM, Silva. *Memórias.*

JOSÉ, Oiliam. *Marlière, o civilizador.* Belo Horizonte: Itatiaia Ltda., 1958.

JOSÉ, Oiliam. *Indígenas de Minas Gerais, aspectos sociais, políticos e etnológicos.* Belo Horizonte, 1965.

LATIF, Miriam de Barros. As Minas Gerais.

LIBBY, Douglas Cole. *Transformação e trabalho em uma economia escravista.* São Paulo: Brasiliense, 1988.

LIMA JÚNIOR, Augusto de. *A capitania das Minas Gerais.* Belo Horizonte, 1965.

MARTINS, Luciano. *Estado capitalista e burocracia no Brasil pós-64.* Rio de Janeiro: Paz e Terra, 1985.

MATOS, Raimundo José da Cunha. *Corografia histórica da Província de Minas Gerais (1837).* Belo Horizonte: Itatiaia; São Paulo: Edusp, 1981. 2 v.

MATTOS, Izabel Missagia de. *Borum, Bugre, Kraí, Constituição social da identidade e memória étnica krenak.* Dissertação (Mestrado) – Programa de Pós-Graduação da Faculdade de Filosofia e Ciências Humanas, Universidade Federal de Minas Gerais, Belo Horizonte, 1955.

MATTOS, Izabel Missagia de; BAETA, Alenice Motta. A Serra da Onça e os índios do Rio Doce: uma perspectiva etnoarqueológica e patrimonial. *Habitus,* Goiânia, v. 5, n 1, jan.-jun. 2007.

MAYRINK, Geraldo. *Histórias da Vale.* Edição da CVRD. Museu da Pessoa, 2002.

MAXWELL, Kenneth. *A devassa da devassa.* 6. ed. São Paulo, 2005.

MERCADANTE, Paulo. *Os sertões do Leste – estudo de uma região: a mata mineira.* Rio de Janeiro: Zahar, 1973.

MINAYO, Maria. *"Homens de ferro": estudo sobre os trabalhadores da indústria extrativa de Minério de Ferro da CVRD.* Rio de Janeiro: Dois Pontos, 1986.

MORANDI, Ângela M. *Reestruturação industrial e siderurgia: uma análise do setor siderúrgico brasileiro, o caso da CST*. Dissertação (Doutoramento) –, Universidade de Campinas, Campinas, 1996.

MONTEIRO, Norma. *Imigração e colonização em Minas Gerais – 1889-1930*. Belo Horizonte: Imprensa Oficial, 1974.

MOVIMENTO NATIVISTA. O caso Vale. Rio de Janeiro: Núcleo de Estudos Estratégicos Mathias de Albuquerque, 1997.

MUNDIN, Luiz Gustavo Molinari. *De José Joaquim da Rocha a Frederich Wagner – civilização, nativos e colonos nas representações dos sertões leste de Minas Gerais (1778-1855)*. Belo Horizonte: Universidade Federal de Minas Gerais, 2009.

MUNTEAL FILHO, Oswaldo; MELO, Mariana Ferreira de. *Minas Gerais e a história natural das colônias: política colonial e cultura científica no século XVIII*. Belo Horizonte: Fundação João Pinheiro, 2005.

NETTO, Maria Cinira dos Santos. Desbravadores e pioneiros do Porto de Dom Manoel – A história de Governador Valadares.

NEUWIED, Maximiliano, Príncipe de Wied. *Viagem ao Brasil*. Belo Horizonte: Itatiaia Ltda.; São Paulo: Edusp, 1989.

NOVAES, Adauto. *Tempo e história*. São Paulo: Cia. das Letras, 1992.

NÚCLEO DE ESTUDOS ESTRATÉGICOS MATHIAS DE ALBUQUERQUE. *O caso "Vale"*. Rio de Janeiro: Publicação do Movimento Nativista, 1997.

O VALLE DO RIO DOCE. *Revista da Sociedade de Geografia do Rio de Janeiro*, p. 213-287, 1888.

OS ÍNDIOS CRENAQUES EM 1926. *Revista do Museu Paulista*, t. XVI, 1929.

OTONI, Teófilo. *Notícia sobre os selvagens do Mucuri*. Belo Horizonte: Editora UFMG, 2002.

PALAZZOLO, Frei Jacinto de. *Nas selvas dos vales do Mucuri e do Rio Doce*. 3. ed. rev. São Paulo: Cia. Editora Nacional, 1973.

PEREIRA, Carlos Olavo da Cunha. *O rio sem dono*. Belo Horizonte: Editora Veja, 1980.

PINHO, Marcelo; SILVEIRA, José Maria F. J. da. Os efeitos da privatização sobre a estrutura industrial da siderurgia brasileira. *Economia e Sociedade*, Campinas, jun. 1998.

PINTO, Lucio Flavio. Carajás, o ataque ao coração da Amazônia. 2. ed. ampl. Rio de Janeiro: Marco Zero e Studio Alfa.

RIBEIRO, Ricardo Ferreira. *Florestas anãs do sertão: o cerrado na história de Minas Gerais*. Belo Horizonte: Autêntica.

RUSCHI, Augusto. *O problema florestal no Estado de Espírito Santo*. Espírito Santo, 1948.

SAINT-HILAIRE, Auguste. *Viagem ao Espírito Santo e Rio Doce*. São Paulo: Edusp e Livraria Itatiaia Editora.

SAINT-HILAIRE, Auguste. *Viagem pelas Províncias do Rio de Janeiro e Minas Gerais*. Belo Horizonte: Itatiaia, 2000.

SAMPAIO, Theodoro. Os naturalistas viajantes e a etnografia indígena. Salvador: Livraria Progresso Editora, 1951.

SCHNEIDER, Ben R. *Burocracia pública e política industrial no Brasil*. Tradução de Pedro Maia Soares e Susan Semier. São Paulo: Editora Sumaré, 1994.

SENNA, Nelson Coelho de. Chorografia de Minas Gerais. Rio de Janeiro: Steains, Willian John. O valle do Rio Doce. *Revista da Sociedade de Geografia do Rio de Janeiro*, 4,1888.

SENNA, Nelson Coelho de. *História da terra mineira*, 1920.

SILVA, Fábio Carlos da. *Barões do ouro e aventureiros britânicos no Brasil. A companhia inglesa de Macaúbas e Cocais. 1828-1912*. Tese (Doutorado) – Universidade de São Paulo, São Paulo, 1997.

SILVA, Geraldo H. C. *A ação da indústria da madeira em Governador Valadares: o caso da Companhia Agripastoril Rio Doce*. Governador Valadares: Univale, 1997. Monografia.

SILVA, J. Resende. A formação territorial de Minas Gerais. In: CONGRESSO SUL-RIO-GRANDENSE DE HISTÓRIA E GEOGRAFIA, Porto Alegre, 1940.

SILVA, Marta Zorzal e. *A Cia. Vale do Rio Doce no contexto do Estado desenvolvimentista*. Tese (Doutoramento) – Faculdade de Filosofia e Ciências Humanas, Universidade de São Paulo, São Paulo, 2001. Mimeografado.

SILVA, Marta Zorzal e. O Espírito Santo face à logística de expansão da CVRD. In: SIMPÓSIO DE HISTÓRIA DA UFES, 13., 2001. Mimeografado.

SILVA, Marta Zorzal e. *Globalização, Vale do Rio Doce e Espírito Santo*. 2006. Mimeografado.

SILVEIRA, Álvaro Astolfo da. *Memórias Corográficas*. Belo Horizonte, 1965.

SILVEIRA, Álvaro Astolfo da. *Flora e serras mineiras*. Belo Horizonte, 1908.

SILVEIRA, Álvaro Astolfo da. *Narrativas e memórias*. Belo Horizonte, 1924.

SILVEIRA, José Maria F. J.; PINHO, Marcelo. Os efeitos da privatização sobre a estrutura da siderurgia brasileira. *Economia e Sociedade*, Campinas, jun. 1998.

SIMPÓSIO ALTERNATIVAS PARA CARAJÁS. Senado Federal e Câmara dos Deputados. Brasília, ago. 1981.

SPANAZZI, Thaís Regina. *Estratégias empresariais comparadas, caso de três mineradoras latino-americanas*. Dissertação (mestrado) – Uberlândia, 2005. Mimeografado.

STRAUCH, Ney. *A bacia do Rio Doce*. Rio de Janeiro, 1955.

TEIXEIRA, Romeu do Nascimento. *O vale do Rio Doce*. Edição da CVRD, [s.d.].

TORRES, João Camilo de Oliveira. *História de Minas Gerais*. Brasília: INL, 1980.

TSCHUDI, Johann J. von. *Viagens através da América do Sul*. Belo Horizonte: Fundação João Pinheiro, 2006.

UBATUBA, Ezequiel. *Da Zona da Mata, das margens do Pomba às do Parayba*. Belo Horizonte.

VICTOR, Mauro Antônio Moraes. *A devastação florestal*. São Paulo, [s.d.].

WELLIS, James W. Três mil milhas através do Brasil. Belo Horizonte: Fundação João Pinheiro. 2 v.

Anexo

O resgate dos "botocudos"
Entrevista com Ailton Krenak*

Durante 300 anos, a região leste do Estado de Minas Gerais não podia ser devassada. A Coroa portuguesa impedia a passagem direta da região das minas até o litoral, para evitar o contrabando de ouro e diamantes. Criou-se assim o chamado "sertão do leste". Com o esgotamento das minas, no fim do século XVIII, tornou-se indispensável derrubar e explorar a Mata Atlântica e exterminar os chamados índios "botocudos", que enfrentavam os colonizadores. Houve, portanto, o genocídio dos índios. Atualmente as comunidades indígenas estão renascendo e se fortalecendo, exigem respeito pela sua identidade étnica e o atendimento de suas necessidades.

■ **Inicialmente, peço a você dados sobre sua vida, formação escolar, onde vive e o que faz como o porta-voz mais autorizado da comunidade krenak em Minas Gerais.**

Nasci em 1953, pois, do final de 1920 até a década de 1940, todas as famílias indígenas foram assentadas por Rondon na reserva do Posto Indígena Guido Marlière, que fica nos municípios de Resplendor e Conselheiro Pena, na margem esquerda do Rio Doce. Nasci do outro lado do rio, porque naquela época essa área começou a ser ocupada pelos criadores de gado. Eles enxotaram os índios dali, que fugiram para o Pankas, no Espírito Santo. Outros foram para o lado do Kuparak.

Naquele lugar houve um massacre causado pelos colonos. Incendiaram a aldeia, fuzilaram crianças e as mulheres e mataram muitos a facão. Isso ocorreu no final dos anos 1940 e 1950 e não havia ali nenhuma família instalada pacificamente.

---

* Ailton Krenak é líder da comunidade krenak e assessor sobre assuntos indígenas do governo de Minas Gerais. A entrevista foi feita por Marco Antônio Coelho em setembro de 2008, em Belo Horizonte, e publicada na revista *Estudos Avançados*, da USP.

Até 1970 toda minha gente permaneceu naquele lugar algum tempo – uns por três meses, por um ano e meio – quando da refrega com os colonos. Acabaram todos expulsos. As últimas famílias que persistiam em permanecer foram arrancadas de lá, amarradas em correntes em cima de caminhões e despejadas em outro sítio, que a Secretaria da Agricultura de Minas Gerais trocou com a Funai a fim de liberar terra indígena para a colonização.

Despejaram os índios em propriedades da Corregedoria da Polícia, numa Colônia Penal, ou coisa assim. A perspectiva era aniquilar mesmo com o resto das famílias dos índios. Nesse lugar chamado Fazenda Guarani, em Carmésia, foram despejadas algumas famílias. Outras foram para Goiás, porque tinham parentesco com pessoas que viviam na ilha do Bananal e nunca voltaram. Andei junto com meu pai e com alguns tios e fomos para o interior de São Paulo.

Sou um autoditada. Frequentei uma escola pública em São Paulo de 1° grau. Fiz um curso de artes gráficas no SENAI, quando tinha 19 anos. Esse aprendizado é que me deu habilitação para fazer todas coisas que consegui fazer, inclusive obter de volta as terras que os colonos tomaram de minha família. Hoje é uma aldeia krenak – o Posto Indígena Guido Marlière. O Estado de Minas respeita os limites dessa terra, pois é da União e o usufruto é dos krenak.

Um jacobino ao lado dos índios

Quando e como você começou a estudar a luta e a resistência dos "botocudos" contra os colonizadores luso-brasileiros?

Nos últimos 20 anos conheci alguns dados que estavam escondidos sobre os "botocudos", pois só eram publicados documentos do Arquivo Público Mineiro, apenas informando sobre as campanhas militares contra minha gente. Depois disso, recentemente, passei a conhecer materiais que estavam fora do Brasil – na França e Portugal. Também tive a oportunidade de visitar um acervo sobre os "botocudos" num museu em São Petersburgo, na Rússia. Foi um acaso, porque fui atrás de restos da cultura material de meu povo. Esses dados estão em meu texto "O baú do russo", uma historinha curtinha, onde relato a aventura dessa expedição científica.[1]

Nela, há 100 anos, no meio de um acampamento "botocudo" baixaram alguns homens, remanescentes das campanhas do francês Guido Thomaz Marlière, um jacobino que defendeu minha gente. Marliére teve contato com aqueles guerreiros que conseguiam se articular, fechar os caminhos e dar uma surra nos brancos, desmantelados e sem coesão.

Nessa ocasião os "botocudos" estavam desbaratados, jogados nos pés de serra. Muitos foram para o vale do Rio São Francisco, outros foram para o Rio São Mateus e outros se refugiaram para o lado do vale do Rio Mucuri. Havia poucos assentamentos, pois os "botocudos" dominavam poucos lugares. Ficavam escondidos, parecendo uma manada de gente assustada.

Quando entrou em contato com os "botocudos", Marlière tentou rearticular um pedaço de gente dizimada, tentando consertar uma política lançada com a declaração de guerra de extermínio, assinada pelo príncipe regente, em 1808. Essa caçada brutal aos "botocudos" durou duas décadas. Nesse período, chamava-se de "botocudo" todo ajuntamento de índios, principalmente os apanhados nas matas do Rio Doce, ou até o Espírito Santo.

Muitas pessoas quando se referem a "botocudo" pensam nessa gente do Rio Doce e, no máximo, no massacre da cidade de Conceição do Mato Dentro. Os "botocudos" não eram ribeirinhos, mas gente do sertão. Gostavam de ficar na beira dos rios porque os rios eram uma fonte de alimentação, além de uma orientação de rota. Na sua natural sabedoria buscavam lugares saudáveis e com água limpa. Só quando a mata começou a ser infestada de brancos apareceram a malária e outras doenças. Então, os "botocudos" ficaram com medo de beira de rio.

Essa é a lição contada por nossas avós, como ensina a memória de gente que tinha contato com os brancos. As mais velhas que nossas avós viveram 200 anos atrás. Elas, quando contavam um caso, partiam do que era contado pelas avós delas.

■ Não havia doença no período anterior?

Os "botocudos" só começaram a sofrer com as epidemias quando os brancos entraram na mata. Depois do contato com os brancos é que apareceram as doenças, a mortandade de crianças e moléstias na pele. Males levados pelos brancos para famílias de índios. Ao ponto de os índios de um córrego não socorrerem índios de outros córregos em contato com brancos. Eles até evitavam receber esses índios nos acampamentos porque podiam trazer doenças. Os mais sabidos davam um jeito de ficar sempre pelados, porque tinham medo das roupas usadas pelos brancos.

Estou contando essas memórias, desorganizadas no tempo, pois algumas são lembranças contadas em minha casa. Outras são coisas publicadas em trabalhos de pesquisadores, ou aprendidas em discussões em torno de questões fundiárias ou políticas, nas quais foram surgindo documentos para elucidar alguns casos.

É o ocorrido, por exemplo, quando foi discutido o direito dos "botocudos" sobreviventes de conflitos sobre a terra, em relação a territórios no médio Rio Doce. Isto porque houve pesquisas em documentos de diferentes fontes para analisar dados do impacto ambiental da hidrelétrica construída em Aimorés, quando foram contratadas consultorias especializadas para fazer o relatório do impacto ambiental.

Por isso conseguimos uma bibliografia extensa sobre diferentes períodos, de 1700 até 1800, esclarecendo acontecimentos envolvendo a administração, o surgimento de vilas e de fazendas, inclusive os primeiros empreendimentos de modelos capitalistas consolidados mostrando como esse negócio foi mudando.

■ **Como posso conseguir esse material?**

Vou juntar o material todo. Relatórios sobre a hidrelétrica de Aimorés, um relatório etnoambiental[2] que vem desde o Von Martius até o príncipe Maximiliano. Este publicou um vocabulário de palavras usadas pelos "botocudos".[3] Uma fonte interessante é um caderno de Teófilo Otoni, falando sobre a floresta, o rio e os "botocudos" no Rio Doce. A Universidade Federal de Minas Gerais publicou um livrinho muito inteligente em que Teófilo Otoni relata o empreendimento do Projeto Mucuri, e a briga dele com os índios.[4]

A atuação de Teófilo Otoni

■ **Em geral, Teófilo Otoni teve uma relação boa com os índios?**

Na época, não podia fazer outra coisa. Foi mais ou menos como o Orlando Vilas Boas, pois este também agiu como humanista no caso do Parque Nacional do Xingu. Se Teófilo Otoni tivesse sido ouvido e respeitado os "botocudos", estes não teriam sido aniquilados. Além disso, ele tinha também a ambição de encontrar, no meio dos "botocudos" – uma gente chamada de aimoré –, os tais índios aimoré.

■ **Essa expressão aimoré é errada? Não havia esse povo?**

O Teófilo Otoni era um cara inteligente e honesto. Depois de ter brigado com os "botocudos" continuava a procurar os aimoré, porque acreditava que eram uma tribo muito valente e tinham um tipo de herança cultural diferente da dos "botocudos". Acreditava serem um ramo na história dos "botocudos". Ora, aimoré é *embaré*, gente do mato, *amba* de gente.

■ **Então, os aimoré não eram uma etnia?**

Não, eles eram chamados de aimoré pelos tupis do litoral, muito sabidos. Eles chamavam todos os índios do mato de *embaré*, porque usavam esse nome no sentido de serem brutos. Eram jagunços dos brancos e chamavam as outras tribos de gente do mato. Assim, esse nome aimoré não nomeia um povo, era um apelido dado pelos tupi. Teófilo Otoni procurou esses aimoré no meio dos "botocudos". Não achou, mas encontrou fragmentos deles, rastos deles.

Então, há uns chamados, por exemplo, *naknanuk*. *Nak* é terra; até hoje no dialeto *burum* (índio na língua dos krenak). *Kren* é cabeça. Então, somos os cabeças da terra. Esse grupo nosso é remanescente dos *cabeças da terra*. Mas há também os outros, uns refugiados que foram sobrando no meio de nossas famílias. São, por exemplo, chamados de *nakrehé*, e tem os outros *pojitxá* e os *gutkrak*.

Quando você vai observar esses nomes entende uma coisa: tudo é nome de lugar. Seria equivalente chamar o pessoal da serra de serrano, o pessoal da beira do rio de ribeirinho, o pessoal de pântano de pantaneiro, e o pessoal da grota de groteiro. Naquele contexto, chamavam todos de "botocudo".

Estava lendo o livrinho do Teófilo Otoni e vi como ele mostrou ser inteligente ao observar todo mundo falando desses aimoré, mas ninguém descreveu esses aimoré. Mas sobre os "botocudos" há diversas referências e ordens sobre os quartéis espalhados, entre Espírito Santo e Minas. Informações sobre centenas deles presos, vigiados e impedidos de sair dos quartéis. Isso ocorreu no final do século XVIII, quando os administradores estavam apavorados e por isso pediram uma ordem de guerra contra os "botocudos".

Além disso, esse fato coincide com a liberação do caminho das minas. É insistente essa informação de historiadores escrevendo sobre a liberação da passagem pela floresta do Rio Doce depois de haver se esgotado a extração de diamantes e ouro.

Só depois de liberarem a mata viram como ela estava cheia de tribos. Até o final do século XVIII os "botocudos" ficaram à vontade na mata do Rio Doce. Durante uns cento e tantos anos ficaram ali, e a Coroa não tinha nada a ver com aquilo. Depois os brancos decidiram descer o cacete. Antes somente se interessavam pela madeira existente na mata.

Rondon e os krenak

■ **Como foi a sobrevivência dos índios depois da guerra decretada pelo príncipe regente, em 1808, e posteriormente como foi o relacionamento dos brancos com os índios? Atualmente, como é esse relacionamento?**

Quero colocar uma questão-chave. Há muitas informações sobre o massacre ocorrido na guerra ofensiva. Mas não tenho clareza sobre como terminou a guerra. A partir da pregação de Guido Marlière e de Teófilo Otoni, como os "botocudos" se juntaram? A tradição oral, que chegou até a minha geração, diz que a guerra nunca cessou. Só diminuiu porque um dos lados não tinha mais contingente para combater. Mas os "botocudos" continuaram sendo sangrados como galinhas, ao longo de todo o século XX.

Darcy Ribeiro apresentou esses índios como extintos. Uma vez, quando ele era secretário de Cultura do governo Brizola, fui visitá-lo com um grupo de guarani no Rio de Janeiro. Por coincidência, nesse dia havia caído um temporal. Fomos andando a pé, da rodoviária até a Secretaria. Parecíamos uns pintos molhados. O guarda da Secretaria estranhou e disse que o secretário não iria receber aqueles pedintes descalços, com calças e camisas molhadas. Mas, apesar disso, entramos no gabinete do Darcy para cumprimentá-lo e ele perguntou como é que estávamos os índios. Respondi: "Como você disse que nosso povo está extinto, um fantasma veio lhe visitar. Porque, pelo seu livro, estamos mortos. Quem está extinto não dá notícia".

Darcy deu um risada e perguntou: "Continua a matança em cima de vocês?". Falei: "Claro que continua. Vim aqui pedir sua intervenção junto ao governo para que a Funai e as outras agências do governo parem essa perseguição contra as restantes famílias de 'botocudos'".

O que aconteceu foi o seguinte: quando acabou a guerra, se é que houve o final dessa guerra, uma missão de capuchinhos estava tentando consolidar um assentamento onde viviam mais de 2.700 "botocudos". Uns cacos de gente, no final do século XIX, lá num vilarejo em Itambacuri, no vale do Mucuri. Em 1893 houve uma rebelião. Os índios mataram os que chefiavam a missão dos capuchinhos e saquearam propriedades e sítios. De 1893 até 1910, 1915, havia muito ressentimento, e ninguém queria ver aqueles índios que fugiram da missão, quase mansos e que de novo viraram bravos. O problema é que nessa segunda rebelião os índios não estavam mais com arco e flecha, mas com carabina. Começaram a assaltar as tropas com rifle e munição. Tomaram as armas dos tropeiros e formaram uma jagunçagem. No meio dessa jagunçagem surgiu um capitão, um sujeito guerreiro, o capitão Krenak.

Esses guerreiros deram muito trabalho na ocupação do Rio Doce, naquele lugar, que hoje tem o nome de *Nanuk*, palavra na língua dos "botocudos". Nome de um cara rebelde, que comandava uma horda de bravos guerreiros, cercando as tropas. Seguiam pela rota de tropeiros que havia na região, tomando suprimentos de qualquer provedor. Alimentavam os grupos de seus guerreiros na Serra dos Aimorés.

Foi aí que o marechal Rondon, com o Serviço de Proteção aos Índios (SPI), mandou seus bons indianistas/sertanistas, que saíam do Rio de Janeiro, de Cuiabá e de outras regiões, para pacificar os "botocudos". Assim, foram pacificados esses últimos guerreiros. Desses sertanistas, alguns eram oficiais. Eles atribuíram a patente de capitão a esse krenak. Somos descendentes da família dele. Trocou o botoque dele com um fotógrafo, em troca de comida. Roquete Pinto fez uma foto dele quando ele já estava tuberculoso. Em troca de sua foto, ganhou os brincos e os anéis da orelha, que foram levados para o museu.

Desse período de 1910-1925 são pequenas narrativas que contam os momentos de visita de autoridades, os momentos de namoro e depois os momentos de matar todo mundo. Até que, em 1922, por orientação do marechal Rondon e da turma dele que havia criado o SPI, houve a localização desses índios.

Rondon deu um jeito para arrumar um lugar para aqueles índios, demarcando uma reserva, um território para eles e liberava o entorno dos assentamentos. Chamava trabalhadores nacionais e organizava uma colonização. O Rondon dirigia, ao mesmo tempo, o Serviço de Proteção dos Índios e também a localização de trabalhadores.

O massacre permanente dos "botocudos"

■ Como você vê esse problema do relacionamento hoje?

Acompanhando a história do Brasil até a Constituinte de 1988, não só em Minas, mas no Brasil inteiro, a perspectiva do Estado brasileiro era acabar com índio. Só que na Constituinte houve uma grande pressão para mudar essa política.

Esse negócio da literatura dizer que os "botocudos" eram antropófagos é um ato falho, é um truque da má consciência neobrasileira formadora do Brasil. Eles tinham de dizer que minha gente era antropófaga, para nos aniquilarem. Participei na Constituinte de 1988 pintando a cara de preto no Congresso Nacional. Estava com 36 anos de idade quando fiz aquilo. Fui defender a emenda popular, pois não se defendia o artigo 231 da Constituição porque afirma que o Brasil precisa parar de matar índio e assegurar os direitos para os índios restantes.

Isso tudo foi uma ruptura com o que havia acontecido no passado. Mudança que o Estado não conseguiu assimilar até hoje, pois o Estado ainda tem cacoetes. Estado parece uma daquelas feras que ficam mansas, mas, de vez em quando ainda comem alguém. Ainda agora há os pitbulls soltos lá em Roraima. Eles esquecem que há uma Constituição. Mas o ministro do Supremo Tribunal Federal lembrou muito bem em seu voto, dizendo: "tirem os dentes, tirem as presas".[5] O que aconteceu da Constituinte para cá é um fenômeno fantástico, o surgimento de nova identidade.

No século XX em Minas Gerais se dizia que não havia mais índios, ou que no máximo havia "botocudos" sobreviventes e maxacali (aqueles de Mucuri, de

Santa Helena e Bertópolis). Esses maxacali são um fenômeno impressionante, pois não se aculturaram. Você chega numa aldeia maxacali e eles estão falando a língua deles, vivendo na religião deles, vivendo no mundo deles. Pelo menos nos últimos 200 anos ficaram isolados. Tempos atrás estiveram em Diamantina e em outras regiões, no Jequitinhonha. Mas nos últimos 200 anos fizeram um movimento e se fixaram nessa região do Mucuri. Eram inimigos preferenciais dos "botocudos". Quando não havia branco para brigar, os "botocudos" brigavam com os maxacali. O que resultava em roubo de mulheres de um lado e do outro. Logo, nós somos parentes, somos parentes porque nossos grupos guerreavam e tomavam crianças uns dos outros, e mulheres uns dos outros.

■ **Quantos são os índios em Minas Gerais?**

Os maxacali eram considerados as últimas famílias indígenas sobreviventes em Minas Gerais, quando, por volta de 1970/1980, houve o ressurgimento dos xacriabá que estavam submersos na história e começaram a reivindicar terra, direitos e identidades. Hoje é a população indígena mais numerosa do Estado de Minas. São mais ou menos oito mil índios, enquanto os krenak são 200 e poucos. Numericamente nós não existíamos e eles existiam. Mas até o século XX não existiam.

Hoje os maxacali são uns 1.200 ou 1.300. Se ajuntar esses povos, que ficaram nesse lugar demarcado, atravessaram o século XX, eles são os krenak, maxacali e xacriabá. Hoje, quando se olha o site da Secretaria de Governo, vai encontrar nove tribos em Minas. Que fenômeno é esse? Os pataxó, que fugiram lá da Bahia, perseguidos pela turma do Antônio Carlos Magalhães, se refugiaram em Minas, na década de 1960/1970. Os índios parentes de Graciliano Ramos, de Palmeiras dos Índios, xukurú-kariri, fugiam da miséria, do desmando político, da violência e vieram para o sul de Minas, que os recebeu. Aqui há três grupos de famílias indígenas: pataxó, xucurú-kariri e pancararú.

Foi tão bom esse período de ressurgimento das comunidades indígenas que, quando o governador Aécio Neves me chamou, em 2003, e me perguntou como estavam os índios em Minas Gerais, respondi: "Estão muito mal".

O que fazer pelas comunidades indígenas?

■ **O que vocês têm feito pelos índios? Qual o resultado desse trabalho?**

O que dá resultado é tratar esse conjunto de famílias tribais, remanescentes desses povos – xacriabá, maxacali e inclusive dos que migraram para cá vindos do Nordeste – pataxó, xukurú-kariri, pancararú, além dos nativos aranã e kaxixó – como cidadãos que têm direito à proteção do Estado, sem discriminação. Eles têm direito às políticas públicas no sentido de atendimento às mães, quanto ao nascimento de seus filhinhos, o pré-natal e o acompanhamento dessas mães até que a criança faça cinco anos de idade. Têm direito à alimentação. Deve-se respeitar o direito dos índios de continuar morando em casa de palha que fizeram, dando a eles e elas a oportunidade de, se quiserem, ter uma habitação adequada. Porque não admito que arranquem um costume, que é próprio de uma família indígena, para botá-la num conjuntinho residencial do Banco Nacional de Habitação.

A gente não tem povo indígena vivendo num apartamento do BNH, em Minas Gerais, pois temos nos esforçado para arrecadar terras públicas, seja terra da União ou terra do Estado, para criar assentamentos adequados para atender às necessidades dessas famílias indígenas. Uma família indígena reduzida a 200 ou 300 indivíduos não quer viver nos fundos de uma fazenda, hostilizada por pecuaristas ou por garimpeiros. Ela sente a necessidade de estar num lugar mais parecido com essas unidades de conservação, num parque ou numa unidade biológica.

Estamos argumentando no sentido de que os índios possam ter acesso a um lugar desse tipo e que o Estado crie os instrumentos para que eles possam viver desse modo, não agredidos pelo município ou pelos vizinhos. Isso deve ser feito através das Secretarias de Estado, como as da Saúde, do Meio Ambiente, de Agricultura, ou de Bem-Estar Social. Programas públicos para realizarem ações que atendam a questões como água potável, para eles pararem de beber água de córrego que está envenenada com agrotóxico, com esgoto, com detritos de todo tipo.

A água do Rio Doce está muito ruim. No meio dela há partículas de mercúrio, bauxita e outros minérios pesados, fora os resíduos jogados no Rio Doce pelos municípios, desde o Rio Piracicaba. Quando a gente toma banho sai bronzeado, mineralizado. Num seminário no médio Rio Doce acusei os municípios de serem responsáveis por jogarem detritos no rio. Uma pessoa se levantou e disse: "Em Ipatinga não se faz mais isso, pois tratamos de nossa água, antes de jogá-la no Rio Doce". Ora, mas em Governador Valadares jogam restos de hospital, sofás velhos, televisões e até geladeiras dentro do rio. Todo mundo na beira do Watu (nome que os índios dão ao Rio Doce) acha que ele é o depósito de todos os seus restos.

O ensino em língua indígena

▪ **Na educação primária as professoras ensinam a língua materna das comunidades indígenas?**

Temos um programa chamado PIEI (Programa Estadual de Implantação das Escolas Indígenas). O Estado de Minas tem hoje duas mil crianças indígenas em sala de aula, com professor bilíngue da aldeia. Todas as aldeias têm uma escola indígena bilíngue, com professor nativo local, que foi habilitado pela UFMG, em oito módulos de quatro anos, para se tornar um professor habilitado em magistério.

Desses professores, 140 deles estão fazendo licenciatura na Universidade e vão se graduar em 2010 como educadores em língua e literatura. Nossa população é de nove etnias diferentes. Dessas etnias só três mantêm a língua materna. Mas mesmo aquelas que não têm a língua materna estão tendo subsídio e material didático de apoio a fim de trabalharem a reintrodução da língua materna. Estamos gerando esses materiais com apoio não só em programas estaduais, mas também em programas federais, porque o Ministério da Educação tem um comitê de educação indígena que foi implantado no governo de Fernando Henrique. Esse comitê tem se constituído num espaço bem democrático de pluralidade.

O material didático é impresso em português e na língua materna, caso o grupo tenha memória da língua materna, porque não tem sentido mandar um texto escrito em língua tupi do tempo de Anchieta para uns remanescentes de índios tupi, mas que não conhecem mais essa língua.

A tradição e a religião dos índios

■ **Ainda há pressão da Igreja Católica para as comunidades indígenas aderirem à religião católica? Como você encara o problema da religião?**

A disputa religiosa atualmente foi incrementada pela chegada dos evangélicos. Antes, os missionários queriam só as almas dos índios, agora eles disputam com os evangélicos a governança dos índios. Se você catequiza o índio e o deixa seguir a vida dele, tudo bem. Mas se catequizá-lo e ficar mandando, fazendo a governança de suas vidas, organizando em comunidades, sindicatos, associações e coisa que o valha, isso eu acho grave.

A disputa dos índios por católicos e evangélicos cria um agravamento da crise de identidade desses índios. Essas disputas são esvaziadoras do conteúdo cultural que os índios herdaram. Estou falando da Pastoral da Igreja Católica, mas os evangélicos também estão fazendo a mesma coisa. Querem ficar pau a pau com os católicos para ver quem controla o índio.

■ **Quer dizer que não há uma abertura da Pastoral desse ponto de vista de religião?**

Com aquelas mudanças do concílio dos anos 1960/1970, aquelas coisas de Leonardo Boff, da Teologia da Libertação, dizem que estão espalhando cultura ecumênica. Os missionários da Teologia da Libertação falam com os índios que estão encarnando a cultura indígena. Você pode encontrar um missionário dançando com o pajé, mas esse negócio do missionário dançar junto com o pajé é só conversa. Porque na verdade quem prega, quem instala o bastão lá dentro, prega a cruz, marca a hora do catecismo, é o missionário, não é o pajé.

O que observo nessa virada do século XX para cá é que o fenômeno da globalização junto com essas outras manifestações locais, como a disputa com os evangélicos, estão jogando os índios num liquidificador, indiferentemente se são índios tradicionais ou índios aculturados. Eles querem tirar daí médicos, técnicos, vereadores, políticos, administradores, educadores, professores.

Na verdade, costumo dizer o seguinte: dois séculos de guerra bruta não conseguiram fazer o serviço que um pequeno período de democracia está fazendo – o de integrar de maneira absoluta essa diversidade cultural.

Índios são uma generalização absurda, porque acaba com isso que nós estamos falando que é a possibilidade de o menino na aldeia ensinar a seus irmãos, de o avô ensinar a seus netos a sua história, ensinar na sua língua seus valores e a sua tradição.

Esvaziam tudo isso e enfiam lá um monte de representação e dizem – "essa é do comitê de não sei o quê", "o conselho de mulher", "o de saúde", "de educação". Eles vão esvaziando a identidade desse índio e ele acaba virando uma espécie de uma figura parecida com sindicalista.

Essa novidade de todo mundo virar cidadão (de forma compulsória) tira também das pessoas a possibilidade de elas continuarem vivendo de alguma maneira a memória de sua tradição, de sua cultura. Daqui a pouco elas vão perder a possibilidade de ter um terreiro dentro da aldeia onde as pessoas ficam sentadas, calam a boca e escutam os velhos. E quando um velho vier e falar assim. "Esse mês nós vamos nos recolher numa ilha do Watu e vamos fazer os ritos de passagem dos que têm menos de 11 anos de idade. Eles vão ficar afastados do convívio de suas mães e de suas famílias e vão ser iniciados na história dos velhos que não podem ser contadas publicamente". Quando não puder fazer mais isso não irá fazer diferença nenhuma ter língua diferente. Papagaio repete também língua diferente!

A importância de ser bilíngue e de ter liberdade para pensar é continuar uma narrativa, seja recebida no sonho, nos ritos, nisso que eles chamam de religião. Índio não tem religião. O mais autêntico que a gente pode identificar num núcleo de uma prática dessas famílias desse povo antigo é a continuação da tradição. Uma tradição que remonta aos mitos da criação do mundo.

Então, assim é muito bom quando os krenak podem se recolher no *taruandé*, que é um rito que os krenak guardaram na memória deles. *Taru* é o céu, *taruandé* é um movimento que o céu faz de aproximação com a Terra.

No *taruandé* os meninos que ainda estão engatinhando, os homens, as mulheres, os mais velhos cantam e dançam juntos, como uma brincadeira de roda. Repetindo frases na sua língua materna que diz: "o meu avô é a montanha", "você é meu avô e o rio", "você é peixe pra eu comer", "você me dá remédio para a minha saúde", "você esclarece minha mente e meu espírito", então "o vento, o fogo, o sol, a lua".

Ficam repetindo essas frases na sua língua ancestral, batendo o pé no chão, tocando maracá, acendendo fogo, pulando na água fria, buscando saúde fazendo a terapia muito especial, afirmando a sua própria identidade diante do mundo avassalado por propaganda, consumo e besteiras de todo lado.

O que eu valorizo é isso. É que ainda possa ter famílias que olham para si mesmas, não sentem vergonha de ser quem são, não têm vergonha de morar em casa de chão batido, não têm vergonha de cozinhar num fogareiro de cupinzeiro, em cima de pedra, não têm vergonha de comer carne moqueada, comer peixe moqueado assado na pedra, comer batata e mandioca tiradas de baixo das cinzas, não têm vergonha de fazer isso. Acham que fazer isso é um jeito de continuar sendo "botocudo".

Ora, os árabes, os judeus, japoneses também batem tambor, comem de palitinho. É um jeito de eles continuarem sendo árabes, judeus, japoneses. Por que a gente não pode continuar sendo botocudo em qualquer lugar? Essas pessoas têm que ter o direito de continuar ensinando para seus filhos os valores que até hoje eles trouxeram vivos consigo.

A luta de um krenak

■ **Qual a sua atuação e sua relação com o governo de Minas Gerais?**

O governador Aécio Neves me perguntou: "O que dá pra fazer pelos índios?". Respondi: "Podemos fazer o que Guido Marlière fazia quando cuidou da questão dos índios, no gabinete militar do Império". Então, desde 2003, o governador me deu um mandato – o de assessor especial para assuntos indígenas. Sou vinculado à Secretaria de Governo. Ele me disse então: "Você vai criar o programa para inclusão social dos que ainda restam de povo indígena no nosso estado, porque não queremos que sejam aniquilados e desapareçam".

Assim, de certa maneira, a guerra contra os índios em Minas Gerais só parou com o governador Aécio Neves. O governador me perguntou se teria sentido criar uma Secretaria de Assuntos Indígenas. Respondi que em Minas não há uma população indígena que justifique a criação de uma Secretaria de Estado. Assim, propus fazer meu trabalho no gabinete dele. Disse-me que, então, eu deveria trabalhar em nível de igualdade com qualquer secretário. Empossou-me e avisou aos demais secretários para colaborarem comigo, a fim de cumprir minha missão. O objetivo é trabalhar para que em Minas sejam respeitados os direitos humanos e sociais dos índios.

Tenho, portanto, o compromisso de agir assim até 2010. Nosso propósito é criar um Centro de Referência da Cultura Indígena e um Memorial Indígena, na Serra do Cipó, um sítio que se chamará Monumento Natural da Mãe D'Água. O Instituto Estadual da Floresta, junto com o IBAMA, estão demarcando esse sítio. É cheio de grutas, cavernas e sítios arqueológicos da maior relevância. Dentro desse memorial vamos recolher o acervo que foi para a Rússia, a fim de resgatarmos cem anos da cultura material dos "botocudos". Eles são os primeiros registros das escritas fonéticas de "botocudos" gravados por essa expedição russa. Em torno desse acervo deveremos ter um espaço para a formação de jovens indígenas, a fim de administrar seus territórios, tendo em vista sua educação e saúde, além de outros objetivos.

Sabe por que escolhi esse lugar? Foi porque é uma das nascentes do Rio Doce, lá em cima da Serra do Espinhaço.

Notas

[1] Uma documentação de Manizer, que se encontra no Museu de São Petersburgo.

[2] *Etnozoneamento ambiental da etnia e terra krenak*, elaborado pela Associação Indígena Krenak, Resplendor, Minas Gerais, 2002.

[3] Neuwied, *Viagem ao Brasil*.

[4] Otoni, *Notícia sobre os selvagens do Mucuri*.

[5] Voto do ministro Carlos Ayres Britto, do Supremo Tribunal Federal, como relator no litígio sobre a reserva indígena na Raposa do Sol, em Rondônia.

Este livro foi composto com tipografia Minion e impresso
em papel Chamois Dunas Fine 80 g na Formato Artes Gráfica